砚园学术

| 光明社科文库 |

经济增长方式转变研究

以广东为例

刘　璟◎著

光明日报出版社

图书在版编目（CIP）数据

经济增长方式转变研究：以广东为例 / 刘璟著 .--

北京：光明日报出版社，2020.4

ISBN 978-7-5194-5648-1

Ⅰ.①经… Ⅱ.①刘… Ⅲ.①中国经济—经济增长方

式—研究 Ⅳ.① F120.3

中国版本图书馆 CIP 数据核字（2020）第 037731 号

经济增长方式转变研究：以广东为例

JINGJI ZENGZHANG FANGSHI ZHUANBIAN YANJIU : YI GUANGDONG WEILI

著　者：刘　璟	
责任编辑：曹美娜　黄　莺	责任校对：姚　红
封面设计：中联学林	特约编辑：张　山
责任印制：曹　净	

出版发行：光明日报出版社

地　　址：北京市西城区永安路 106 号，100050

电　　话：010-63139890（咨询），010-63131930（邮购）

传　　真：010-63131930

网　　址：http://book.gmw.cn

E - mail：caomeina@gmw.cn

法律顾问：北京德恒律师事务所龚柳方律师

印　　刷：三河市华东印刷有限公司

装　　订：三河市华东印刷有限公司

本书如有破损、缺页、装订错误，请与本社联系调换，电话：010-63131930

开　　本：170mm×240mm

字　　数：366 千字　　　　印　张：21

版　　次：2020 年 4 月第 1 版　　印　次：2020 年 4 月第 1 次印刷

书　　号：ISBN 978-7-5194-5648-1

定　　价：99.00 元

前　言

　　改革开放40年来，广东一直以外向经济发展为动力，实现了跨越式发展，成为中国经济腾飞和崛起的缩影，引起了学术界的高度关注。在世界经济全球化的大背景下，金融危机凸显了发达国家和新兴经济体国家不同的发展模式，而不同发展模式的背后主要是经济结构和增长动力的差异。当前，广东传统产品相对过剩，适应需求升级的产业结构升级滞后，制造业要素成本上升，生产利润幅度下降，改革开放以来形成的"孤岛效应"逐步显现，模仿性创新驱动广东传统经济增长方式陷入困境，这意味着，广东在迈向经济新常态过程中需要寻求新的突破。

　　转变经济增长方式，创新是关键，但不同的创新模式，存在着十分明显的差异。传统的创新方式是模仿性创新，其主体行为是利用后发优势，实现机会型增长，此种创新方式在新形势下已成劣势，并形成低端锁定，沉淀在低端的产品和产业层次上。原创性创新是一种新的生产函数的建立，是科学知识、技术的商品化过程，是把有新意的科技成果转化为可获利的商品及产业，是知识与经济的互动，是生产与服务的融合，是企业发展和转型的根本，是经济和社会发展的不竭源泉。熊彼特的"创造性破坏"和克里斯腾森的"破坏性创新"理论是原创性创新理论的渊源，也是其实质所在。原创性创新的"创造性""破坏性""非竞争性"以及"与知识溢出内生耦合"的特征机理，具体体现为企业生产研发过程中的低成本、高利润和低风险的特点，由此实现了原创性创新在资源配置、环境适应和创新投入产出效率等方面较模仿性创新占优。经济增长方式理论缘起于西方内生增长理论，经济实现内生增长是经济增长方式转变的实质，原创性创新是经济增长方式根本转变的动力源。基于理论与相关研究综述，本书将经济增长方式转变衍生边际拓展为区域经济增长、产业国际竞争力提升、产业结构优化与企业转型升级四个方面，并以原创性创新为内核，将上述各元素内置于经济增长方式转变的分析框架中，构建"五环模型"。并以此为理念，将原创性创新引入经济内生增长的宏微观模型，推导出经济均衡状态下的创新战略选择与经济最优增长。理论与模型分析表明：当一个地区与发达地区的技术水平拉近时，模仿性创新将会使该地区经济收益递减，而原创性创新则会抑制收益递减或促进收益递增，并能有效地避免该地区陷入"非收敛陷阱"的增长困境。

接着，本书基于广东制造业31个行业、珠三角地区9市的样本数据以及335家企业的有效调查问卷，构建计量模型和结构方程模型进行实证研究，统计与计量结果表明：（1）广东原创性创新特征显著的领先型产业的创新投入产出效率明显高于模仿性创新特征明显的弯道超车型、追赶型、战略型和转移型产业；（2）模仿性创新与劳动力、资本等生产要素投入仍为广东经济增长、产业国际竞争力提升、产业结构优化与企业转型升级的主要驱动力；（3）广东企业知识吸收能力与原创性创新互动性不显著，模仿性创新仍为企业转型升级的主要影响因素。最后，综合全书的实证结论共同推演出一个事实：广东原创性创新的各项特征指标呈逐年上升态势，但原创性创新的特征并没有在经济增长、产业发展与企业转型升级中体现出来，这意味着企业实施原创性创新的"势头"还不够大，知识溢出与原创性创新的互动性还不够强，以至于对经济增长方式转变的各项表现形式的指标项贡献率还十分有限，模仿性创新的贡献仍是主要的。

进一步，价值网络是原创性创新理论的核心内容，从原创性创新的内涵出发，以技术和市场两个角度，对原创性创新对应着什么样的新价值网络以及新的价值网络是怎么形成的两个方面进行分析，以期揭示原创性创新对原价值网络的创造、破坏性特征。在此基础上，解释了原创性创新引发的多样化的市场结果，进而提出原创性创新价值网络与企业实施原创性创新战略的可行性。由此，本书认为：在广东经济增长的过程中，不仅要重视传统的劳动力、资本、土地等要素投入，也要重视基于二次吸收的模仿性创新，但更要重视和发挥原创性创新的作用。如何培育企业原创性创新能力，促进企业知识吸收能力与原创性创新的内生互动，构建基于原创性创新的创新生态，以及制造业与生产性服务业融合以及企业实施原创性创新为基础，以知识网络融入、市场体系融入、产业链融入、全球价值链融入以及信息网络融入为机理，全面实施原创性创新，从而驱动知识溢出、知识吸收与企业实施原创性创新充分耦合的原创性创新价值网络体系建设，此种模式下所表现出的产业与创新生态的建立，包括数字产业化与产业数字化、智慧型、创新型城市的建设等为平台的现实实施载体建设，应为未来政策制定部门和政府决策部门所要关注的重点问题。

经济增长方式的根本转变离不开创新，但不同的创新模式适应着不同的发展阶段，经济发达的美国、欧盟、日本等国家，在创新理论方面确实存在许多经验，这值得我们去总结、归纳与借鉴，但我国存在着具体的发展"情境"。发达国家其实并不存在一本"放诸四海而皆准，百世以俟圣人而不惑"的真经，所谓"淮南为橘，淮北为枳"便是这个道理。相信"有志者事竟成；破釜沉舟，百二秦关终归楚；卧薪尝胆，三千越甲可吞吴"，我所做的研究远未结束，这就是在今后的时间里，我要去探索的方向。

在本书的撰写过程中，我的博士生导师暨南大学的陈恩教授提供了大量无私的指导与帮助，在此表示衷心感谢！

2019年4月于砚园

目 录
CONTENTS

第一章　导论

近年来，广东国民经济增长速度不断加快，经济总量不断提高，引起了全世界的广泛关注。2017年，广东经济总量连续27年全国居首，人均GDP超1万美元，继2013年第三产业比重超第二产业后，2015年第三产业增加值占GDP比重又过半，产业结构逐步趋于合理化与高端化，结构服务化拐点似已出现。但广东取得优异成绩的背后还隐藏着两大突出问题。一是制造业发展水平依然不高，总体上仍处在全球产业价值链的中低端，目前还面临增长乏力困扰和后劲不足的挑战。传统产品产能相对过剩，制造业要素成本上升，生产利润幅度下降等问题仍较突出。二是服务业结构层次仍然较低，同制造业、新型城镇化发展以及消费结构升级的互动促进作用不够强，增长质量和效益不够高。服务业特别是生产性服务业的发展水平，是衡量一国经济现代化程度的重要标志。与发达国家相比，广东服务业特别是生产性服务业发展仍然滞后，并且成为制约全省经济发展提质增效的一大短板。原来依靠成本比较优势形成以制造业快速增长带动总体经济较高增长的发展模式，难以为继，产业结构性效应远未发挥。这意味着，广东经济粗放型的增长模式并没有得到有效转变，资源环境约束加剧、产业结构不合理、区域发展不平衡等问题愈发凸显，粗放型经济增长模式已经走到了尽头，我们必须加快经济增长方式的转变。

一、研究背景与问题提出

（一）广东传统经济增长方式难以为继

改革开放伊始，由于体制机制的优势，香港、台湾地区、东南亚以及日韩、欧美的制造业大量涌入珠三角，使得"三来一补"成为广东制造业发展的明显特征。广东靠土地、劳动力以及外来资金和技术等资源，大力发展较为低端的产业，代工企业利润微薄、技术落后，长期处于模仿的较低层次，[1]造成了低工资、低税收、低土地租金等一系列要素价格的扭曲和对低环境标准、低市场门槛的依赖性，并逐渐形成了对这种方式的"路径依赖"。广东通过成本比较优势，吸引外资，完成了工业原始积累，初步建立了较为完备的工业体系，但广东自身资源匮乏，经济发展所需的资源依靠内地和世界市场提供，需要大量外购资源能源与装备。[2]在这一发展模式下，产业发展缺乏自我积累，而依附于外源型发展的模式造成产业、治理等结构刚性（如图1-1所示），广东产业发展逐步失衡。

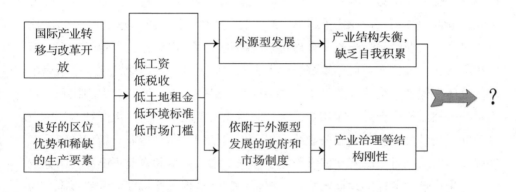

图1-1　广东产业发展失衡演变过程

与此同时，广东率先实施"出口导向"和"外向带动"战略，外向经济成分迅速增长，外需成为经济发展的主要拉动力。广东对外贸易的规模快速扩大，进出口总值从1978年的16亿美元增加到2015年的1.02万亿美元，年均增长19.1%。广东经济外向依存度很高[3]，进入21世纪，在全球化推动下广东经济外向依存度最高年份达到160.4%，这一水平远高于美国等增长基于内需的发达国家，与中国产业的上游国家——韩国、德国等发达出口大国基本处于同一水平

---

① 以广东富士康企业组装 iPhone 4S 为例，售价为600美元，其中，总成本为187.51美元，而韩国零件为80美元，广东富士康企业组装仅为6.57美元。

② 据统计，广东100%的煤炭、86%的成品油、95%的木材、72%的钢材、60%的粮食需要进口或从外省调入。

③ 2012年受国际金融危机影响，广东进出口增幅比国际金融危机前（2007年）回落约13个百分点，但经济外向依存度仍高达108，广东经济过高依靠外需的格局没变。

（如表1-1所示）。但从外贸结构来看，广东仍以货物贸易为主，服务贸易比重偏低；从出口产品结构看，大部分为代工贴牌产品，利润和附加值极低，产品国际竞争力不足问题逐渐凸显。

表1-1 2008—2015年部分国家、地区经济外向依存度比较（%）

	2008年	2009年	2010年	2011年	2015年
美国	31	25	29	32	21
法国	56	48	54	57	45
德国	90	79	88	95	71
日本	36	25	29	31	31
韩国	107	96	102	110	70
巴西	27	22	23	25	21
印度	53	46	50	55	32
印度尼西亚	59	45	48	51	34
泰国	150	126	135	149	106
越南	171	147	166	178	170
马来西亚	176	162	171	168	127
中国	62	49	58	58	37

注：数据来源联合国网站。

上述基于成本比较优势的低层次产品出口带动型经济增长方式，是一种以耗费资源为代价的不可持续的粗放型增长方式，明显缺乏内生的适应性动力，随着老龄化社会到来，劳动力供给紧缺，人口红利逐渐消失，加上土地等资源的稀缺与耗费等[1]，已到了一个瓶颈。改革开放以来形成的以"中央给政策、外商给资金、全国给劳力、广东给土地"为特征的"孤岛效应"逐步显现（见图1-2）。"孤岛效应"最大的问题就在于支撑其发展的四个基本条件发生了变化，当前，广东制度优势正在弱化，外商资本空间格局正发生改变，外资优势也正逐渐淡化，全国劳动力供给不足，土地资源逐渐稀缺，上述变化已成定势。随

---

[1] 广东部分地区土地开发强度过高，如深圳、东莞等市超过40%（全省为10.55%）。

着这四个支撑条件逐步弱化，广东改革开放以来形成的"孤岛效应"所释放出的经济快速增长不可持续性也逐步暴露。

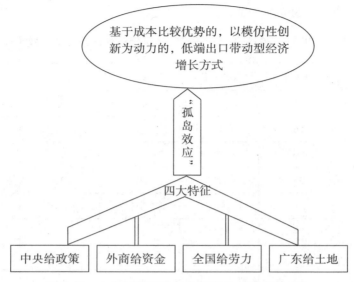

图1-2 广东改革开放以来形成的"孤岛效应"

此外，随着广东人均GDP超过1万美元，迈入中等发达经济体梯队，珠三角进入高收入国家行列，居民收入水平不断增加，人均消费水平也不断增加，必然导致消费升级，家庭设备、交通和通信，教育和娱乐等发展型消费比例必然增加，食品等其他基本消费比例将加快下降。而全球经济周期性下行与外需疲软，导致广东产能过剩较严重，产业结构升级滞后于消费结构升级。

从国际发展经验看，在这一阶段，地区经济结构一般会严重失衡、产能过剩等问题也会越来越凸显出来，发展中国家会因其长期实施模仿性创新而使经济增长陷入停滞（魏枫，2014），经济增长、产业结构、消费结构都会加快转型升级，原来依靠成本比较优势和模仿性创新为动力形成以制造业快速增长，低端出口带动型的经济较高增长的方式，也将发生根本性变化。在迈向经济新常态过程中，广东经济增长速度减缓的背后，是经济结构和增长动力的加快调整，因此，分析新形势下广东经济增长方式转变的驱动因素，对广东在新一轮更高水平的国际国内竞争中抢占先机、赢得主动，具有重要意义。

（二）经济增长方式根本转变需要新突破

当前，全球竞争环境发生了根本性的变化，全球产业分工体系也随之发生了巨大变化,新一轮国际竞争已经开始,发达国家凭借其在现代产业体系中占据着产业价值链的高端位置,在全球产业分工中的竞争优势越来越明显。"金砖四国"中的其他三个国家都在努力发展经济,转变产业结构,发展势头迅猛,给我们带来了很大的挑战。与此同时,全球性的新一轮科技和产业革命即将到来,以数字化、网络化、智能化制造为标志的新一轮技术革命,将成为推动制造业升级的重要力量。发达国家纷纷制定以重振制造业为核心的再工业化战略,包括美国发布《先进制造业伙伴计划》及"重振制造业战略"、德国的"工业4.0"、英国发布《英国制造2050》、欧盟"2020战略"、日本"再生战略"等,其实质是重构生产模式变革和组织方式,重塑全球制造业发展新格局。强调企业智能化生产会成为新一轮全球核心竞争力的焦点,这也意味着知识取代物质财富成为信息的直接载体,知识、人才和创造力成为创造财富的关键因素。此外,国际规则发生改变,FTAAP、TTIP、PSA 、TPP以及国内的CEPA、ECFA等区域性的多边自由贸易合作十分活跃,① 区域间的合作更为紧密,这使得跨国的商品与服务交易不断增加,国际资本流动规模与形式日益扩大,技术扩散与传播广泛而迅速,产业资源要素的国际流动速率加快、融合程度加深、关联效应加大,基于资本与劳动等基本要素禀赋的静态比较优势也发生了重要变化,产业分工与价值链分布在全球范围内正全面展开。

在世界经济全球化的大背景下,金融危机凸显了发达国家和新兴经济体国家不同发展模式(主要是经济结构和增长动力)的明显缺陷;世界各国纷纷采取对策,抢抓新技术革命的机遇,抢占国际产业分工的制高点和人才洼地,国际产业分工深化以及国内经济调整和产业转型升级已成定势。目前,广东仍然是以生产要素投入量的扩张为主要特征的粗放型经济增长方式(魏义俊,1999),以往的广东经济增长动力正在减弱,诸多不利因素的制约效应逐步显现。广东传统产品相对过剩,适应需求升级的产业结构升级滞后,制造业要素成本上升,生产利润幅度下降,广东在迈向新常态过程中,经济增长速度减缓的背后是经济结构和增长动力的加快调整。我们更为清醒地意识到:广东现行

---

① FTAAP(Free Trade Agreement of the Asia Pacific)是指《亚太自由贸易协定》;TTIP(Transatlantic Trade and Investment Partnership)为《跨大西洋贸易和投资伙伴协定》;PSA(Plurilateral Services Agreement)是指《多边服务业协议》;ECFA(Economic Cooperation Framework Agreement)是指《海峡两岸经济合作框架协议》;TPP(Trans-Pacific Strategic Economic Partnership Agreement)是指《跨太平洋战略经济伙伴关系协议》;CEPA(Closer Economic Partnership Arrangement)为《内地与香港关于建立更紧密经贸关系安排》。

的经济增长方式在全球经济增长中的劣势及弊端已经日益显现，模仿性创新驱动传统的经济增长难以为继，作为先行一步的省份，广东实现经济增长方式的转变就显得更为迫切（云利珍，1997）。基于上述现象的观察，我们有兴趣进行思考，创新模式的选择对于地区经济增长方式的转变是否重要？一个国家或地区的创新模式是与其经济发展阶段相对应的，由初级阶段的模仿性创新过渡到高级阶段的原创性创新是一个国家或地区经济发展的规律所在（陈凤仙、王琛伟，2015）。广东虽为技术追赶型地区，但收入已跨入中等国家水平，这意味着已达到有效模仿性创新的边界，这同时也为原创性创新奠定了基础（杨俊、李晓羽、杨尘，2007），为摆脱"中等国家收入陷阱"，进一步厚植创新驱动显得十分关键。我们迫切需要进行经济增长方式的转变，经济增长方式的转变将是未来广东经济博弈的焦点，要突破模仿性创新模式锁定，最终实现原创性创新（代中强，2010）。上述观点是否正确，我们需要在既有理论与研究的基础上，寻求新的解释与验证，并进行理论与实践上的突破，这恰恰是将挑战转化为机遇的一种实现。

（三）原创性创新的作用越来越关键

创新是人类经济社会发展的根本动力，创新能力对经济增长的推动作用已经毋庸置疑，并已成为众多国家战略的核心，一段时间以来，基于引进、吸收与二次创新的维持性、模仿性创新被认为是适合发展中国家科技发展的基本战略，但近代科技发展的一系列特点正日益削弱发展中国家的后发优势，原来的指导理论出现了不适应性。一方面，由于技术市场变化快，模仿和跟随创新形成的知识和技术刚刚消化吸收，即被淘汰，而这一过程往往周而复始，不断地循环。另一方面，由于科技进步的速度快过市场需求的程度，市场对于科技的发展来说，并没有接受科技领先所带来的功能。国际形势的倒逼以及生产要素的高位运行已成定势，经济衰退作为一种新的多元化趋势的催化剂，全球经济危机必将期盼着一种新的战略趋势，人们希望通过这一战略的实施，能帮助公司跨越几个市场分散风险，以避免破产（迈克尔·A.希特，R.杜安·爱尔兰，罗伯特·E.霍斯基森，2012）。

克里斯滕森的破坏性创新理论的正式提出，外引起了国内广泛关注，作为新一代创新理论，基于破坏性创新理论的原创性创新是主流创新理论的发展、开拓与创新。针对大众消费市场的原创性创新，拥有简单标准和价格的优势，是新产品和新技术快速普及的催化剂，开展原创性创新的企业产品销售规模在快速渗透的过程中爆发式增长，这一事实可以很好地破解"亚历山大困境"。不同的理论有其支撑的经济环境，自然也有其存在的背景，没有"放之四海而皆准"的理论，我们必须要有自己的理论，要有解决广东实际问题的方法，因此，我们需要去探求，广东也需要一种新的创新战略的指引。克里斯滕森的破坏性创新理论启发我们：创新不一定要迎合主流市场，在低端和新兴市场的原创性创新同样可以最终颠覆现有的主流市场。事实表明，沿着模仿性创新、维持性创新的传统理念，会严重影响创新的效率和绩效，难以担当后发地区的经济发展方式转变的重任，而原创性创新是近年来创新理论研究的新起点，其成功性和可复制性，使得该理论在经济增长方式转变中发挥关键的作用。

新形势下的创新方式，应从模仿性创新转变为原创性创新，从模仿、继承与维持转变为原创、创造与颠覆，原创性创新的作用越来越关键，它是利用竞争优势，实现内生型增长，使经济增长方式从过去的高投入、低产出的外延式、消耗型转变到知识溢出与内生增长的内涵式、效益型增长和战略型发展，原创性创新在经济增长方式转变中越来越被重视。

（四）粤港澳大湾区建设全面推进带来新契机

湾区经济作为重要的滨海经济形态，具有开放的经济结构、高效的资源配置能力、强大的集聚外溢功能和发达的国际交往网络。粤港澳大湾区已经形成了巨大的经济能量，初步具备了与全球一流经济地区如纽约湾区、旧金山湾区、东京湾区等比肩的经济实力。当前，粤港澳大湾区治理与合作已进入关键期，珠三角工业发展的总体格局已由工业化后期开始向后工业和知识经济时代过渡。具有后工业经济特征的制造业生态体系乃是一个复杂且融合度很高的全球价值网络，除了涵盖高新科技、创新、人才、可持续设计、系统工程、供应链优化及一系列广泛的智能服务外，还涉及节能、可持续和低碳制造方式。

国外经验表明，地区间的分工与协作进行协同创新是充分利用高端生产要素实现产业发展突破的一个有效手段。例如，美国的硅谷之所以会形成，在某种程度上是因为美国的其他地方也形成了分工明确的中心。比如，纽约是金融中心，波士顿是生物产业中心，得克萨斯州以能源和石化工业著称，洛杉矶地区有以好莱坞为代表的文化娱乐产业中心。先分工，再集聚，这是这些地区成功的秘诀。所以，粤港澳地区在形成产业集聚的同时，分工显得十分重要，毕竟有分工才有重点，有分工才有协作。经过改革开放40年的探索和积累，广东已充分认识到，如何围绕完善创新链来构建良好的创新生态系统是提高产业集群创新能力的重要路径。下一步，我们可能要推进第二次改革开放，从社会制度、金融制度、教育制度、经济制度的层面进行深度创新，并在粤港澳地区先行先试。粤港澳大湾区已经具备了"全球联合创新"的五大优势：人才素质、市场规模、快速制造、资本充足、政策稳定。由此可见，粤港澳大湾区建设全面推进必然为高效解决广东经济增长方式根本转变带来新的契机。

（五）问题的提出

孙亚云（2011）指出，广东以外源经济为主的粗放型经济增长方式，在后金融危机时代日益紧张的资源约束下逐渐走入末路；张家茂、杨永华（1999）指出，广东的经济增长方式呈现出明显的粗放型特征，要保持广东经济的竞争力，就必须推动广东经济增长方式从粗放型向集约型转变。关于广东的经济增长，学者们有着相似的看法，归结起来，上述研究描述的广东增长方式的内容是相近的，即：广东目前的经济增长是一个要素投入推动而非技术进步驱动的经济增长，是以扭曲要素价格形成低成本竞争的经济增长而不是完全市场竞争下依靠技术进步的内生增长模式。因此，广东应该在内生增长理论的框架下考虑有偏向的技术进步（如模仿、干中学等）逐渐地向内生经济增长理论中的"创造性破坏"（Schumpeter，1942）意义上的原创性创新收敛，完成一个逐步地（Step by Step）摆脱经济增长困境的过程。

构建或学习理论是为了认识世界、改造世界，不容讳言的事实是，现代的主流理论基本上都是由生活在发达国家的学者根据他们所观察到的发达国家的现象和经验构建的，通过切身体验以及对西方主流理论演进史的学习，我认识到发达国家其实并不存在一本"放诸四海而皆准，百世以俟圣人而不惑"的真经。这其中的原因显而易见，理论的适用性取决于前提条件的相似性，发展中国家由于条件和发达国家有差异，即使在发达国家适用的理论在发展中国家也不见得适用。更何况发达国家盛行的理论就像时尚一样，不断被新的理论所扬弃，也就是说，发达国家的理论即使在发达国家也不见得总是适用，倘若发展中国家的政府、企业或个人根据发达国家盛行的理论来做决策，经常会有"淮南为橘，淮北为枳"的遗憾。由此，我们期盼和呼唤着新理论的突破与新战略的指导，笔者正是基于此种理念，对现有经济发展与经济理论的思考，西方的破坏性创新理论的出现，是西方创新理论上新突破。但笔者执着地认为，不能死抱着发达国家的主流理论，仅仅看到发展中国家与发达国家之间的差距而成为一个批评家，而是躬身去认识中国出现的各种现象背后的因果逻辑，尝试建立起适用于广东的新理论、概念，产生新的思想，并据此提出不同于主流理论的政策建议，这便是我做此研究的初衷。

也正是这样一种理论情结，开启了笔者对于中国，特别是广东经济增长方式转变这一议题的浓厚兴趣，本书打算将系于规范经济学理论与广东的经济增长经验相契合，以西方破坏性创新和内生增长理论为基础，探求原创性创新，特别是原创性创新价值网络构建对广东经济增长方式转变的作用，并主要回答以下几个问题：

①原创性创新是什么？与西方提出的破坏性创新有着什么内在的关联？与其他类型的创新模式如何界定？有什么特征？

②经济增长方式的内涵是什么？与西方提出的内生经济增长有何关联？

③经济增长方式转变的表现形式有哪些？与原创性创新之间有着怎样的关系？其间的运行机理是什么？

④原创性创新与模仿性创新的投入产出效率如何？采用何种创新战略和发展路径来实现经济增长方式根本转变？

⑤广东原创性创新与经济增长方式现状如何？

⑥如何实现基于原创性创新价值网络的广东经济增长方式根本转变？

二、研究意义

探讨基于原创性创新的原创性创新价值网络与经济增长方式转变的关系，具有重要的理论价值与实践意义。

①基于西方前沿的破坏性创新理论，归纳与拓展适用于中国的"原创性创新"的概念与内涵，并尝试以此解决现实的经济问题。不同于西方的破坏性创新理论，破坏性创新是在以西方发达国家为背景的基础上提炼、总结出来的，所用的数据、案例均为这些国家的，因此，其理论很显然是不能直接用于发展中国家的现实经济问题的解决的。本研究在西方破坏性创新理论的基础上，延展出"原创性创新"，并对其概念、内涵、特征、机理与模型进行详细归纳与阐述，是对西方创新理论的一种现实解读，也是对国内创新理论的拓展与补充。

②本书沿着西方内生增长理论的发展脉络，对于将技术进步内生于经济增

长的这一现实规律予以拓展，自然引申出"经济增长方式"这一议题。虽然这一提法，在西方经济增长理论中并不多见，但正是西方内生增长理论的不断完善，而引发了这一主题，本书期待着沿着构建"中国经济学"的理论体系这一道路往前滑一步。国内对于经济增长方式的研究各抒己见，百花齐放，但就其与西方经济增长理论的内生关系，以及深入研究其表现形式与拓展其衍生边界，进行理论与实证研究的成果还不多见。本研究鉴于此，致力于对经济增长方式的概念、理论、驱动机理与模型进行较为全面的归纳、总结、拓展与创新，为发展中地区或国家经济增长方式理论做一个有益的探索。

　　③运用前沿理论研究广东经济增长方式转变的问题，有助于理解广东经济增长方式转变的内在动力机制，植入新的发展理念，为地方政府转变经济增长方式提供理论指导。以经济内生增长理论和破坏性创新理论为基础，以广东经济增长轨迹为基础，从区域经济增长、产业国际竞争力、产业结构优化与企业转型升级四个方向广延经济增长方式转变的四元边际拓展，拓宽广东经济增长方式转变的内涵及动力研究的探讨思路。此外，本书进一步探讨了原创性创新驱动广东经济增长方式根本转变的内生作用关系，构建其"创造性""破坏性"和"与知识溢出内生耦合"的运行机理，形成新的增长理念。接着，本研究找出影响广东经济增长方式转变的宏观、中观与微观关联因素，进而构建不同于西方破坏性创新理论的原创性创新驱动广东经济增长方式根本转变的动力机制框架与模型，为加快广东经济增长方式的转变提供政策依据。

　　④全角度实证研究有助于把握创新模式驱动经济增长方式转变的基本规律与特征，找出原创性创新驱动经济增长方式根本转变的普遍性与特殊性。对广东分行业的创新模式特征以及创新效率进行比较，从宏观经济增长、中观产业和微观企业与亚微观产品的全角度对广东经济增长方式转变的驱动因素进行实证分析，对广东企业的适应性创新战略选择进行结构方程实证。这一系列的数据、模型、计量与结构方程分析，为明确广东传统经济增长方式的困境分析和把握广东未来经济增长方式的根本转变提供观察结果，为广东进一步制定科学政策，来引导经济增长方式转变提供合理的依据，同样对于构建"中国经济学"具有重要的参考价值。

　　（5）在解决原创性创新作为广东经济增长方式的动力源泉这一根本问题后，其基于原创性创新的企业价值网络的构建是根本解决广东企业实施原创性创新的产业生态体系。以创新生态为基础，基于原始创新的支持，企业通过实施原创性创新，从新兴市场和低端市场进行发展，并破坏主流市场，以期取代主流市场的在位企业，从而实现行业的颠覆性变性。并以知识网络、市场网络、产业链网络、全球价值链网络以及信息网络融入，从而为实现持续性的原创性创新提供动力保障，从而从根本上促进广东经济增长方式的转变。这从微观和中观的角度，从企业实施以及制造业集群与生产性服务业集群融合发展的角度深入阐明了其内在机理。

总之，发达国家自身的条件是变化的，它的理论必然也不断变化，所谓"化橘为枳"，我们不可能照搬西方发达国家的理论，且非常有必要结合广东的实际情况进行理论创新研究，从而拓展至中国经验，其理论价值与实践意义不言而喻。

三、研究方法

本书从确立一个理论参照系开始，在理论研究的基础上，进行拓展与延伸，同时又侧重于理论创新的应用研究。鉴于理论应用型的定位，研究过程中会采用更多的综合性实证分析方法。

①理论研究与现实经济相结合。本研究认为不能解释现实经济现象的理论或假说都是盲人摸象，经不起历史和实践的考验，因此，提炼出中国、广东经济增长的特征性事实是构建有中国特色的经济增长理论的必要前提。本书核心研究是从中国和广东经济增长纷繁复杂的经济现象出发，经过对大量描述性事实、典型案例的调查研究，提炼出若干特征性事实，并将之提升至更为宏大或拓宽至更为基础、更有普遍性的经济学问题，这就是经济增长方式转变问题。以现实经济问题为出发点，引出研究议题，以理论研究为假设推演的前提，提出相关理念、机理与模型，以广东经济现实为观察依据，检验与反思理论推演的各项结论，完成从理论到实践，再升华到理论的循环过程。

②模型构建与实证分析相结合。利用熊彼特增长理论的框架，在一个熊彼特内生经济增长模型基础上建立一个创新战略选择与前沿技术距离的模型，结合 Nault–Vandehosch（2000）企业实施破坏性创新模型和阿德纳 – 泽姆斯基（Adner–Zemsky，2005）破坏性创新模型，尝试建立原创性创新驱动广东经济增长方式转变的理论模型。在明确基础理论和定义基本概念之后，本书将这些理

论和概念的外延和内涵进行拓展，全面研究"原创性创新"和"模仿性创新"的具体含义和内在机制的区别。进一步，采用混合时间的广东及珠三角9市的数据样本以及广东省335家企业的调查问卷样本数据，运用综列数据的计量方法和结构方程实证模型，并采用 Eviews 6.0、Stata 10.0以及 Lisrel 8.0软件等定量研究工具对结论及其相互关系进行现实判断与分析。

③归纳与演绎相结合。以中国与广东的模仿性创新驱动传统经济增长方式的特征性现实为出发点，引出研究的主题，这是归纳方法的运用，进而通过对相关理论和研究综述分析，归纳出以模仿性创新驱动的传统经济增长方式需要改变，以原创性创新驱动经济增长方式根本转变的战略应予以推行。接着，以广东省为例，从一系列特定的经济发展的观察中，推演出普遍性的问题，从而完成从一般的理论分析到假设推演，从逻辑或理论预期，到观察检验预期的模式是否存在，完成了从"为什么"到"是否"的判断，从而实施了演绎推理。这两种方法通过理论上的综述与逻辑推论，进行假设与演绎，通过观察与经验分析，进行经验概括，最后到理论的完善与创新，从而实现了归纳与演绎两种逻辑的交替使用。

④比较分析与个案研究相结合。转变经济增长方式创新是关键，而不同的创新模式，其特征、理论基础与边界及影响其实施的因素也各不同，本书对模仿性创新与原创性创新概念内涵、驱动因素、运行机理、创新投入产出效率以及定量测度等方面进行了比较分析。以广东分行业数据对不同创新模式的驱动特征以及投入产出效率进行比较，并在后续实证检验方面分原创性创新与模仿性创新两个角度对驱动广东经济增长方式转变的创新模式进行了经验分析和综合测度。此外，本书加大了对典型案例的分析，选择广东52家重点企业进行面谈，并对400家在联企业进行大量的调研、问卷和结构化访谈，采用 nvivo7.0软件等定性研究工具对大量企业访谈的信息进行处理，对大量实际存在，却又往往难以度量的信息进行编码和逻辑推理，收集相关调查中的关联证据，追溯与重新整理相关信息，挖掘调查研究的相关概念与想法。

总之，本书站在构建欠发达地区经济增长方式转变的理论高度，研究改革开放以来广东经济增长的特征、机制，构建理论模型，解释观察现象，寻求对策建议，是一个从经验到理论，再由理论到实践的全过程。

四、研究思路与论文结构

（一）研究思路

具体研究思路如图1-3所示，本研究按照"提出问题、分析问题、解决问题"的基本脉络进行研究，遵循着"起、承、转、合"层层递进的逻辑进行研究。

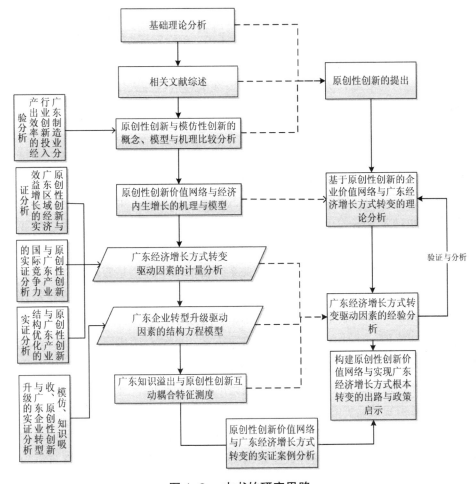

图 1-3　本书的研究思路

（二）论文结构

全文分四大部分，共10章。

第一部分主要为原创性创新驱动经济增长方式根本转变的理念提出以及原

创性创新价值网络与经济增长方式转变机理分析做好理论与研究综述的铺垫，包括第一、二、三、四章。第一、二章主要介绍全文的背景、方法、思路、理论基础、研究综述等内容，并引出本书研究的切入点。第三章主要从概念、模型与机理等方面，将原创性创新与模仿性创新进行比较分析，并从原创性创新驱动经济增长方式转变的理论模型构建思路出发，从宏微观二个层面，构建原创性创新与欠发达地区经济内生增长的路径选择模型，阐述原创性创新驱动经济增长方式根本转变的内在机理，对原创性创新优于模仿性创新进行理论分析，并对创新能力与技术原创性占比测度进行评述，确立实证变量选取的理论基础。第四章在阐述原创性创新概念的基础上，从价值网络的构建角度，对原创性创新价值网络与经济增长方式转变之间的内在机理进行深入阐述分析，以期从更为微观和综合的角度，来探索原创性创新的实现方式。

第二部分为广东原创性创新与广东经济增长方式转变的经验分析，包括第五、六、七章。第五章主要分别对原创性创新与模仿性创新两种创新模式进行量化，将广东制造业分类为战略型、弯道超车型、领先型、追赶型和转移型五类行业，比较原创性创新与模仿性创新的投入产出效率。第六章从经济增长方式转变的四种表现形式出发，从多个层面，对驱动广东区域经济增长、产业国际竞争力、产业结构优化以及企业转型升级的创新模式进行经验分析，实证原创性创新与广东经济增长方式转变的关系。价值网络理论是原创性创新的核心理论，更是题解原创性创新本质特征的关键，第七章针对广东各个行业差异大的特点，分领先型、战略型、弯道超车型、追赶型、转移型五类产业阐述开展原创性创新价值网络协同创新生态的解决方案，并结合诸多经典案例，对原创性创新与原价值网络之间的关系进行尝试剖析，以期揭示原创性创新对旧价值网络的创新与破坏，原创性创新价值网络的运行机理能合理地解释不同环境中原创性创新引发的后发企业颠覆主流市场企业的结果。

第三部分为结论，主要包括第八、九章。第八章基于前面章节的理论与实证研究，对广东省经济增长方式与动力特征指数进行综合测度，结合日本与华为两个典型案例，论证广东经济增长方式根本转变的路径选择与政策启示，从而完成广东传统经济增长方式与模仿性创新到原创性创新与广东经济增长方式根本转变的分析问题与解决问题的全过程。第九章基于构建原创性创新价值网络，促进企业实施原创性创新的相关政策启示。

第二章　原创性创新与经济增长方式理论溯源

　　改革开放40年来，广东产业以外向型为动力，实现了跨越式发展，成为中国经济腾飞和崛起的缩影。随着我国经济进入新常态，广东经济发展出现深层次矛盾，改革进入攻坚期和深水区，特别是面对当前经济下行的压力和转变经济发展方式的紧迫任务，广东外向型产业发展如何从过去的要素驱动转向创新驱动成为目前紧迫的问题。影响一个地区经济增长的因素是复杂而多变的，按照波特理论，国家或地区经济发展可分为四个阶段，分别是生产要素导向阶段、投资导向阶段、创新导向阶段、富裕导向阶段。前三个阶段是国家或地区竞争优势发展的主要力量，通常会带来经济上的繁荣。第四个阶段则是经济上的转折点，地区经济有可能因此而走下坡路。目前，广东产业发展仍整体受制于国际经济形势的影响。推动广东产业从传统的外向型和要素驱动型向新的更高层次的开放型、创新型转变，实现战略性调整和发展方式的根本性转变，需要我们做更为深入的思考。学术界较为活跃破坏性创新理论也正是在这样一种背景下使我们看到了欠发达地区产业发展的新出路。

一、经济增长与竞争优势理论

（一）创新与经济增长

　　学术界关于创新驱动经济增长理论的研究，主要起始于古典经济增长理论直到内生经济增长理论框架内展开的，国外主要讨论将创新由外生变量而内生于经济增长的分析框架中为主线，至内生经济增长理论的不断完善，知识、人力资本、技术进步与经济增长如影随形，为相伴相生的概念。

1. 古典经济增长理论中的技术进步

经济的长期的持续增长是现代资本主义经济的一个典型特征，"从 1820 年到 1992 年，经济增长特别迅速，人均产值增长了 8 倍，世界 GDP 增长 40 倍，世界贸易增长 540 倍，西欧增长了 13 倍"[①]，主流经济学家从 19 世纪七八十年代开始系统地研究经济增长现象，并发展起来了许多数学模型来描述和解释资本主义经济增长的机制。早期经济增长理论的代表亚当·斯密的《国富论》、马尔萨斯《人口原理》中人口理论、马克思《资本论》中的两部门再生产理论、马歇尔《经济学原理》提出的以均衡价格为核心的经济学体系均从不同角度对经济增长这命题进行了很好的研究。

亚当·斯密在其专著《国民财富的性质和原因的研究》一书中指出，劳动分工与专业化是促进技术进步与提高劳动生产率的重要因素，并强调"劳动生产力上最大的增进，以及运用劳动时所表现出的更为熟练，技巧和判断力，似乎都是分工的结果"[②]。以劳动分工效率体现技术进步对经济增长的作用是斯密最为显明的观点。李嘉图（D.Ricardo）指出企业家将其净收入扣除消费以外的剩余部分投入生产中形成的资本累积是经济增长的主要因素，并认为制造业的技术进步对收益递减有抑制作用。马克斯在其巨作《资本论》中认为经济增长的核心是简单再生产与扩大再生产，并指出资本积累增加与提高生产率是扩大再生产的两个主要途径，并强调要使全社会的扩大再生产顺利进行就必须保持各部门间的动态平衡。Marshall（1920）则强调企业的外部经济与内部经济对经济增长的作用，对社会起作用的核心力量之一是技术和技术进步。

早期这些模型共同的特点为：第一，坚持价格决定的边际生产力理论；第二，基本的分析单位或者对象是原子式的代表性个人和代表性厂商，这些经济的基本活动主体各自追求自身的效用或者利润的最大化，并由此产生经济中的产品需求、资本和劳动等要素供给、产品供给和对资本和劳动等要素的需求；第三，它们都将资本主义经济的增长率归结于一些外生给定的技术或者主观偏好的参数构成的函数。[③] 随着经济增长理论的发展，熊彼特《经济发展理论》中

① 麦迪森.世界经济二百年回顾 [M].北京：改革出版社，1997:1.

② 斯密（A.Smith）.国民财富的性质和原因的研究：上册 [M].郭大力，王亚南，译.北京：商务印书馆，1972：5.

③ 赵峰.马克思主义与新古典主义增长理论的比较分析 [J].中国人民大学经济学院学报，2006（2）.

的创新理论进入理论界的视野，并引发了经济增长理论上的划时代的变革。

2. 熊彼特经济增长理论中的技术进步

熊彼特分别在《经济发展理论》（1912）、《经济周期》（1939）和《资本主义、社会主义和民主主义》（1942）三篇著作中，提出了"创新"的概念，形成创新理论，并补充和完善，构建了以创新理论为主要内容的创新经济学理论体系。Schumpeter（1934）指出追求利润最大化的企业家创新引起了经济增长，经济增长是由生产要素和生产条件"重新组合"而引致的，这种新组合意味着旧的生产方法因过时而被摒弃，这也即熊彼特所强调的创新性破坏过程。Schumpeter（1942）进一步指出，新商品、新技术、新供应来源、新组织形式的竞争，是一种成本和质量上的竞争，而非价格的竞争，这种竞争不是针对现有企业的利润边际和规模，而是它们的根本和生命。创新是一种新的生产函数的建立，熊彼德认为，创新就是把生产要素和生产条件的新组合引入生产体系，即"建立一种新的生产函数"，其目的是为了获取潜在的利润（Schunpeter J.A.，1997）。因此，他认为创新广义是指，推动并维持资本主义发动机运转的基本动力，是"间断出现的实现生产手段的新组合"，包括新产品的引入（生产创新）、制造现有产品的技术变革（生产方法创新）、开辟新的市场或新的原材料来源以及引入新的生产组织形式（Balzat，2002）。

在熊彼特之后，许多学者如 Jame M.Utterback（1974）从技术创新的作用，Barras（1986）从技术创新的模式，Pavitt（1984）从技术创新的主体和驱动力等方面对创新驱动经济增长理论进行了有价值的补充。近年来，随着对创新研究的不断深入，人们普遍认为，经济发展的主要动力来自技术的变化，而技术变化的核心就是创新，其本质是依赖于广泛的相关知识的积累和发展的创新过程（Fischer，2001）。Andersson & Karlsson（2002）则从创新参与者相互作用的角度，对创新进行了界定，他们认为：创新是公司以及围绕它们各种各样的创新参与者所进行的持续合作和相互作用的结果，参与者包括消费者、生产者、承包商、顾问、政府机构、研究机构和大学等。

3. 新古典经济增长中外生的技术进步

Solow（1956）对哈罗德–多玛的均衡增长路径的假设中关于充分就业与人口自然增长率为正等提出了质疑，并放松这一假设，提出劳动与资本可以相互替代，并建立了新古典经济增长理论，索洛第一次将技术进步纳入经济增长模型，并视为由资本积累决定，之后被称为"索洛余值"（Solow residual）的部分，但索洛模型将技术进步视为经济增长的外生变量，Arrow（1962）总结性地指出，索洛模型将技术进步的这一个非常重要的变量视为外生，难以令人信服。Kaldor（1957）则通过对储蓄率可变这一假设对哈罗德－多玛模型进行修改，将社会的储蓄部分分成两个部分，即工资储蓄与利润储蓄，于是一个社会的储蓄率不再是一个常数，而是一个依赖于工资储蓄率和利润储蓄率的变量。他虽解决了这一模型的不稳定性，但仍存在用短期工具分析长期经济增长的问题局限。之后，Cass 和 Koopmans 扩展了 Ramsey 的研究成果，提出了内生的储蓄率，这成为了新古典增长模型的微观基础，被后人称为 Ramsey–Cass–Koopmans 模型，但这一模型并没有转变长期人均增长率对技术进步的外生依赖。

4. 知识生产与内生化技术进步的早期尝试

（1）知识溢出与知识吸收

Marshel 最早提出知识在经济活动中的重要性，他认为知识的动力是生产中最大的，在资本中就蕴含着知识与组织的因素，并最早提出"知识溢出"，并认为"溢出"与外部性联系密切。Arrow（1962）指出知识具有非排他性和非竞争性，并具有溢出效应；Romer（1986）在上述研究的基础上，也明确提出了"知识溢出"这一概念；Lucass（1988）也从人力资本模型的论证中证实了知识溢出效应这一命题的存在；Griliches（1979）指出知识溢出是一种信息交换和知识收益，而不直接补偿，且存在纵向和水平两种外溢方式。之后 Romer（1990）的内生增长模型、Lucas（1993）的人力资本模型以及 Becker & Murphy（1992）的内生专业化模型均以知识溢出效应为重要命题，至此，知识溢出这一命题得以被学界充分重视。

与知识溢出相对应的概念是"知识吸收"（absorptive capability），该概念是 Cohen 和 Levinthal（1989）在分析企业研发作用时首次提出的，认为它是"识别、消化与利用外部知识的能力"，并指出企业利用知识溢出而商业化的能力是所投入 R&D 的函数，后来不少学者利用此函数对无数企业的吸收能力进行加总而得到一个国家总的吸收能力。科恩和利文索尔（1990）、David 和 Audretsch（2006）等学者指出企业的吸收能力十分重要，是对外部知识吸收转化的一个必要条件，是企业竞争力量一个重要来源。知识溢出与知识吸收是一组相伴相随的概念，知识溢出与知识吸收是两种反向的状态或者说是效应，知识吸收更为强调企业对知识接受的一种过程和一种能力，是一种"得我"的能力。知识溢出强调环境中没有成本的知识在流动和溢出，是一种正的外部性，是一种利他的效应；知识溢出更强调的是一种效应和环境，而知识吸收更表现为企业微观角度的一种能力。

（2）理论与模型

Arrow（1962）第一次提出"干中学"的概念，即知识的积累促进了经济的增长，而知识的不断增加是经验的产物；在 Arrow 模型中，知识水平本身作为一个生产要素具有使边际生产力递增的效应；Sheshinski（1967）对 Arrow（1962）模型进行了调整和改进，另外提出了一个相对简单的 Arrow 模式，被称为 Arrow-Sheshinski 模式。Nordhaus 和 Shell 则指出知识是知识创造者有意生产出来的，并把创新归入一个独特的研究部门，好奇心和政府拨款而非对利润的追逐促使他们投身于创新活动；谢尔的理论似乎更适用于从事基础研究的创新者，在没有外部力量下，谢尔模型和谢辛斯基模型一样，各种积累和增长活动最终会停滞[①]。

Uzawa（1965）在其专著《经济增长总量模式中的最优技术变化》中指出人力资本与物质资本均能产生最优的增长，为后来卢卡斯人力资本积累增长模式以及罗默内生技术进步的增长模式做了基础性的工作。该模型指出，技术进步源于生产思想的教育部门，假设资源配置到教育部门，则会产生新知识，即形成人力资本，而新知识会促进技术进步，并提高生产率，最终提高生产部门的产出。这一模型的核心是技术进步方程：$\dot{A}=G(AL_E)$，其中，$\dot{A}$ 为技术进步变化率，现有的技术水平 A 和教育部门的劳动生产率 L_E。由此，Uzawa 提出了生产函数方程为：$Y=F(\dot{A}L_P)$，其中，L_P 代表生产部门的劳动力，上述方程表明，有形要素与技术进步是产出的重要元素。教育部门的引入，使得知识的生产成为技术进步提供了内生解释。

Nelson 和 Phelps（1966）则提出了一个旨在描述人力资本对发展中国家实现技术追赶具有重要意义的经典模型，在该模型中，存在两种形式的技术进步，一种是理论上的技术进步，另一种是实践应用上的技术进步，该模型具体可表述为：

其一，人力资本累积与技术追赶模型。设定 $T(t)$ 代表理论技术水平，$A(t)$ 代表实践技术水平，假设理论技术水平高于实践技术水平，即 $T(t)>T(t)$，借鉴 Nelson 和 Phelps（1966）人力资本积累与欠发达地区（国家）实现技术追

① 格罗斯曼，赫尔普曼. 全球经济中的创新与增长 [M]. 北京：中国人民大学出版社，2003.

赶的模型的做法来分析人力资本累积与欠发达地区（国家）技术追赶，模型具有以下两种形式。

模型Ⅰ：发达地区（国家）的理论技术水平表示为：

$$T(t) = T_0 e^{\lambda t} \qquad (2-1)$$

式中，理论技术水平是外生变量，且以 λ 指数率增长，λ >0。欠发达国家的理论技术水平表示为：

$$A(t) = T(t - \omega(h)) \qquad (2-2)$$

式中，$\omega(h)$ 代表理论技术从发达国家扩散至欠发达国家的时滞，$\omega'(h) < 0$，h 代表欠发达国的人力资本水平，该值越大，则其时滞越短，即 $\omega(h)$ 越小，直至 $A(t) = T(t)$。

将 $T(t) = T_0 e^{\lambda t}$ 代入式 $A(t) = T(t - \omega(h))$，

即得：$A(t) = T_0 e^{\lambda(t - \omega(h))} \qquad (2-3)$

对上式关于 h 求导，得：

$$\frac{\partial A(t)}{\partial h} = -\lambda \omega'(h) T_0 e^{\lambda(t - \omega(h))} = -\lambda \omega'(h) A(t) \qquad (2-4)$$

因 $\omega'(h) < 0$，可得：$\dfrac{\partial A(t)}{\partial h} > 0$，也即欠发达国家的人力资本越高，其技术水平上升越快。

模型Ⅱ：欠发达地区（国家）技术水平受现有实践技术水平 $A(t)$ 与发达地区（国家）的理论技术差距 $T(t)$ 和欠发达地区（国家）现有的人力资本水平 h。上式表明，与发达地区（国家）的理论技术水平差距越大，欠发达地区的人力资本水平 h 越高，技术进步的速度越快，模型可表示为：

$$\dot{A}(t) = \phi(h)[T(t) - A(t)] \quad \phi(0) = 0 \quad \phi'(h) > 0$$

其中，$\phi(h)$ 代表技术追赶速度，h 越大，$\phi(h)$ 则越大，$\dot{A}(t)$ 也越大，也可用下式表示：

$$\frac{\dot{A}(t)}{A(t)} = \phi(h)[\frac{T(t) - A(t)}{A(t)}] \qquad (2-5)$$

对式（2-5）解微分方程，得：

$$A(t) = (A_0 - \frac{\phi}{\phi+\lambda}T_0)e^{-\phi t} + \frac{\phi}{\phi+\lambda}T_0 e^{\lambda t}$$

（2-6）

式中均衡后，知识水平为：

$$\overset{*}{A}(t) = \frac{\phi(h)}{\phi(h)+\lambda}T_0 e^{\lambda t}$$

（2-7）

也可表示为：

$$\frac{T(t) - A*(t)}{A*(t)} = \frac{\lambda}{\phi(h)}$$

$$\frac{\partial A*(t)}{\partial h}\frac{h}{A*(t)} = \frac{h\phi'(h)}{\phi(h)}\frac{\lambda}{\lambda+\phi(h)}$$

该模型表明：人力资本积累对于欠发达地区（国家）技术进步十分关键，在缩小与发达地区（国家）的技术水平差距中起着十分重要的作用。

其二，创新诱致人力资本积累模型。借鉴 Klenow 和 Rodriguez-Clare（1997）的技术进步与人力资本累积的关系模型分析创新诱致人力资本积累，设利率水平为 r，最大化效用水平可表达为：

$$\max \int_0^T e^{-\rho t} c(t)^{1-1/\delta} /(1-1/\delta)dt$$

约束条件可表示为：

$$\int_s^T e^{-rt}\omega(t)h(s)dt = \int_0^T e^{-rt}c(t)dt + \int_0^s e^{-rt}(\mu-1)\omega(t)h(t)dt$$

式中，c 代表消费，T 代表人的生命期，w 代表单位人力资本的平均工资水平，h 代表人力资本存量，s 代表受教育年限，假设不存在"干中学"，则欠发达地区（国家）人力资本积累可表达为：

$$\begin{cases} h(t) = e^{\eta+f(t)}; 0 < t < s \\ h(t) = h(s) = e^{\eta+f(s)}; t > s \end{cases}$$

假设式中 η 代表欠发达地区（国家）人力资本存量，$f(s)$ 表示该地区每年的人力资本增量，则最优问题可表述为：

$$\max_{s} F(s) = \int_{s}^{T} e^{-rt}\omega(t)h(s)dt - \int_{0}^{T} e^{-rt}c(t)dt - \int_{0}^{s} e^{-rt}(\mu-1)\omega(t)h(t)dt$$

对上式中的 s 求导，得：

$$\frac{\partial F(s)}{\partial s} = -e^{-rs}\omega(s)e^{\eta+f(s)} + f'(s)e^{\eta+f(s)}\int_{s}^{T} e^{-rt}\omega(t)dt - e^{-rs}(\mu-1)\omega(s)h(s) \qquad (2-8)$$

令式（2-8）为0，则一阶条件为：

$$\mu e^{-rs}\omega(s) = f'(s)\int_{s}^{T} e^{-rt}w(t)dt \qquad (2-9)$$

式（2-9）表明，个体在实现教育与就业的选择中实现效用最大化，为求最优的时间 S^{*}，设生产函数为 $Y(t)=K(t)^{\alpha}[A(t)H(t)]^{1-\alpha}$，式中 $K(t)$ 代表资本，$A(t)$ 代表创新带来的技术进步，g_{A} 为技术进步速率，由之前的分析可知，创新的投入产出效率高于模仿性创新，因此，有创新带来的技术进步速率高于实施模仿性创新所带来的技术进步，显然：

$$A(t) = e^{g_{A}t}A(0)$$

而厂商追求利润最大化的函数为：

$$\max \pi = K(t)^{\alpha}(A(t)H(t))^{1-\alpha} - rK(t) - w(t)H(t) \qquad (2-10)$$

对式（2-10）求导，得：

$$\frac{\partial \Pi}{\partial H} = \alpha K(t)^{\alpha-1}(A(t)H(t)^{1-\alpha} - r \qquad (2-11)$$

$$\frac{\partial \Pi}{\partial H} = (1-\alpha)K(t)^{\alpha}A(t)^{1-\alpha}H(t)^{-\alpha} - w(t) \qquad (2-12)$$

另式（2-11）和式（2-12）为0，其一阶条件可简化为：

$$\alpha \frac{Y(t)}{K(t)} = r \text{ 和 } (1-\alpha)\frac{Y(t)}{H(t)} = w(t)$$

由上式可得： $w(t)^{1-\alpha} = (1-\alpha)^{1-\alpha}Y(t)^{1-\alpha}H(t)^{\alpha-1} \qquad (2-13)$

由生产函数可得： $A(t)^{1-\alpha} = \dfrac{Y(t)}{K(t)^{\alpha}H(t)^{1-\alpha}} \qquad (2-14)$

将式（2-13）和式（2-14）相比得：

$$\frac{A(t)}{w(t)} = \frac{1}{1-\alpha}(\frac{Y(t)}{K(t)})^{\alpha/(1-\alpha)} = \frac{1}{1-\alpha}r^{\alpha/(1-\alpha)} = 常数$$

显然，工资与技术进步间的关系可表达为：

$$w(t) = w(s)e^{g_A(t-s)} \tag{2-15}$$

将式（2-15）代入式（2-9）得：

$$\mu e^{-rs}w(s) = f'(s)\int_s^T e^{-rt}w(s)e^{g_A(t-s)}dt \tag{2-16}$$

对式（2-16）两边求导，得：

$$e^{(r-g_A)(T-s)} = \frac{f'(s)}{f'(s)-\mu(r-g_A)} \tag{2-17}$$

对式（2-17）两边取对数，最优均衡后的教育年限可表示为：

$$s^* = T - \frac{1}{r-g_A}\ln\frac{f'(s)}{f'(s)-\mu(r-g_A)} \tag{2-18}$$

式（2-18）求麦克劳林级数为：

$$s^* = T - \frac{1}{r-g_A}(\frac{\mu(r-g_A)}{f'(s)-\mu(r-g_A)}) + 0(x)$$

忽略无穷小$0(x)$后得最优的受教育年限为：$s^* = T - \dfrac{\mu}{f'(s)-\mu(r-g_A)}$

上述模型表明，如果欠发达地区（国家）实施创新将带来更快的技术进步速率g_A，则将促进欠发达地区（国家）人力资本的投资，从而最终实现人力资本的积累。

其三，创新、人力资本与经济增长赶超模型。我们可以把原始的纳尔逊和费尔普斯模型描述这一机理。假设i表示追赶的技术水平欠发达地区（国家），m表示为技术领先地区（国家），$A_i(t)$为第i国的TFP，$\Phi[H_i(t)]$为i国的TFP的内生增长率，$H_i(t)$为决定这一增长率的教育水平，$c[H_i(t)]$为赶超系数，也被教育水平$H_i(t)$所影响，上述两个系数均为人力资本的增函数，借鉴 Nelson & Phelps（1966）模型，该指数模型可表述为：

$$\frac{\dot{A}_i(t)}{A_i(t)} = \phi[H_i(t)] + c[H_i(t)][\frac{A_m(t)}{A_i(t)} - 1] \tag{2-19}$$

因此，上述模型表明：人力资本是欠发达地区（国家）创新（$\phi[H_i(t)]$）和吸收其他地区或国外创新（$c[H_i(t)]$）的关键要素。

当 $\frac{\dot{A}(t)}{A(t)} = \phi(h)[\frac{T(t) - A(t)}{A(t)}]$ 时，$c[H_i(t)][\frac{A_m(t)}{A_i(t)} - 1]$ 代表技术领先地区（国家）m 对技术欠发达的地区（国家）的技术扩散系数，设 ϕ_i 与 c_i 均为人力资本的增函数，$[\frac{A_m(t)}{A_i(t)} - 1]$ 为技术缺口，而 $H_i(t)$ 会影响其缩小的速度。假设各地区的 $\phi_i[H_i(t)]$ 顺序不变，即 H_i 是恒定的，技术领先的地区在一定时间内形成，即 $\phi_{m=}\phi[H_m(t)] > \phi[H_i(t)] = \phi_i$，之后，该地区以 ϕ_m 的速率增长，除非该地区的技术增长率快于技术发达地区，否则，该地区的 TFP 将一直落后。当 H_i 不变时，式（2-19）可以表达为：

$$\frac{\dot{A}_i(t)}{A_i(t)} = \phi[H_i(t)] - c[H_i(t)] + c[H_i(t)]\frac{A_m(t)}{A_i(t)}$$

解微分方程，得：

$$A_i(t) = [A_i(0) - \Omega A_m(0)]e^{(\phi_i - c_i)t} + \Omega A_m(0)e^{\phi_m t} \tag{2-20}$$

式中，$c_i = c(H_i)$，$\phi_i = \phi(H_i)$，$\phi_i = \phi(H_i)$，$\Omega = \frac{c_i}{c_i - \phi_i + \phi_m} > 0$。因 $\phi_m > \phi_i$，式（2-20）可化解为：

$$\lim_{t \to \infty} \frac{A_i(t)}{A_m(t)} = [\frac{A_i(0) - \Omega A_m(0)}{A_m(0)}]e^{(\phi_i - c_i - \phi_m)t} + \Omega = \Omega$$

上式表明，在一个均衡后的增长路径中，虽然技术发达地区和欠发达地区存在着规模将就和教育水平上的差距，但技术溢出与扩散，技术赶超将致使所有地区最终以同一增长率增长。

除此以外，基于 Sharif 和 Ramamthran（1981）提出的 Logistic 模型为：

$$\frac{\dot{A}_i(t)}{A_i(t)} = \phi[H_i(t) + c[H_i(t)][1 - \frac{A_i(t)}{A_m(t)}] = \phi[H_i(t)] + c[H_i(t)]\frac{A_i(t)}{A_m(t)}[\frac{A_m(t)}{A_i(t)} - 1]$$

假设 H_i、c_i 和 ϕ_i 均为恒定的，则 $H_m > H_i$，$c(H_m) > c(H_i)$，该模型的解为：

$$A_i(t) = \frac{A(0)e^{(\phi_i + c_i)t}}{[1 + \frac{A_i(0)}{A_m(0)} \frac{c_i}{(c_i + \phi_i - \phi_m)}][e^{(c_i + \phi_i - \phi_m)t} - 1]} > 0 \qquad （2-21）$$

上式可变形为：

$$A_i(t) = \frac{A_m(0)e^{\phi_m t}}{\left(e^{-(c_i + \phi_i - \phi_m)t}[\frac{A_m(0)}{A_i(0)} - \frac{c_i}{(c_i + \phi_i - \phi_m)}] + \frac{c_i}{(c_i + \phi_i - \phi_m)} \right)} \qquad （2-22）$$

对式（2-22）求极限为：

当 $c_i + \phi_i - \phi_m > 0$ 时，$\lim\limits_{t \to \infty} \dfrac{A_i(t)}{A_m(t)} = \dfrac{c_i + \phi_i - \phi_m}{c_i}$

当 $c_i + \phi_i - \phi_m = 0$ 时，$\lim\limits_{t \to \infty} \dfrac{A_i(t)}{A_m(t)} = \dfrac{A_i(0)}{A_m(0)}$

当 $c_i + \phi_i - \phi_m < 0$ 时，$\lim\limits_{t \to \infty} \dfrac{A_i(t)}{A_m(t)} = 0$

上式表明，该模型中稳定的增长率取决于 $\phi_m - \phi_i$，即取决于赶超率与创新引致的经济增长率之差，当 $c(H_i) + \phi(H_i) - \phi(H_m) > 0$ 时，技术领先地区对于欠发达地区（国家）的技术溢出效应，此时，经济增长率为收敛，而当 $c(H_i) + \phi(H_i) - \phi(H_m) < 0$ 时，即欠发达地区（国家）的教育水平很低时，将不能实现技术上的赶超，且与技术发达地区的经济增长率的差距将拉大。

不论是指数模型还是 Logistic 模型综合表明：当教育水平较高，可以达到技术溢出与扩散的充分状态，欠发达地区（国家）将被技术发达地区拉动，而如果技术溢出与扩散是 Logistic 模型中的那样，则教育水平低的地区（国家）如果不大力投资教育，则会变得更为落后，直至其大力投资人力资本，增加欠发达地区的技术吸收能力，才能摆脱落后。进一步，增加知识 A，当 A 集聚时，设 H 不变，$\phi(H_i) = \phi H_i$，$c(H_i) = cH_i$，则对于创新上 H 的边际产品为 $\phi A_i(t)$，对于模仿上 H 的边际产品为 $cA_i(t)[\dfrac{A_m(t)}{A_i(t)} - 1]$，这些产品均独立于 H_i，则所有的教育资源 H 均被欠发达地区（国家）用于模仿或创新上，从而实现赶超，而这一赶超需要人力资本的积累，而主要来源于教育。它深刻地揭示了技术溢出与扩散、人力资本积累、教育水平等与欠发达地区（国家）的经济增长的内生关系。

5. 外部性条件下的内生技术增长

进入 20 世纪 80 年代中期，以 Romer（1986）的内生经济增长理论为标志的技术知识经济理论研究取得了突破性进展，建立了他的第一个内生经济增长模型，Romer（1986）构建基于知识产生报酬、生产报酬递减和外部性的竞争均衡模型之后，Lucas（1988）从人力资本与经济增长关系的角度强调：其一，知识溢出效应的"外部性"与经济增长的关系密切；其二，外部性的存在使总量生产函数呈现规模报酬递增；其三，外部性条件下的内生增长模型能够较好地解释一些经济增长事实；其四，政府的政策和经济活动会影响到技术水平，进而影响长期增长率。之后，Romer（1990）建立了第二个内生经济增长模型，强调知识的重要性，并指出知识资本对一般消费品的生产具有递增报酬效应，"干中学"的知识外溢效应产生了规模经济。Romer（1993）在分析中遵循 Arrow 的分析框架，假设知识会随着厂商投资的增加而增加，并且具有正的外部性；假定新知识自身生产具有递减的规模收益，而知识具有递增的边际产出；厂商投入包含知识投入和其他要素的投入，如物质资本和劳动力等；假设只有知识存量可以不断增加，而其他要素的投入规模假定不变；生产函数假定有递增的规模收益；消费者每期收入或者用于知识的增加或用于消费；假定价格既定，总知识水平既定，基于如上假设，Romer 给出厂商 i 的生产函数为：

$$Y_i = F(K_i, A_i L_i) \qquad (2\text{-}23)$$

其中，Y_i 代表厂商 i 的产出，K_i 代表厂商 i 的资本存量，A_i 代表厂商 i 的知识水平，L_i 代表投入劳动数量。由于知识假定为公共产品，并且知识水平与资本 k 成正比，通过资本可以测得企业获得的知识水平，其中，$K = \sum_{i=1}^{N} K_i$。由此，A_i 可以为 k 所代替，可得：

$$Y_i = F(K_i, K_i) \qquad (2\text{-}24)$$

进一步，得到人均产出函数为：

$$y_i = f(k_i, K) \qquad (2\text{-}25)$$

采用柯布—道格拉斯生产函数，即有：

$$f(k,K) = Ak^{\alpha}K^{1-\alpha} \tag{2-26}$$

其中，$1-\alpha(0<\alpha<1)$体现了知识的溢出效应，效用最大化问题表示为：

$$\underset{c}{Max}\int_0^\infty U(c)e^{-\rho t}dt \tag{2-27}$$

$$s.t.k = Ak^{\alpha}K^{1-\alpha} - c \tag{2-28}$$

$$k(0) = k_0 \tag{2-29}$$

其中，c是人均消费，$U(c)=(c^{1-\sigma}-1)/(1-\sigma)$，$0<\sigma<1$为跨时替代弹性，$\rho$为折旧率。由此，可定义一个汉密尔顿方程$H$为：

$$H = \max U(c) + \lambda(Ak^{\alpha}K^{1-\alpha} - c) \tag{2-30}$$

给定$K = Nk$，可得一阶条件：

$$c^{-\sigma} = \lambda \tag{2-31}$$

$$\dot{\lambda} = \lambda\rho - \lambda A\alpha N^{1-\alpha} \tag{2-32}$$

$$\dot{k} = Ak^{\alpha}N^{1-\alpha} - c \tag{2-33}$$

$$\lim_{t \to \infty} \lambda k e^{-\rho t} = 0 \tag{2-34}$$

由式（2-31）和式（2-32）可得均衡增长率为：

$$g = \dot{c}/c = (A\alpha N^{1-\alpha} - \rho)/\sigma \tag{2-35}$$

进而可得最优增长率为：

$$g^* = \dot{c}/c = (A\alpha N^{1-\alpha} - \rho)/\sigma \tag{2-36}$$

可见，在 Arrow-Romer 模型中，对新古典经济增长理论的生产函数中A进行了修正，把A看成是经济的内生变量，人均产出可以无限增长，增长率随时间变化可能单调递增，并主要受经济的总知识存量、厂商的投资决策、储蓄率跨时替代弹性等因素的影响，由此给出收益递增假设条件下，知识溢出效应驱动内生经济增长的均衡增长模型。

Jones 和 Manuelli（1990）、Rebelo（1991）、Stokey（1991）、Hall 和 Jones（1999）等学者则从人力资本与经济增长关系的角度进行了研究，人力资本是知识的载体，能减少要素报酬递减，并指出，即使缺乏技术进步，人力资本的存在也能长期促进经济增长。罗默和卢卡斯等人都假定技术具有全经济范围的溢出，罗默强调知识所具有的正外部性，而卢卡斯则认为人力资本积累对于生产部门劳动生产率的提高十分关键，至此，基于知识溢出的规模递增，已充分解释了知识溢出与技术进步的互动性，以及充分将经济增长内生化。

6. 内生技术变化的内生增长

完全竞争的条件下，基于内生增长模型存在一些缺陷，如完全竞争的假设过于苛刻，往往与实际情况不一致，因而有必要对其进行修正，以突显技术性商品的特征：非竞争性、专用性，解决内生增长模型中的逻辑不一致以及与实体经济发展之间存在较大差距。为此，20世纪90年代初，经济增长理论家基于垄断竞争，将创新与内生式经济发展联系起来，提出了以创新驱动为主的内生增长分析框架。根据技术进步的不同方式，可以将相关研究模型分为两类。

一是水平创新与内生经济增长，Romer（1990）、Grossman 和 Helpman（1992）将这类创新的技术进步表现为新型资本和消费品的出现，并指出新产品与原来的产品有联系，创新产品有着功能键的新突破，能扩大消费的多样性和生产的专业性。

二是垂直创新与内生经济增长，即探讨产品质量的提升，产品质量的提升会推动技术进步，进而促进经济长期增长，Grossman 和 Helpman（1992）、Aghion 和 Howitt（1992）指出这类创新的表现为产品质量的不断上升，上述两类内生增长模型一致的结论为：创新促进技术进步，而技术进步是经济增长的决定因素。

其中，AK 模型将研发（R&D）部门及技术进步内生化如下：

$$Y(t) = [(1-\alpha_K)K(t)]^{\alpha}[A(t)(1-\alpha_L)L(t)]^{1-\alpha}, \quad 0 < \alpha < 1 \tag{2-37}$$

$$\dot{A}(t) = B[\alpha_K K(t)]^{\beta}[\alpha_L L(t)]^{\gamma} A(t)^{\theta}, \quad B > 0, \beta \geq 0, \gamma \geq 0 \tag{2-38}$$

$$\dot{K}(t) = sY(t) \tag{2-39}$$

$$\dot{L}(t) = nL(t), \qquad\qquad n \geq 0 \qquad\qquad\qquad （2-40）$$

而"干中学"是指知识的积累，是一般的生产活动的副产物。

$$Y(t) = K(t)^{\alpha}[A(t)L(t)]^{1-\alpha} \qquad\qquad\qquad （2-41）$$

$$A(t) = BK(t)^{\phi}, B > 0, \phi > 0 \qquad\qquad\qquad （2-42）$$

式（2-39）、（2-40）、（2-41）和式（2-42）共同演绎了这一经济增长的特征。将式（2-42）代入式（2-41）得

$$Y(t) = K(t)^{\alpha} B^{1-\alpha} K(t)^{\phi(1-\alpha)} L(t)^{1-\alpha} \qquad\qquad （2-43）$$

这一经济增长模型描绘的增长机理可体现为 $\alpha + \phi(1-\alpha)$ 同 1 进行比较，ϕ 与 1 的比较分为三种情况讨论：当 $\phi < 1$ 时，经济增速为人口增速的函数；当 $\phi > 1$ 时，经济增速将急剧增长；当 $\dot{K}(t) = sB^{1-\alpha} K(t)^{\phi(1-\alpha)} L(t)^{1-\alpha}$ $\phi = 1$ 时，如果 $n > 0$，经济也将急剧增长，当 $n = 0$ 时，式（2-43）解析为：

$$Y(t) = bK(t), \qquad\qquad b \equiv B^{1-\alpha} L^{1-\alpha} \qquad\qquad （2-44）$$

$$\dot{K}(t) = sbK(t) \qquad\qquad\qquad （2-45）$$

这也是一个长期的增长内生决定于 s 的模型，一个 b 写成 A 的一般模型，称为 "$Y = AK$" 模型（AK 模型）。

7. 内生增长理论的三个重要新进展

之后，随着内生增长理论的发展，经济理论先后取得了三个重要的新进展。其一，20 世纪 80 年代中期，以 Krugman（1997，1998）为代表的新贸易理论提出了贸易驱动经济内生增长的理论，这些研究的共同点是，贸易对经济有着长远的影响，它有四个方面：资本积累、干中学、创新和企业生产力。其二，劳动分工驱动经济内生增长。Xiao Kai Yang 和 Jeff B.（1991）发表的《经济增长的微观基础》提出的以劳动分工驱动经济增长并模型化逐渐得到主流经济学家的认可。其三，以创造性破坏为主要特征的熊彼特经济增长思想对 20 世纪 80 年代以来内生经济增长理论的发展具有重大影响，这种影响也体现在 Aghion 和 Howitt（1998）提出了创造性破坏的成长过程，他们在 1998 年发表的《内生经济增长理论》一书中花了大量篇幅对熊彼特的方法进行详细分析，描述创造

性破坏的技术进步效应。虽然没有划时代的创新，但内生增长理论在现代方法结合经典理论上已经取得了许多成果，如建立定量关系的模型研究研发投入和经济增长的关系以及熊彼特创造性破坏的再探索等，也体现在 Aghion 和 Harris（2000）为代表的垂直创新推动技术进步和经济增长的熊彼特内生增长理论上。回顾上述理论历程，不难发现，这些理论逐步完成了将知识外溢、技术进步、人力资本内生于经济增长的分析框架，至此，创新与经济增长的关系得到了普遍的认同。

综上，创新是知识与经济的互动，是引进新产品或改变产品性能、采用新的生产方法、工艺过程，或开辟新市场。创新是经济发展和社会进步的重要原动力，它具有十分广泛的内涵，具体包括知识创新、技术创新、知识传播和知识应用等诸多方面的内容。创新是由广泛范围内的各种不同水平的创新参与者相互作用的结果，是科学发展和技术的商品化，把有创新的科技转化为可赢利的商品及产业。从第二次世界大战以来，到20世纪末，短短50年，科学技术发展经历了5次大的革命。5次大的技术变革，一次比一次用的时间短，技术创新的成果商品化、产业化周期越来越快，正是这些技术变革的合力带来了一个新的世纪和时代。近年来，随着对创新研究的不断深入，人们普遍认为，经济发展的主要动力来自技术的变化，而技术变化的核心就是创新，其本质是依赖于广泛的相关知识的积累和创新过程（Fischer，2001）。从某种意义上说，创新是公司以及围绕它们各种各样的创新参与者所进行的持续合作和相互作用的结果。

（二）创新与竞争优势

以古典经济学、凯恩斯经济学和现代经济学为代表的古典竞争力理论初步探讨了竞争力的形成机理，其中，亚当·斯密（1776）首次提出了绝对优势理论，认为贸易的产生基于各国之间生产技术的绝对差别。此后不久，大卫·李嘉图（1817）提出了比较优势原理，比较优势论认为贸易的基础是各国劳动生产率的相对差别，一国应该生产和出口其生产效率相对高的产品，进口本国生产效率较低的产品。赫克歇尔、俄林（1933）提出的赫克歇尔－俄林理论认为贸易的基础是各国生产要素禀赋的分配不同。20世纪后，陆续有学者对李嘉图理论中的一些严格假定提出了质疑，认为其不适合当前国际贸易的新趋势，并提出了不同的观点。

在20世纪80年代，基于比较优势理论的基础上，波特进一步提出了竞争优势理论，并指出著名的经济发展四个阶段①。进入20世纪90年代，Michael E. Porter（1990）提出了世界知名的"钻石模型"，如图2-1所示。

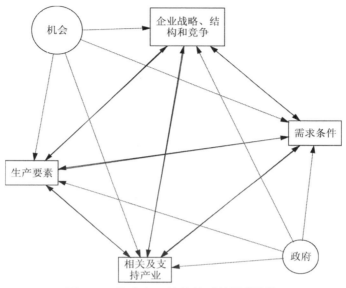

图2-1 迈克尔·波特的"钻石模型"

（资料来源：Michael E. Porter. The Competitive Advantage of Nations[M].New York：Basic Books，1990.）

模型中，波特指出，一个国家或地区的产业竞争力影响的主要因素包括四个：一是包含劳动力、自然资源、知识、资本、基础设施等的生产要素资源；二是需求条件，主要是产品或服务的国内市场需求；三是相关产业和产业链，主要是具备竞争力的上下游产业和关联辅助产业，从而形成具有规模效应的产业集群；四是企业的战略、结构和竞争状况，企业的战略和结构对于企业是否重视产品设计、研发和创新起关键作用。这四个要素在钻石体系的形成上具有双向作用，当某些产业或行业在钻石条件下处于最佳状态，该国（地区）企业取得成功的可能性最大。在四大要素之外还存在两个变数：机会与政府，机会是无法预期的，如重大的技术变革等，政府可以通过政策选择削弱或增强国家（或地区）的竞争优势。

---

① 分别是生产要素导向（factor-driven）阶段、投资导向（investment-driven）阶段、创新导向（innovation-driven）阶段和财富导向（wealth-driven）阶段。

　　Michael E.Porter之后，陆续有许多学者对"钻石模型"提出了质疑并进行补充，如以Kurth（1990）为代表的学者们指出波特将生产要素质量高低的影响贡献大于要素成本高低贡献的观点在现实实证中有许多不符之处，特别在广大的发展中国家要素成本往往比要素的质量对竞争力更为有作用。另一方面，以邓宁（J.Dunning，1993）为代表的学者们则指出波特的"钻石模型"在解释全球化的影响方面存在重大缺陷，之后，许多学者或补充相关要素，或改变要素之间的结构，对"钻石模型"进行了相应的调整。比较有代表性的有Buckly,Pass和Prescott（1988）的国家竞争力的3P架构、Dong-Sung Cho（1994）的九因素模型等。在20世纪90年代，克鲁格曼的新经济地理学理论认为，以报酬递增和不完善的市场结构为前提，双向贸易的利益可以通过扩大市场来增加产量从而降低获取利润的成本，规模经济和产品异质性可以成为国际贸易的独立来源，从而提高其国际竞争力。国内方面，金碚（1996，1997）等认为波特的"钻石模型"确实能解释一些客观事实，但并不完善，并提出以我国工业为切入点，根据我国工业发展的实际情况，对波特的"钻石模型"进行研究。此后，国内一些学者也进行了许多尝试，其中，芮明杰（2003）通过大量的实证研究，认为应在波特的"钻石模型"中添加一个由知识吸收与创新实施的核，他同时指出，正是因为加了这个"核"，企业才能真正能产生出持续的竞争力（见图2-2）。

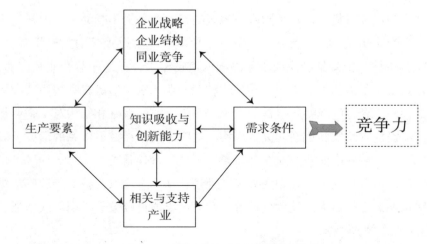

图2-2　芮明杰的"新钻石模型"

从竞争力理论经济学的发展过程中，不难发现竞争力在古典经济学中被认为是来自资本，而凯恩斯学派则将政府因素融入对竞争力的考察中，现代凯恩斯主义在上述基础上发现技术、人才以及制度等均为影响竞争力的重要因素。以波特为代表的竞争优势理论构建了产业竞争力分析的新范式，其研究思路、方法与结论影响重大，Michael E. Porter（1990）曾指出，教育对于产业竞争力的重要性，并将英国经济一跌不振归因于创造机制的问题，相对于传统的竞争力理论，波特的理论更强调了竞争力的动态性和创新的作用。

二、区域经济增长与区域竞争力理论

（一）创新与区域经济增长

区域经济增长理论刚开始是和主流经济学的发展史一脉相承的，从最开始的哈罗德－多玛模型到将技术内生的卢卡斯－索洛模型，到后来的 AK 模型，以及将制度纳入经济增长的各种理论，随着经济发展和技术进步，区域经济增长理论分离出来，开始了有益的尝试。在新古典区域经济增长理论中，技术进步被视为外在的既定因素，它是由经济体系之外的因素决定的，仅仅表现为时间的函数，传统的新古典理论假定技术瞬时传播，因而会出现区域趋同，这也构成了对新古典区域经济学理论批评的集中点。

增长极理论代表人物 J.R.Lasuén（1957）接受了熊彼特理论传统，把创新放在中心位置，认为经济活动的集中化导致创新，由此产生的发展优势又进一步吸引经济活动，强化创新优势。同时，他们还指出，发展弱的区域很少能吸收创新，而发展了的城市化区域，创新的吸收更好、更快，因而在这些区域创新会得到更好的扩散，其结果是，形成了一个创新扩散的循环累积过程。以 G.Myrdal（1957）为代表的循环累积增长理论指出，一个区域由于快速增长，该区域的投资也增长，部分投资将投入研究与开发，R&D 投资增长所带来的利益完全由该区域获得，因此，只有这一区域的生产率增长，这反过来会促使区域产出增长。以 J.R.P.Friedman（1972）为代表的中心—外围模型则将创新摆在中间位置，他们认为创新除包括技术—经济意义的创新，还包括新的组织形式、新的生活格调等制度创新和社会生活方面，并认为发展通常起源于区域内少数的"变革中心"，创新由这些中心向周边地区扩散，周边地区依附于"中心"而获得发展，因此，发展本身就包含着极化的过程。以弗雷曼（C.Freeman）、Davelaar（1991）为代表的区域创新理论指出，在创新过程中，区域网络发挥着重要作用，区域创新的主体是企业，区域环境、区域企业结构、企业战略是影响区域创新的重要因素，经验研究表明，区域创新差别在很大程度上可以归结为企业结构的差别，尤其是行业、组织地位、功能构成和企业规模都具有重要的影响作用。以西伯特（H.Siebert）为代表的区域技术传播理论从创新信息的传递者、接受者以及两者间的交流方式三个方面研究了技术不完全传播的原因，并认为技术差异是长期存在的，某些区域会专门从事创新，而其他区域专门模仿或采纳。以 Paul R.Krugman、腾田（Fujita）、维纳布尔斯（Venables）、劳赫（Rauch）等为代表的新经济地理学则将技术外溢视为影响地理集中的三个因素之一，重新认识到了运输对于技术外溢的重要性，并以技术不完全传播或缓慢传播为前提，认为既有可能存在区域技术趋同也有可能存在区域技术趋异。

区域经济学的新增长理论把极化理论的几个论证纳入了新古典模型的分析框架，并认为创新过程表现为每一增长的核心因素，因此一个增长理论首先必须能阐述和解释创新过程。新增长理论还指出，因为创新多的区域也就更容易进行创新，由此也就形成了一个循环累积过程，这一过程有时会强化区域间的发展差距。区域经济学中的城市内生增长理论包括规模集聚理论、知识信息外溢理论、规模经济理论和人力资本理论等，这些理论指出，城市是集聚的产物，集聚是规模经济的产物，规模经济是城市的一个重要特点，规模经济又源于知识和信息的外溢，知识和信息外溢是城市规模经济的微观基础（Fujita 和 Ogawa，1982）。Marshall（1890）指出城市为人们紧密接触、为地方信息的产生与外溢提供了环境，知识外溢与外部规模经济和人力资本积累有关，知识外溢和外部规模经济是城市化和城市规模增长互动理论的基石，它们为城市长期的内生增长提供源泉（Romer，1986；Lucas，1988）。知识外溢而能共享的地区信息促进了集聚，人力资本的积累与知识、信息的外溢促进了城市的内生增长，并使城市成为经济增长的发动机，城市规模的增长随着地方人力资本的积累与知识、信息的外溢而增长。

关于技术要素的流动，以区域分工与要素流动理论的代表奥特（A.E.Ott）的模型为例。他把技术进步区分为劳动节约、资本节约和中性的三种类型。如图2-3如示，X 轴表示劳动要素，Y 轴表示资本要素。传统的生产方法 P_0 要求

投入的劳动要素为 A_0，资本要素为 K_0，K_0/A_0 代表资本集约程度。通过引入新的生产方法，也就是技术进步，同样的产量可以用更少的要素投入生产出来，因此，新的生产方法表现为一种 OBC 三角内的要素组合。假定的前提条件是，要素价格不变，奥特（A.E.Ott）阐明了劳动节约，从而资本集约程度提高的技术进步过程中所有的可能性，它们位于 OP_0C 三角内。第一种情况是（三角 $K_0P_0C_0$），劳动节约的技术进步伴随资本耗费增加；第二种情况是（直线 K_0P_0），技术进步节约了劳动而资本耗费不变；第三种情况是（三角 K_0P_0C），劳动节约占压倒优势的技术进步，也就是说劳动节约大于资本节约。在中性的技术进步条件下，资本集约程度不变；第四种情况是投入的劳动要素与资本要素同比例减少，沿着直线 OP_0 的要素组合。在资本节约的技术进步过程中，最终会降低资本集约经营程度。资本节约的技术进步的所有可能性都在三角 OBP_0 之内。这里也可区分为几种情况：一种是资本节约占压倒优势的技术进步，也就是资本节约大于劳动节约（第五种情况，三角 OA_0P_0）；另一种是资本节约而劳动耗费不变的技术进步（第六种情况，直线 A_0P_0）；最后一种是资本节约伴随劳动耗费增加的技术进步（第七种情况，三角 A_0BP_0）。

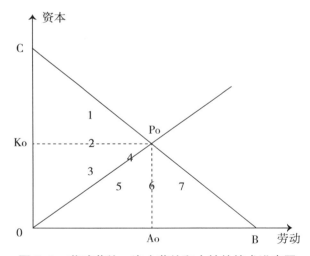

图 2-3　劳动节约、资本节约和中性的技术进步图

（资料来源：作者参考 A.E.Ott 模型绘制。）

根据各国区域经济发展的实践证明，在生产要素存量有限（劳动力、资本、土地）的区域中，经济发展的可能性取决于创造和运用新技术知识的能力。这里可以简单地假设，在两个区域模型中，区域 R_1 经济发展水平高，资本充足而劳动力稀缺；区域 R_2 经济发展水平低，资本稀缺而劳动力过剩。R_1 开始进入一个主动的、有计划的寻找过程，寻求节约劳动新技术知识。基于现有的知识存量和投入的资金数量，成功地开发出新的生产方法并运用于实际生产过程，从而能够在资本耗费不变的条件下用更小的劳动耗费，达到同样的产量（如图2-3中的第二种情况）。在 R_1 中，劳动节约的技术进步克服了经济增长过程中劳动力紧缺的限制。如果区域 R_2 也运用在 R_1 中已见成效的新生产方法，那么虽然可以降低生产成本，但同时也加大了劳动力的过剩。为了解决问题，区域 R_2 需要采取资本节约而劳动耗费增加的技术进步（图2-3中的第七种情况）。由此，可以得出结论：技术进步的类型和区域中重要的经济条件决定着技术进步对区域发展的影响作用大小。

（二）创新与区域竞争力

1. 知识溢出与区域创新互动

长期以来，国际贸易理论一直是区域经济学者用来解释区域分工和经济活动区域分布的理论中最具影响性的，从 Adam Smith 开始的古典贸易理论一直到赫尔普曼（Helpman）、克鲁格曼（Paul R.Krugman）、格罗斯曼（Grossman）为代表的新贸易理论，以广义上均可视为区域分工理论，而这理论大都从要素禀赋、规模经济、国际分工等先天或后天优势来阐述区域竞争优势的构建，并强调了知识溢出的作用。这些理论指出，知识溢出是指一种非正式的知识扩散，当众多企业在地理上相互邻近时，这种扩散的效率最高（克鲁格曼、奥伯斯法尔德，2001）。知识可以溢出，而知识溢出的范围是有限的（Feldman 和 Audretsch，1999），因地理邻近所形成的溢出效应，在创新中将具有重要意义，因为，知识在本地的流动，比向较远的地方流动更容易（马歇尔，1981）。西方学者的实证研究也支持了该观点，如：Jaffe，Trajtenberg 和 Henderson（1993）采用美国的专利引用数据对知识溢出的本地化进行了研究，认为溢出的显著部分来自接受企业技术领域之外的企业，这同 Jaffe（1986）所得出的结论一致，Bottazzi 和 Peri（2003）利用欧洲的区域数据也证实了 R&D 溢出的空间性特征。

2. 创新与区域竞争力

从广义上讲，区域竞争力理论也主要发源于迈克尔·波特的国家竞争优势理论，而真正认识创新作用的，也应该是该理论，该理论体系中，不论是迈克尔·波特"钻石模型"、Buckly, Pass 和 Prescott（1988）的国家竞争力的 3P 架构、Dong-Sung Cho（1994）的九因素模型还是国内学者芮明杰的"新钻石模型"均强调国家竞争优势的关键在于优势产业的建立和创新。Porter（1998）认为，在一个全球经济中保持持续竞争优势经常是由那些地方性因素所决定，即在特定区域集中的高度专业化的技术和知识、（正式的）制度、相关企业和消费者。区域创新理论的早期研究也支持了这一观点，并且认为企业的创新行为在很大程度上是以地方性的资源为基础，如特殊的地方资源、劳动力市场、承包商和供应体系、地方学习和溢出效应、地方的合作传统和企业家态度、支持机构和组织、消费者和客户资源的存在等（Asheim B., 2003；Cooket P.2000）。

在制度创新与区域竞争力方面，Stoper（1997）认为，区域是经济相互作用和创新的地域，而规则（社会关系）是具有地方性的，每一个区域都有其自身的规则、习俗和标准，因此，制度创新总是带有一定的区域特色。Storper（1995）将这些关系称之为行为主体间非交易性的相互依存，它们在传递信息和交换知识的过程中，加速了当地各参与者之间的相互作用和相互理解，它们源于共有的技术文化、劳动力市场上个体间的相互作用和流动（Maillat, 1995）。这种非正式社会关系的组合或复杂网络，通常决定了一个区域特殊的形象、特殊的内在表现和归属感，并通过复杂的组织和集体学习过程提高了地方的创新能力和竞争力。

综上，区别于宏观经济增长理论和竞争力理论，区域经济学更为强调特色经济学和以地区为特点的经济理论，并强调创新促进区域经济增长，提高区域生产率和竞争力，而且有助于产业结构调整和升级，推动区域经济增长方式的转变，提高区域增长质量和福利水平。现代区域经济理论更为强调集聚、知识溢出、规模优势等概念，十分强调技术创新和人力资本在解释区域经济增长中的重要性，也将区域间创新传播、技术差距与经济发展差异作为重点研究内容。一般认为，那些技术创新水平较高的地区将会呈现出更快的经济增长，而现代的发展模式，更加强调创新的重要性，重视研发投资和自主创新，区域竞争力是建立在以知识和人力资本积累为核心的创新基础上的，由此形成一个收入—研发投资—创新—竞争力—收入的循环。

三、经济增长方式的内涵与外延

（一）内生经济增长是增长方式的理论渊源

1. 西方增长理论与"经济增长方式"的缘起

基于新古典经济增长理论，我们已经可以很形象地描绘经济增长方式的表达，新古典增长理论（Neoclassical Growth Theory）的起点通常被认为是 Harrod–Domar 模型，索洛模型的外生变量内生化是经济增长理论模型进化的第一步。在给定的资本产出比的条件下，人均掌握的技术水平、资本劳动比和劳动生产率的提高内生于经济增长，按照索洛模型的假设，采用柯布 - 道格拉斯生产函数为 $Y = A*F(K, L, t)$，式中 A、K 和 L 分别代表技术水平、资本、劳动投入和时间，两边微分变形得：

$$\frac{dY/dt}{Y} = \frac{dA/dt}{A} = \alpha \frac{dK/dt}{K} + \beta \frac{dL/dt}{L}$$

令 $\alpha = \frac{dY}{dL} \bullet \frac{L}{Y}$，$\beta = \frac{dY}{dK} \bullet \frac{K}{Y}$ 分别为资本和劳动的产出弹性。

令，$GY = \frac{dY/dt}{Y}$，$GA = \frac{dA/dt}{A}$，$GI = \alpha \frac{dK/dt}{K} + \beta \frac{dL/dt}{L}$ 分别表示产出增长率、全要素生产率的增长率、要素（资本、劳动）投入的增长率，可以得出：

$$GY = GA + GI$$

上式表示产出的增长可以分为资本、劳动力等生产要素投入增长型和全要素增长型，如果 $\frac{GI}{GY} < 50\%$，称这种增长方式为集约型经济增长；如果 $\frac{GI}{GY} > 50\%$，则称这种增长方式为粗放型经济增长。

2. 内生经济增长理论与"经济增长方式"的溯源

西方经济理论对于"经济增长方式"的理论溯源正式来说还得算内生经济增长理论，从拉姆齐的动态最优化模型，到20世纪40年代的哈罗德 - 多玛模型，从20世纪50年代的索洛和斯旺的新古典增长模型，直到拉姆齐·卡斯·库普曼斯模型，古典经济增长理论将经济增长理论推到了一定的高度。随着进入20世纪80年代，罗默和卢卡斯的人力资本模型将经济增长理论引入内生增长阶段，此后，内生经济增长理论处于积极发展的时期。

根据创新的表现形式不同，内生经济增长理论分为水平创新和垂直创新，水平创新模型即产品品种增加型模型，Romer（1993）和 Grossman 和 Helpman（1992）将这类创新的技术进步表现为新型资本和消费品的出现，并指出新产品与原来的产品有联系，创新产品有着功能的新突破，能扩大消费的多样性和生产的专业性。垂直创新模型即产品质量升级模型，Aghion 和 Howitt（1992）指出这类创新的表现为产品质量的不断上升，上述两类内生增长模型一致的结论为：创新促进技术进步，而技术进步是经济增长的决定因素。

Lucas（1988，1993）等学者则从人力资本与经济增长关系的角度进行了研究，指出人力资本是知识的载体，能减少要素报酬递减，并指出，即使缺乏技术进步，人力资本的存在也能长期促进经济增长。Redding（1996）指出内生经济增长理论就是沿着上述两类思路进行的，即经济长期增长依赖于技术创新与人力资本的作用，内生经济增长理论研究表明创新是经济增长的源泉，而创新又是来自追逐利润最大化厂商有目的的 R&D 活动的结果。Aghion 和 Howitt（1998）提出了创造性破坏的成长过程，他们又在1998年发表的《内生经济增长理论》一书中花了很大的篇幅对熊彼特的方法进行详细分析，描述创造性破坏的技术进步效应，虽然没有划时代的创新，但内生增长理论在现代方法结合经典理论上已经取得了许多成果，如建立定量关系的模型研究研发投入和经济增长的关系以及熊彼特创造性破坏的再探索等。

我们不难发现，内生经济增长理论的核心在于，由于报酬递增保证了长期增长成为可能，当资本存量增加时，其边际生产率不会为零，在报酬递增的假设下，企业处于外部性和产品多样性的不完全竞争的市场中，因此，经济增长的机制体现为知识外溢、边干边学、人力资本积累、研究与开发（R&D）、国际贸易、劳动分工和专业化等产生报酬递增和市场垄断的因素上，并试图解释发达国家与欠发达国家间经济增长和人均收入广泛而持久的差异。另外，内生经济增长理论还认为，一国的经济增长是由内生因素决定的，这些内生因素对产业结构调整非常敏感，也就是说，产业结构调整在促进长期经济增长方面不仅具有重要的作用，而且也是内生增长理论的题中之义（蒋昭侠，2015）。内生理论发展至此，原来以劳动力、资本投入的经济增长，与技术、知识与人力资本积累的增长显然有着本质的区别，随着对产业结构与经济增长关系的进一步认识，"经济增长方式"这一议题的讨论显得十分自然而又呼之欲出了，只是在西方经济增长理论和区域经济增长的主流理论中却一直没有正式提出经济增长方式这一概念。

3. "经济增长方式"概念的正式提出

按照马克思主义的观点，经济增长方式被定义为通过增加生产要素的投入而实现生产规模扩大、经济增长的外延增长模式和通过技术进步及科学管理而提升劳动生产率的内涵增长模式。国外的学术研究文献中很少使用"经济增长方式转变"这一说法，目前，我国政府和学术界正在认真讨论所谓"经济增长方式的转变"问题，相对而言，国内有关经济增长方式转变的文献较为丰富，经济增长方式的讨论方兴未艾。

国务院发展研究中心2010年编写的《转变经济发展方式的战略重点》一文中对经济增长方式的定义为：各种影响经济增长的生产要素的组合推动经济增长的方式。而真正提出经济增长方式这一概念的是苏联经济学家在20世纪60年代后期提出来的，他们把增长方式分为两种：一种是靠增加自然资源、资本和劳动力等资源投入实现增长，叫作外延增长或粗放增长；一种是通过提高效率实现增长，被称为集约型增长。中国粗放型经济增长方式是计划经济的产物（吴敬琏，2008），因此，从粗放型经济增长方式向集约型经济增长方式转变的提法便产生了，现代发展经济学也使用经济增长模式来说明经济增长的源泉（张培刚，1992）。赵海均（2013）指出，经济增长主要注重数量和规模的增加，而经济增长方式转变则是指经济增长从数量和规模向质量和效率上的转变。而实质上，经济增长方式转变是由高级生产要素的生产和流动所引致的国民经济中一系列生产函数配置方式由低级向高级的动态演变过程（薛白，2009）。经济增长方式是指经济增长的动力机制和表现形式，是经济增长的途径、手段、方法和表现的集合（于津平、赵文军，2015），经济增长方式就是经济增长的结构类型，是对推动经济增长的各种要素的组合方式和各种要素组合起来推动经济增长的特征描述（郭金龙，2000）。

综上，本书认为：经济增长方式即通过生产要素投入的变化，包括生产要素数量增加、质量改善和组合优化来实现经济增长；经济增长方式不是单单重视经济规模的扩大，它更强调效率的提高以及经济系统的协调性和增长的可持续性。转变经济增长方式是指按科学的理念，调整经济增长诸因素的配置方式和利用方法，把经济增长转变到科学增长的轨道上来。按马克思主义的观点，经济增长方式可归结为扩大再生产的两种类型，即内涵扩大再生产和外延扩大再生产。外延扩大再生产主要是通过增加生产要素的投入，实现生产规模的扩大和经济的增长；而内涵扩大再生产，主要是通过技术进步和科学管理来提高生产要素的质量和使用效益，实现生产规模的扩大和生产水平的提高。参照国务院发展研究中心的观点，经济增长的方式分成两类，即粗放型经济和集约型经济。粗放型经济增长方式是指主要依靠增加资金、资源的投入来增加产品的数量，推动经济增长的方式；集约型经济增长方式则主要依赖科技进步和提高劳动者的素质来增加产品的数量和提高产品的质量，推动经济增长的方式[①]。

（二）经济增长方式的表现形式与衍生边际

基于霍里斯·钱纳里的工业阶段划分理论，经济发展水平成为经济增长方式转变的重要形式，而对于经济增长方式的其他重要体现形式以及范畴方面的研究主要集中在国内，对于经济增长方式转变的表现形式，存在着不同的研究视角。

1. 经济增长方式的表现形式

（1）经济增长

经济增长是经济学中最早研究的问题之一，20世纪四五十年代以前，经济理论研究主要关注经济增长，经济增长方式研究并没有引起重视，之后，经济学界有些学者将经济增长定义为产出的增加，并认为这是发达国家研究的课题，而经济增长方式定义为结构的改变，并认为这是发展中国家研究的课题（江彩霞、朱名宏、郭艳华，2013）。而实际上，经济增长与经济增长方式已成为一个全球化的现象，是世界各国共同面临的问题，从某种程度上来看，经济增长与经济增长方式是同一个研究对象，即研究经济增长方式，也是研究经济增长的问题。国内学者对此也展开了论述，如：林毅夫、苏剑（2007）就强调引进吸收与自主创新有机结合，促进经济持续稳定的增长，实现经济增长方式转变。卫兴华、侯为民（2007）指出，经济增长方式的转变体现为，注重对国外先进技术的引进、消化与吸收，利用自身的比较优势进行自主创新，促进经济持续增长。吴信平（2012）通过我国中部地区近20年的经济增长方式转变的收敛性

---

① 国务院发展研究中心. 转变经济发展方式的战略重点 [M]. 北京：中国发展出版社，2010.

分析，指出推动自主创新，从而促进经济内生增长和经济增长方式的根本转变，由此，经济增长应为经济增长方式转变的题中之义。

（2）产业国际竞争力

国内学者对于产业竞争力与经济增长方式的关系进行了较为全面的研究，其中，金碚（2006）就曾经强调，对于中国，要结合我国工业演进的实际，在比较优势的基础上，通过充分引进吸收，鼓励二次创新，促进产业国际竞争力提升，进而转变现实经济增长方式。之后，林跃勤（2011）通过对金砖六国经济增长方式的比较研究，认为，经济增长方式直接影响着国际竞争力与经济增长的质量。于津平、许小雨（2011）以长三角为例，指出创新与开放水平是促进我国经济增长方式转变的有效途径与表现形式。马章良（2012）等学者指出，转变出口增长模式，以质的改善及出口产业结构的提升为本质，注重提升产业国际竞争力，实现经济增长方式转变。赵文军、于津平（2012）也研究了进出口对工业经济增长方式转变的影响，以及从汇率对进出口竞争力的影响，从而对经济增长方式转变产生影响的角度进行了研究（赵文军，2014）。区域内所有产业构成该区域的国民经济，区域产业具有明显竞争力，区域经济才能够更有效配置资源，保持繁荣和持续发展，而这种增长方式更能直接地反映在特定的区域行业竞争力中（罗辑、张其春，2008），由此，区域产业国际竞争力也应为经济增长方式转变的重要内容之一。

（3）产业结构优化

产业结构是社会生产过程中，国民经济各产业之间表现的生产技术经济联系和数量比例关系。在经济发展和扩张过程中，产业结构发挥着基础性的作用，产业结构符合生产力发展水平和市场需求，将有效地促进经济协调发展和稳健扩张（蒋昭侠，2015），也是经济增长方式转变的一种重要表现形式。国内对于此观点的研究也较丰富，如有些学者就曾指出，增加创意产业在产业结构中的比重，将能有效实现增长方式的转变（厉无畏、王慧敏，2006）。增加金融产业在产业中的地位，有助于经济增长方式从"粗放型"向"集约型"转变（张璟、沈坤荣，2008）；金融集聚与金融产业的大力发展，对城市的经济增长方式转变作用明显（赵晓霞，2014）。封思贤、李政军、谢静远（2011）也以长三角为例，从银行发展、证券市场、金融开放等金融产业发展，探讨了其与经济增长方式转变之间的相互关系，因此，促进新兴产业发展，大力发展先进制造业和现代服务业，特别是生产性服务业，通过产业结构调整优化可实现区域经济增长方式的转变（傅钧文，2006）。

而国内另外一些学者则直接指出，我国产业结构升级滞后是传统经济增长方式的明显特征（彭宜钟、童健、吴敏，2014）。吕明元、尤萌萌（2013）实证分析了韩国产业结构变迁对经济增长方式转型的影响，指出产业结构合理化与高级化在韩国的经济增长方式转变中表现十分显著。卫兴华、侯为民（2007）也从消费结构调整、产业结构优化等角度研究我国经济增长方式转变。可以这么认为，产业结构优化与经济增长方式转变之间相互推动，使经济增长过程表现出阶段性的动态演变路径（薛白，2009），产业结构优化是传统经济增长方式向现代经济增长方式转变的重要标志（江彩霞、朱名宏、郭艳华，2013）。

（4）企业转型升级

转型升级可以从"转型"和"升级"两个方面来理解，前者注重低技术，劳动密集型产业向高技术型、资本型、知识型产业迈进；后者注重产业链的延长和升级，注重从价值链中间环节向价值链两端延伸，提升价值链。本书对企业转型主要界定为：一是企业跨行业领域转型，如生产经营转向不同行业或者企业跨出原有核心技术或经验进入新的领域，前者表现为转行，后者表现为转轨（吴家曦，2009）；二是组织管理层面转型，指企业为适应外部环境的变化或为降低企业管理成本提高内部运作效率，在企业组织结构管理模式或公司治理结构等方面的优化转型（孔伟杰，2012）。企业升级是指企业通过获得技术能力或市场能力改善自身的竞争能力，使企业进入获得更高的资本密集型和技术密集型经济领域的过程（Spence, A.M, 1976），也就是企业由从事低附加值产品的生产转向高附加值产品生产的过程，同时伴随企业在产业链或产品价值链位置上的提升（Gereffi, 1999）。企业升级既可以是价值链上的某一个或几个环节的升级，可以是整个价值链的升级，也可以是跨行业的升级。转型升级的实质就是创新能力的提升，它是与企业生产方式、技术水平和营销模式息息相关的，企业转型升级就是企业核心能力的提升和竞争，而代工企业的转型升级即从规模小、技术水平低、附加值低向规模大、技术水平高、附加值高的方向转型升级，从更为宏观上来说，就表现为产业的转型升级和经济增长方式的转变。

关于企业行为与经济增长方式转变的关系，国内一些学者如刘年康、曹国华、汪云桥（2013）等提出，应促进提高技术水平与优化现有资源配置结合起来，成功进行转型升级，促进新兴产业发展，进而实现区域经济增长方式的转变。张留建、李明星、汤萱（2007）指出，加快企业转型升级，可增强企业在国内外市场的竞争力，促进经济增长方式的转变。王小鲁、樊纲、刘鹏（2009）主张应推动市场与创造相结合，充分细分市场，找寻市场的兴奋点，遵循替代进口到出口的路径，将市场与技术创新有机结合，推进企业转型升级，从而实现经济增长方式的转变。由此，我们可以判断，企业转型升级也应是经济增长方式转变在微观层面的一种重要表现形式。

2. 经济增长方式转变的衍生边际

转变经济增长方式的内涵不是一个单一化的发展目标，而是一个目标群的集合（江彩霞、朱名宏、郭艳华，2013），转变经济发展方式的内涵及相关范畴应从产业结构、区域结构和经济结构优化、经济运行质量与效益等方面进行阐述（蒋志华、李庆子、李瑞娟，2010），应从宽视野、多层次、多角度的目标集合，强调区域的经济发展、经济结构优化与国际竞争力不断提升等重要议题来讨论（唐龙，2009）。经济增长方式转型以市场经济条件的变化为基础，这些市场基础条件的差异性决定了生产方式、产业结构、国际竞争力和经济增长动力的差异（于津平、赵文军，2015）。

近些年，在党的十三大、十四届五中全会、十五大、十七大、十八大的报告中多次提及经济增长方式或经济发展方式，并将经济增长方式的内容不断扩展至经济可持续增长、优化产业结构、提升开放型经济的整体素质与国际竞争力等方面。因此，经济增长方式是指实现经济增长的手段、路径和方法，这其中包括经济增长的核心内容由主要依靠增加物质资源的消耗实现经济增长，向依靠科技进步、管理创新等手段来提高资源的利用效率。同时，原来经济增长方式转变的集约边界（intensive margin）是指一个地区或国家基于创新的内生增长，它表现为经济的规模与数量的增加以及创新要素投入的增长。现将这一范畴进行广延至拓展边际（extensive margin），表现形式可衍生拓展到基于创新驱动的经济增长、产业国际竞争力、产业结构和企业转型升级等多方面的内容。

3. 经济增长方式转变衍生边际间的相互作用

不难分析，这些边际间有着互动、互融和相互促进的关系。一方面，随着企业的转型升级成"势"，这些带"势头"的企业劳动生产率提高，资本报酬率增强，成本节约，产品附加值提高，从而促进这些企业所在行业的劳动生产率也随之提高。此时，规模经济效应显现，产业链条拉长，产业关联度增加，产业集中度提高，产业发展环境变得更加优越，从而促进产业结构演进高端化。这些效应的集中反映必然是产品市场占有率的提高，产品对一个地区经济贡献率的加大，产品竞争力增强；在更为宏观范围的体现就是产业竞争力的增强和经济健康、持续的增长。

另一方面，经济增长与产业竞争力的增强也有利于产业结构的良性演化与企业转型升级。一个地区如果有高速、稳定的经济增长和较强的产业竞争力，必然意味着这个地区有着较强的经济实力和积累，能够满足高级产业结构构成中的高技术、高层次产业的资金需求。同时一个有着经济稳定、高速增长和较强产业竞争力的地区意味着该地区能够实现资源的有效利用，提高资源的利用率，进而提高该地区的经济发展速度，即能够推进产业结构的演化和企业的转型升级。当然，一个经济发达和产业竞争力强的地区，还能为该地区的产业发展提供强有力的知识支持、技术支持、外资资持，现代化管理模式，相对成熟的产业政策和激烈的产业竞争氛围，这些都是推进产业结构演进、经济增长的强有力的动因（罗辑、张其春，2008）。

综上，经济增长方式是伴随着经济结构、空间结构和政治体制变革的经济增长，即不仅意味着产出的增长，还意味着随着产出的增加而出现的经济效益、产业竞争力、产业结构、企业转型升级等经济结构的变化以及政治体制的变动（魏后凯等，2003），是一个数量与质量相结合的概念。转变的集约边际指一个地区或国家基于创新的经济持续、快速增长规模或数量。

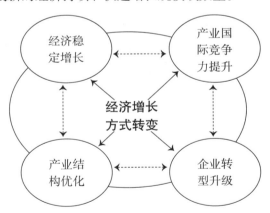

图2-4 经济增长方式衍生边际

如图2-4所示，相对于集约边际而言，本书将经济增长方式转变的表现范畴进行拓展，并衍生为：其一，经济持续稳定增长；其二，产业国际竞争力提升；其三，产业结构优化；其四，企业转型升级。但这些边际之间并非是孤立的、对立的，往往是重叠交叉的、主辅互补互促的，这种交叉互补的效应共同衍生成了经济增长方式转变的范畴边际，成为本书理论与实证分析的基础。

四、破坏性创新与原创性创新的理论解析

（一）创新的分类与破坏性创新的理论渊源

1. 创新分类

对于创新的分类，熊彼特（1939）归纳了产品创新、市场创新、生产方式创新、原材料创新和组织创新五类创新后，德鲁克则将创新划分为技术创新、管理创新和社会创新三类，之后，Freeman（1988）根据创新程度的不同，把技术创新划分为突破性创新与渐进性创新。Jame M.Utterback（1974）从产品性能最大化或成本最小化的角度将技术创新分为重大产品创新和改进型工艺创新。Clark（1986）从技术创新对市场能力和技术能力产生破坏的角度将技术创新分为结构式创新、激进式创新、利基式创新和保守式创新。Michael L.Tushman 和 Jonathan Anderson（1986）从使用知识的不同方式将技术创新分为渐进式创新和突破式创新。Gary Hamel（1990）提出了创新塔模型，位于顶端的是管理创新，然后是战略创新，再次是产品创新和服务创新；最底层是营运创新，层次越高，创新对价值创造以及竞争地位的维系就越重要。从创新对组织和市场的影响程度角度，Christensen（1997）从推动创新动力的角度来看，即技术与市场相互作用的角度，把创新分类为维持性创新和破坏性创新。对于破坏性创新与维持性创新，从理论上讲，无论是从熊彼特的"创造性破坏"还是克里斯滕森的"破坏性创新"，均是对创新模式的一种扩展与诠释，是基于创新程度与创新动力的角度，也是从技术与市场相互作用的角度进行划分的创新模式。国内方面，吴延兵、米增渝（2011）将创新类型分为合作创新、独立创新和模仿创新三类；吴炫（2000）对原创的定义与内涵进行了分析，指出原创性创新是与模仿性创新相对的一种创新模式，两种创新模式在定义与内涵上有着十分巨大的差异。黄兴、康毅、唐小飞（2011）将创新模式分类为模仿性创新与原创性创新两类，指出模仿性创新由盛转衰，使企业真正意识到了困境需要逆转，企业必须在两种创新模式间做一个选择。据此，创新分类呈现出多样性，但从创新的理论渊源、内涵边界来看，国内外创新模式不仅仅包括技术创新模式，还包括非技术

创新模式，如商业模式创新、管理创新、组织创新、质量创新、集成创新等。总结国内外学者的众多观点，西方的破坏性创新与维持性创新的划分以及国内的原创性创新与模仿性创新进入了我们的视野。

2. 熊彼特的"创造性破坏"

从熊彼特对创新的定义中，我们不仅看到了技术变革积极的一面，而且也看到了它消极的一面，并把它视为一种破坏性的、彻底变革的异己力量，熊彼特借用了"创造性毁灭"这个短语来形容。1912年，熊彼特将"效应更高的技术和劳动者取代效率低的过程"称为"创造性破坏（creative disruption）"，正是这种"创造性破坏"使现存的产品和生产方法被废弃，生产要素（劳动力、资本和土地）被重新组合，一部分被闲置不用，大多数就业群体的劳动条件会变得更糟糕。熊彼特"创造性破坏"描述了已有权力结构与结构外新开发的新结构之间的替代关系，市场经济鼓励创造新市场、新技术以及新形式的产业组织，并受创造性破坏力量驱动。"创造性破坏"并非消极破坏，而是更具有建设性，它是一种质变过程，是经济体结构内部发生了彻底变革，破坏旧有体制，并不断创造新结构。当公司间竞争主要依赖不断创造新产品和服务时，生产力持续改善，但是，企业间竞争容易将属于创造者的补偿让渡给消费者。熊彼特的"创造性破坏"强调创新过程的关键是从垄断的新产品中获取利润，所以商品生产的主要诱因是垄断利润的获得，形成以"创造性破坏"为动能的"新经济"。因此，创造性破坏关注的不是企业如何管理现存结构，而是如何创造新结构并破坏旧结构，所以很可能带来创造性毁灭。

3. 克里斯滕森的"破坏性创新"

数十年后，Christensen（1995）再次清晰地提出了破坏性创新，Christensen（1996）根据 Rebecca M.Henderson、Kim B.Clark（1980）的结构性创新发展演变而来，是在对 S 曲线理论批判的基础上提出来的，并形成破坏性创新理论，弥补和改进了熊彼特的"创造性破坏"的概念。Christensen（1997）指出从单一的技术轨迹来分析产业发展是十分片面的，将技术创新与市场分割开来也是十分错误的，只有技术创新能满足市场的需求，才能最终体现出其价值，从而改变其技术轨迹。Christensen（2000）认为破坏性创新具有简单、便宜和方便的特征，根据克里斯滕森的观点，破坏性创新可通过两条路径实施：其一，低端市场的原创性创新，即创新从低端市场网络的初始价值开始，以最低的利润和被最高程度服务过的消费者为对象；其二，新市场原创性创新，即在非主流市场的新兴市场寻找。

J.W.Kenagy（2001）也指出破坏性创新技术简单，在市场中容易被市场领导者忽视或没有太大的市场领导者吸引力，市场、制度对它的障碍很小，在对旧的客户进行逐步改善时，它对客户端的影响较小。Erwin Danneels（2004）指出，企业实施破坏性创新的衡量标准是从改变竞争性的基础技术开始的，他主要是针对破坏性创新的技术层面做出解释。F.Lettice 和 P.Thomond（2002）则指出破坏性创新立足于新市场，并往往被看成不入流，其利润主要来源于尚未被主流市场接受的低端市场或新兴市场，从而催化出主流市场对其的看法，并颠覆原来的主流市场。之后，Nault-Vandehosch（2000）模型从企业实施破坏性创新的困境与破坏性创新的条件两方面对克里斯滕森的破坏性创新理论模型化。

（二）原创性创新理论缘起于破坏性创新理论

从理论上讲，无论是从熊彼特的创新理论到后面的相关拓展理论，以至到克里斯滕森的破坏性创新理论，各种主流创新理论在技术和市场上均存在着一个明显的二维边界。破坏性创新理论与原创性创新理论不同于一般的创新理论，它对于技术与市场需求层面有着特殊的要求。Mary Benner（2003）等学者指出，破坏性创新则往往更关注扩大已有市场或寻找新市场，破坏性创新目标群体是非主流市场的消费群体或新兴市场的用户，从本质上来说，破坏性创新的市场侵入方式是低端侵入（苏启林、胡军,2011）。如图2-5所示,Marnix Assink（2006）指出，破坏性创新是一种新的技术突破，是破坏性技术，有着新的破坏性业务。

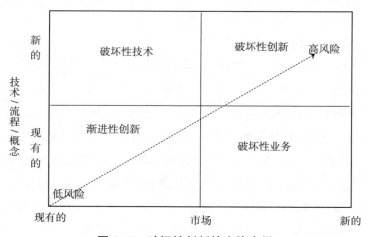

图 2-5　破坏性创新的实施空间

资源来源：Marnix Assink, Inhibitors of Disruptive Innovation Capability：A Conceptual Model [J].European Journal of Innovation Management，2006，9（2）：217.

　　国内学者傅家骥（1998）则强调，原创性创新是指技术有重大突破的技术创新，是从技术变化的程度来衡量，强调技术性能力上的巨大跃迁，它常常伴随着一系列渐进性的产品创新和工艺创新，并能够预期引进产业结构的变化，由此可见，两种理论均强调技术层面的新突破。张烨（2008）提出，相对于主流产品，企业实施原创性创新要根据产品的性能，以确定产品的市场进入方式是从低端市场进入还是从高端市场进入；金福子、崔松虎（2010）指出市场侵入是指新产品从老产品那里夺走市场份额，包括低端侵入和高端侵入；吴佩、陈继祥（2010）也认为非主流消费是原创性创新关注的重点。因此，从市场的角度来看，破坏性创新与原创性创新理论均强调，此种模式的创新并不覆盖市场的所有范围，而是更为关注新兴市场、非主流市场或两者的混合市场，其市场机会识别、定位与市场入侵的方式方面较维持性创新和模仿性创新模式更受关注。

　　如顺着 Marnix Assink（2006）两维空间思路，构建技术创新程度与市场关注程度二维坐标，很明显原创性创新理论与破坏性创新理论所指的创新模式在技术跃迁和对市场的关注程度是趋同的。一是破坏性创新理论是西方创新理论界的一种新兴理论，它强调破坏性创新不沿袭主流技术的推演，是技术轨迹的跃升。而国内的原创性创新理论强调，原创性创新是以技术性能上的巨大跃升为前提的，两者均强调技术轨迹与原来的主流技术轨迹的趋异性。二是西方的破坏性创新理论指出，破坏性创新并不是面向已有主流市场的，而是瞄准低端市场、新兴市场或混合市场，而国内的原创性创新理论也强调，应技术与市场融合，市场的范围不应局限于主流市场。而熊彼特的"创造性破坏"与克里斯腾森的破坏性创新理论早于国内提出的原创性创新理论，破坏性创新为原创性创新的理论渊源。

（三）破坏性创新是原创性创新的实质

1. 原创性创新的范畴界定

　　关于原创性创新，傅家骥（1998）指出原创性创新是一种技术上的变化程度，强调技术创新能力的巨大飞跃，它常常是指产品创新、工艺创新、技术创新等能够引致产业结构变化的创新。黄超、龚惠群、刘琼泽、仲伟俊（2012）对原创性创新进行了定义，指出原创性创新是技术上的一种跨越，是一种突破性的创新，对于国家或地区经济社会发展具有重大的意义，是经济可持续发展的必然要求。关于模仿性与原创性制度创新方面，国内学者陈仕华、卢昌崇

（2013）提及了企业间组织制度的模仿，并认为制度的模仿创新对于企业发展也是一个十分重要的考虑因素。沈洪涛、苏亮德（2012）则认为在合法性压力和不确定性条件下企业信息披露中的模仿行为及由此导致的制度同形现象也应为制度模仿性创新的一种现象。庄子银（2009）指出，知识溢出效应的大小与一个国家或地区的制度设计有关，并认为不当的制度设计会导致经济中模仿企业的比重上升，从而制约原创性创新的实施（庄子银、丁文君，2013）。支晓强、孙健、王永妍、王柏平（2014）指出，企业关于薪酬管制等制度安排也存在着模仿性创新与原创性新的区别，模仿同行业企业的制度安排与原创性制度安排会有区别。万东升（2009）则认为原创性创新于不同的行业、不同的学科、不同专业间有着不同看法，原创性创新具有不确定性和从技术、市场与制度三个方面定义的特性。目前对于原创性创新；学术界有着较多的说法，各说法间存在着一些分歧，并指出学者应与模仿性创新进行对比分析，来纠正原创性创新的定义（陆敏、胡梅娜，2002）。不难看出，国内学者对于原创性创新更多侧重于技术层面上的阐述，而从创新驱动因素，即对于技术、市场与制度互动的角度的阐述还十分稀少。

由此，从语义上讲，原创性创新与模仿性创新是相对的概念。与模仿性创新相比，原创性创新主要是从创新的驱动力方面，即创新对市场以及产业的影响来定义的，它也包括技术与市场的融合性概念，而模仿性创新更多的是从技术层次或技术的角度来进行定义的。进一步，本书认为，原创性创新是指针对现有主流市场的竞争规则以及主流市场中的在位企业，拓新已有的技术轨迹，跃迁至不同的技术发展路线而形成的新产品优势，对原在位企业的优势竞争地位造成了破坏，它的内容既包括技术创新、市场创新、商业模式创新，还包括制度创新。从程度上讲，原创性创新是程度较高的革命性创新。

2. 原创性创新与破坏性创新概念边界趋同

有鉴于此，如果设想存在一个技术、市场与制度的三维度坐标，我们可以将维持性创新与模仿性创新、原创性创新与破坏性创新在这个三维坐标中进行定位，如图2-6所示。从技术、市场和制度三个层面进行归纳，一是，维持性创新是沿袭着主流技术的推演，破坏性创新是技术轨迹的跃升。二是维持性创新是面向已有主流市场的，破坏性创新则瞄准低端市场、新兴市场或混合市场，往往具有市场的颠覆性。三是破坏性创新不仅仅体现在技术与市场方面，还体现在制度方面（张建宇，2010）。破坏性制度创新，早在熊彼特提出的"创造性破坏"这一概念时，就是包括制度创新的思想，强调制度上革命性变化，在完全竞争状态下，意味着毁灭。而随着经济的发展、经济实体的扩大，创新更多地转变为经济实体内部的自我更新，在熊彼特看来，技术与制度的创造性与毁灭性是同源的。而国内关于原创性创新与模仿性创新的特征性描述也体现为：在技术层面，原创性创新具有技术跨越性、突破性；在市场效果上，原创性创新应用后具有颠覆性效果；在制度层面，具有颠覆和突破性的作用。而模仿性创新主要模仿主流市场的产品，其技术呈现模仿、维持的主要特性，其市场效果主要体现为面向模仿主流产品所面对的主流市场，其制度方面的体现也仅为原来制度的改良。

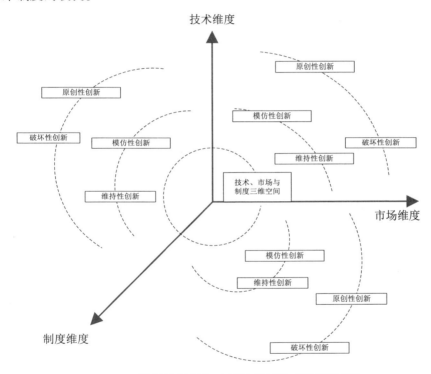

图 2-6　原创性创新与破坏性创新的"边界趋同"

由此，中西方认为这两组创新模式——在理论来源、概念边界方面，模仿性创新与维持性创新、原创性创新与破坏性创新有着边界趋同的效果，而其中，模仿性创新和原创性创新，维持性创新与破坏性创新又在诸多方面存在着明显的对立特征。进一步，本书界定为："创新"自熊彼特正式提出以来，其内涵与边界是有说法的，原创性创新是指由量变到质变的一种创新模式，它不是沿着原有的技术、市场或制度轨迹进行的，而是一种技术、市场和制度轨迹的跃变，具有原创性、技术跨越性与突破性以及颠覆性等特征，与克里斯腾森的"破坏性创新"有着内涵与边界趋同。它从技术、市场与制度三个层面均有着颠覆性的创造，也是熊彼特所提到的"创造性破坏"的本质体现，与此相对应的，模仿性创新与西方提出的维持性创新也有着对应关系，这些概念的边界具有趋同性，破坏性创新是原创性创新的实质。

综上，本书认为：破坏性创新是原创性创新的理论渊源，破坏性创新是原创性创新的实质，原创性创新在概念、内涵与形成机理等方面与破坏性创新有着十分一致的趋同。边界趋同并不意味着相同，具体来说，原创性更为注重技术的原创性，强调技术与市场的融合性，既包括主流市场，也涵盖低端市场、新兴市场或两者的混合市场。同时也包括制度的原创性创新，较克里斯滕森提出的破坏性创新范围更广，这也更符合国内经济的实际发展情况。而维持性创新是西方破坏性创新相对应的一个概念，模仿性创新是我国原创性创新相对应的一个概念，具体的解析还会在本书第三章做重点陈述。

五、研究综述与本书切入点

（一）创新与经济增长方式转变

1. 国外的相关研究

虽然西方理论界并没有明确提出"经济增长方式"这一概念，但不论是古典经济增长理论还是后来的内生经济增长理论，均隐含了经济增长的方式这一层含义，特别是西方内生经济增长理论强调将知识外溢、技术创新和人力资本纳入经济增长的分析框架，指出其是经济增长的内生动力，这已明显区别于古典、新古典经济增长理论所提出的以资本和劳动力等要素驱动为特征的经济增长模式理论。而以迈克尔·波特为代表的学者主张将国家的发展阶段分为要素驱动、投资驱动、创新驱动和财富驱动四个阶段（迈克尔·波特，2002），明确不同的发展阶段，其经济增长的驱动将进行转换，也体现出经济增长的方式要随着不同的发展阶段而转变。至此，西方的经济增长理论和国家优势竞争理论已明确知识、技术创新、人力资本、教育等因素增加，从而替代资本和劳动力等简单要素，是经济增长的动力转换，也是经济增长的方式转换的根本动力。

另外，Gerschenkron（1962）指出通过引入"适宜制度"可以促进经济增长，但在不同的时期，有助于一国经济增长的适宜制度可能是不同的。Acemoglu 和 Zilibotti（2001）等则从制度变迁或创新对经济增长的促进作用讨论了经济增长方式的转变。由此，创新是经济增长方式转变的动力来源，只是西方理论更为强调创新与经济增长的内生性，是经济增长的内生动力源泉，这也正如熊彼特曾提示了世界经济发生周期性运动的真正原因是企业家的创新一样，而并没有直接提出"经济增长方式动力"这一概念。

2. 国内的相关研究

创新就是打破旧的均衡并向新的均衡过渡，是知识与经济的互动，是经济增长方式转变的动力源泉；创新是推动区域经济发展的根本动力，它不仅可以促进区域经济增长，提高区域生产率和竞争力，而且有助于产业结构调整和升级，推动区域经济增长方式的转变，提高区域增长质量和福利水平（魏后凯，2006）。关于中国的经济增长，学者们虽然有不同的看法，如比较优势战略下的发展模式（林毅夫等，1999）、低价工业化增长方式（中国经济增长与宏观稳定课题组，2007）、过度工业化方式（张军，2007）低价竞争方式（刘世锦，2006）、旧型工业化道路（吴敬琏，2008）以及中国政府之前推行的外延增长方式和粗放型增长方式等，但归结起来，中国的经济增长仍为粗放型经济增长方式。

对于中国经济增长的收敛性以及经济增长方式转变的动力，国内学者也做了大量的研究，其中，从技术创新角度，郑玉歆（1999）认真研究了生产率提高、技术进步、余值、发展阶段与经济增长方式转变的关系，指出技术进步是经济增长方式转变的主要驱动力。王小鲁、樊纲、刘鹏（2009）指出，技术进步和内源性效率改善的因素在上升，以及教育带来的人力资本质量提高，正对中国经济增长方式转变造成正向影响。李平、宫旭红、张庆昌（2011）通过实证技术进步与人力资本投入在经济增长方式转变中的作用，认为上述因素均显著促进了我国经济增长方式的转变。辜胜阻（2013）指出，尽管影响我国经济增长方式转变的因素很多，但创新驱动战略是我国经济转型与经济增长方式转变的路径选择。傅元海、王展祥（2013）指出，模仿学习效应和人力资本水平对经济增长方式转变具有正向影响。陈宇学（2014）指出，一个国家或地区的竞争优势不应严重依赖自然资源、劳动力数量和资本投资，而是主要依靠科技进步和创新能力，这种创新是个人企业技术创新的初始表现，在个体企业的创新活动开始演变为一个社会革命，引领社会产业革命，一个新的循环的世界经济增长便开始了。唐未兵、傅元海、王展祥（2014）指出，技术创新或技术引进提高全要素生产率仅是技术创新或技术引进促进经济增长方式转变的必要条件，而非充分条件。从制度创新角度，杜传忠、曹艳乔（2010）指出，第三产业、进出口贸易以及制度安排对我国经济增长方式转变呈现正向影响。吴振球、王建军（2013）指出了地方政府间竞争制度对各地区经济增长方式转变的影响的重要性。魏杰、施成杰（2014）指出，全面深化经济体制改革的重大突破促进着经济增长方式转变。

当然，经济增长具有一定阶段性，在不同的发展阶段，驱动经济增长的主动力和国家或地区竞争优势有所不同（吴敬琏，2008）。20世纪80年代以来，特别是随着电子信息技术（ICT）的发展，很多国家和地区的经济增长都从要素驱动阶段、投资驱动阶段逐渐进入了创新驱动阶段，而如何实施创新驱动，特别是原创性创新驱动推动我国经济发展方式转变是本书所关注的核心问题。

（二）原创性创新与经济增长方式转变

1. 国外相关研究

克里斯滕森之后的许多学者将重点放在了破坏性创新的特征、企业如何实施破坏性创新的研究上去了，并由此产生了大量的成果，但真正研究破坏性创新与经济增长方式转变的关系研究却相对较少，相关阐述如下。

从企业竞争力的角度，John W. Kenagy（2001）指出简单的技术革新以及完善的产品使用功能是破坏性创新所需之条件，因此，破坏性创新具有其他创新模式所不具备的特征，这些特点使得企业能通过实施破坏性创新而获得竞争力的提升。Erwin Danneels（2004）则认为从纯技术角度来考量，破坏性创新实质是企业改变所遵循的主流市场所倡导的那种衡量标准，而最终改变了竞争的技术条件，使企业获得持续的竞争力。

从经济增长的角度，Mary Benner（2003）认为，要避免过度依赖与变革性创新或者被称为"破坏性"的破坏性创新相反的维持性创新（Incremental Innovation），由于该种创新模式的维持性、模仿性特征，其具有高投入、低产出的效果，相对于较为保守的主流企业可以进行维持。但对于大多数的非主流企业而言，维持性创新简直就是一种灾难，并通过对维持性创新驱动经济增长的机理进行模型分析后指出，维持性创新将使得经济增长陷入非收敛陷阱，而加大欠发达国家与发达国家之间的差距。Tsvetoslava Kyoseva、Vladimir Poulkov 和 Mihail Mihaylov（2014）指出破坏性创新的主要特点是对现有行业具有基本变化的驱动力，因此，破坏性创新是一种内生的创新模式，具有"创造性""破坏性"等特征，是驱动地区经济内生增长的关键因素，它不同于维持性创新等其他创新模式，因此，它更具有生命力。从破坏性创新制度角度，Lance E.Davis（1966）和Douglass C.North（2000）把熊彼特的创新理论与制度学派理论上结合起来，也强调了创造性制度的破坏对于经济增长的作用。

研究破坏性创新与产业结构优化的关联显得十分珍惜，但也不乏其人。如，阿德纳、泽姆斯基（1999）对破坏性创新与产业结构调整优化的关系进行探讨，认为破坏造成竞争威胁，对企业发展带来实质性的帮助，从而促进相关新兴行业的发展，最终实现产业结构的变化。John W. Kenagy（2001）则指出简单的技术革新以及完善的产品使用功能是破坏性创新所需之条件，因此，破坏性创新的实施有助于中小企业的生产能力与创新能力的提升，而往往这些企业处于新兴行业，这些企业的发展带动该行业破坏性创新的实施而成势，从而促进产业结构的调整。Erwin Danneels（2004）指出破坏性创新改变了某些行业的技术标准，从而达到这些行业发展条件的改变，最终促进产业转型升级。

2. 国内相关研究

（1）原创性创新的作用

技术模仿与制度模仿是同时并存的，目前，它们一起驱动着我国经济发展（郭熙保、胡汉昌，2004），赵彦云、刘思明（2011）论证了原创性创新对现阶段我国经济增长方式转变的重要性。欧阳峣、易先忠、生延超（2012）指出，经济增长的主要驱动要素的转变是经济增长方式转变的内核，而技术差距是影响经济资源配置格局和配置效率的关键变量。基于拓展的内生增长模型分析资源最优分配路径发现：经济增长方式随技术水平的提升从"生产性投资驱动"到"研发驱动"、从"模仿主导"到"原创主导"逐步转换。闵维方（2013）指出，提高教育水平，增强我国的原创性创新能力，从而实现从投资驱动、模仿性创新向原创性创新驱动转变的发展模式，实现经济增长方式的转变。王砚羽、谢伟（2013）采用Lotka-Volterra的竞争扩散模型分析，指出采用模仿性创新的企业从开始中获取一定的收益，但随着竞争的加剧，平衡将会打破，实施原创性创新的企业会逐步处于优势地位，且两者差距将逐渐拉大。

（2）原创性创新的影响因素

国内学者主要从知识共享与整合、科学积累、人才培养、现有技术水平和技术溢出等角度进行阐述：孟庆伟、刘铁忠（2004）通过研究绘制了原创性创新的轨迹，即从基础知识的积累开始，通过工艺、生产的过程，新产品实现了知识的创新，伴随着知识的共享与整合，原创性创新得以产生；张琳、甘翠云（2014）指出，原创性创新或研究与人才培养关系十分密切，有着内生的互动关系；郑琳琳、陈雅兰（2015）指出原创型人才是原创性创新的主体，人力资源与原创性创新之间有着十分重要的内生关系；杨俊、田莉、张玉利、王伟毅（2010）认为选择原创性创新还是模仿性创新取决于企业有什么样的研究团队；邹薇、代谦（2003）则指出欠发达国家由于人力资本的问题，使其长期处于模仿性创新，不能有效地吸收发达国家的知识溢出，从而加大与发达国家的技术差异；吴海江（2002）指出了科学积累对于原创性创新的重要性；易先忠、张亚斌、刘智勇（2007）指出，中国现在技术水平的基础对于模仿性创新有着十分重要的支撑作用，随着技术水平与人力资本水平的提升，原创性创新模式将成为可能。张杰、李勇、刘志彪（2010）指出，技术溢出效应对于处于模仿性创新的国家或地区十分重要，而对于原创性创新的实施更为关键。郭小东、吴宗书（2014）认为，原创性创新是要考虑被模仿威胁的情境中产生的，因此，原创性创新的不易模仿的创意性是区别于模仿性创新的关键。因此，模仿性创新有着致命的弱点，不论是个人还是企业模仿性创新都不是长期战略，要注重知识吸收能力与转换能力，增加原创性创新的经验积累，从模仿走向原创（莫韬、董华斌，2006）。

（3）原创性创新驱动经济增长方式的转变

国内学者主要从原创性创新驱动产业竞争力和产业结构调整两个方面进行相关研究。在驱动产业竞争力提升方面，田红云（2007）在其所著《破坏性创新与我国制造业国际竞争优势的构建》指出，降低产品成本、产品差异化、提升产品质量等途径是企业有效实施破坏性创新的路径；对我国细分三类行业的国际竞争力进行驱动特征性分析，并探讨了破坏性创新驱动我国制造业国际竞争力提升的路径选择。张艳雯（2008）、向吉英、黄韦华（2011）等指出从低端市场破坏，并进入主流市场，颠覆行业竞争规则，取代原有技术成为新的行业标准，从而推动本土产业技术跨越和竞争力提升。苏启林、胡军（2009）在《破坏性创新—技术跨越与中国产业成长》一书中通过对汽车业、制药业、软件业及创意产业等中国（主要是广东）重要产业的规范性分析，寻找中国的破坏性机会，利用后发优势在竞争中实现跨越性发展，提高自主创新能力，推进产业升级；并指出长期主导的"以技术换市场"的战略思维一次又一次的影响中国产业创新，提出中国未来产业的破坏性创新机会及成长路径。

关于原创性创新驱动产业结构优化，腾泰（2009）就曾指出，推动产业升级，大力发展服务业，并最终促进产业结构调整优化升级，其实质就是"熊彼特增长"的主要内涵——"破坏性创造"。除此以外，国内学者廖日坤、韦宇、周辉（2015）指出，原创性和基础性研究对于产业应用十分关键，这种原创性的创新大力促进了物理、微电子、生物等产业领域的发展；平新乔（2001）指出原创性创新应以原创性的发现为基础，追求原创性创新是产业发展动力的源泉。赵弘、谢倩（2008）以我国动漫产业为例，指出原创性创新能力不足是制约我国动漫产业提升发展的深层次原因；陈莹（2012）以中国机器人产业为例，指出中国的高端产业一直处于模仿性创新的模式，没有实现原创性创新模式的突破，而这正如国家大型企业集团创新能力一样，一直没有突破，致使企业利润薄弱，竞争力上不去，由此，不难得出，一个国家或地区无论如何都不可能凭借模仿性创新占据未来产业高端（南开清华课题组，2009）。

（三）现有研究的主要不足与本书切入点

1.现有文献的主要不足

现有理论对于经济增长的路径与表现进行了许多卓有成效的研究，研究成果涉及经济增长的方方面面，但本书认为现有研究仍主要存在以下几点不足之处。

第一，回顾西方的破坏性创新理论，西方学者对于理论的提出贡献很大，但不难发现，关于企业如何赢得破坏性创新带来的利益方面的研究主要来自发达国家的学者，研究对象也主要是以美国等发达国家的产业和企业为主，这就使得该领域的研究过于侧重发达国家企业的发展背景。而理论的应用不仅受制于创新的特定时间和地点，也受制于历史路径。由于发达国家创新经验有其独特性，因此，创新理论中的大量结论很难适用于我国，该理论也很难照搬过来。而国内关于原创性创新的已有研究往往局限于较为狭窄的技术层面，角度过于狭隘，也比较分散，没有从技术、市场和制度的立体视角展开研究。

第二，总结西方的内生增长理论发现，内生增长理论是增长理论的一个里程碑，但该理论将知识外溢、人力资本和技术创新内生于经济增长的框架后，对于延续而生的"经济增长方式"问题，现有的国外研究却没有明确。国内关于经济增长方式的研究文献虽然不少，但大多以思想性观点为主，理论和实证上的论证相对匮乏。

第三，创新被公认为经济增长的源动力，但长期以来，国内外学者对运用创新理论解决我国经济发展的实际问题时，研究视角往往局限于基于自主创新、集成创新、体系创新、质量创新等领域内，理论界对于因创新驱动力不同，即技术与市场互动的程度不同而体现出的不同创新模式的研究还十分缺乏。正是因为不同创新模式间的概念内涵、驱动因素、运行机理与投入产出效率等方面存在着十分大的差异性，创新模式的选择显得十分重要，也就是说采用何种创新模式驱动经济增长，最终实现经济增长方式转变的问题被突显了出来。

第四，现有的对于用相关理论解决中国特别是广东的经济增长方式转变的相关研究，角度单一，观点较分散，缺乏系统全面的研究，多数研究只是将经济增长方式作为一个整体进行考虑。这些研究并没有通过对经济增长方式的表现形式进行分析，也没有从可以量化的角度更为深入地对某个地区的经济增长方式根本转变的动力机制进行研究。内生增长理论的先知先觉者已将创新、人力资源、知识等对于经济增长的驱动内生化，而对于原创性创新与知识溢出存在怎样的关系，通过什么方式互动，以及对于不同创新模式内生驱动经济增长的合意性，以及广东经济增长方式转变的相关研究却相对缺乏。

第五，从方法论的角度来看，原创性创新是相对于模仿性创新的新模式，而经济增长方式是相对于经济增长的复杂形态，由于处在研究的初期阶段，对上述两者之间的关系，在研究方法上还存在一系列的不足：其一，现有研究对原创性创新偏重于从技术层面的可识别和定量研究，其结果难免会有一定的局限性；其二，现有研究对原创性创新的量化研究多集中在微观层面，而从产业与微观两个层面进行量化研究的成果较少；其三，就经济增长方式而言，现有研究多局限于对经济增长方式整体上的量化研究，相对忽略了对其众多表现形式上的量化研究。

2. 研究的切入点

追溯知识与创新理论的发展路径，也是经济增长理论的发展路径，在上述理论中，对于知识、创新与技术进步促进经济增长的过程已形成了共识。知识经济现象在全球层出不穷，而且将有加剧之态势，而实际上，各个发达国家都提出发展教育和加强知识共享、加大知识扩散及溢出力度、推动经济增长模式的转变。本书基于西方的破坏性创新理论提出原创性创新理论，是针对我国特别是广东经济发展实践的应用理论，是一次十分重要的尝试；重点对原创性创新的发端、特征分析、创新与破坏机制等几方面展开论述，也是本书所论述的关键的理论工具之一和理论分析的切入点，理论模型研究的切入点如图2-7所示。

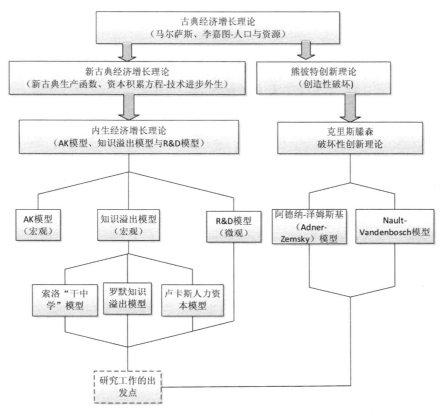

图2-7　本书理论模型研究的切入点

目前，我国政府和学术界正在认真讨论所谓"增长方式的转变"问题，接下来，本研究在后续的理论与模型分析中，以内生增长理论中的知识溢出（宏观）模型中"干中学"模型、知识溢出模型和人力资本模型以及企业R&D模型（微观）为基础，结合熊彼特的创新理论、克里斯滕森的破坏性创新理论以及相关模型展开分析。

经济内生增长理论对实际问题的关注，对经验研究的重视，使经济增长理论走出了象牙塔、恢复了生命力，以中国经济发展进入新常态和新的开放模式为背景，以广东经济增长方式根本转变为例，围绕原创性创新与区域经济增长、产业国际竞争力、产业结构优化和企业转型升级的关系这些最基本的问题，构建发展中地区经济增长方式如何有效转变的实证范式，这正是本书现实观察与实证研究的切入点。

第三章 原创性创新是经济增长方式
根本转变的动力源

对于一个地区的经济增长方式转变，原创性创新所起的正向促进作用究竟是如何体现的？它的作用原理是什么？与模仿性创新的驱动原理有何不同？这是本章重点需要说明的问题。在解释这一理论问题之前，首先需要对原创性创新与模仿性创新的概念进行一个清晰的界定和说明，比较两者间的异同。尽管国内对于原创性创新的研究日益增加，但大都各言其是，既没有明确原创性创新的理论与概念边界，也没有触及与模仿性创新的比较，更没有探讨原创性创新的驱动实质、作用机理。另外，不少学者将原创性创新定位为突破性创新，仅从技术层面加以阐述，其所提出的概念适用范围明显偏窄，还有一些学者将原创性创新理解为自主创新。可见，大多数学者对于原创性创新的概念、模型与机理都是有一定理解偏差与缺失，这正是阻碍一个统一的经济增长方式分析框架得以建立的重要原因。

为此，我们既要对原创性创新技术与市场融合的驱动方式有一个深刻的认识，又要考虑不同类型的创新模式，如模仿性创新与它的差异，也要较为全面准确地概括不同创新模式的驱动机理和对经济增长方式转变产生的整体作用和效益，同时也需要进一步从本质上和产生机制上对原创性创新概念、机理和模型进行考察，这一方面与现有研究相结合，又体现了本书对于现有研究的拓展。

一、原创性创新与模仿性创新概念对比

（一）模仿与原创

1.模仿性创新的模仿性

模仿（imitation）是同类公司接受一项创新的行为，模仿通常会使产品或流

程标准化且基于模仿的产品通常以更低的价格而面市，但缺乏个性。模仿性创新的模仿模式是创新度最低的一种创新活动，其基本特征在于模仿。模仿性创新主要通过完全模仿和模仿后再创新两种主要方式进行，从一个新技术的诞生起，充分使市场饱和需要一定的时间，所以仍有一定量的市场空间为创新产品开拓市场，使得该技术有可能被模仿。模仿性创新的优点是节省了大量的研发和营销费用，降低了投资风险，同时也避免了早期市场的不稳定，降低了市场开发风险。对于模仿创新的企业，一旦一个领先的企业创新，其产品开拓新的市场具有广阔的前景，跟随企业便会模仿，使其新产品进入新的市场风险相对较小，因为模仿行为使企业有足够的时间和资源与竞争对手竞争，但往往是沿着主流技术路线在模仿。而消化吸收后再创新，虽然经过消化和吸收他人的技术，企业掌握的技术诀窍是复制产品和改进产品的功能、外观和性能等方面，使产品更具竞争力，虽然较完全模仿有进步，但仍难以超越已有的技术轨道和取得市场方面的突破，且充分的模仿也导致了企业在技术创新方面不思进取、止步不前。

2. 原创性创新的原创性

与模仿性创新的模仿不同，原创性创新采用的技术往往不是沿着原有的技术轨道，而是跃变到一个新的技术轨道（如图3-1所示），这类技术大多数看上去不能成为主流技术或获得商业化成功，由于各种原因，大体上与在位企业无关，而原创性创新却是在这样一种创新过程中产生的。

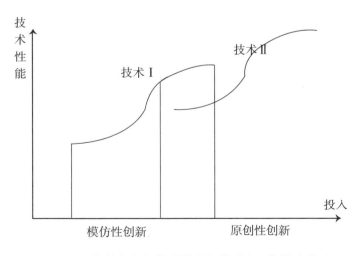

图 3-1　原创性创新与模仿性创新的"双 S"技术轨迹

起先由于比起已有技术提供了独特、更好或新的利益而吸引小市场或新兴市场，随着开发、设计、创造出一群专注于这一技术的初创企业，直到性能水平达到甚至超出已有技术，这时，一些专业公司已经围绕新技术开发出相关的市场、技术和专门技能，将在位企业抛在技术"新波浪"之外。因此，原创性创新在技术上具有原创性，其往往是一种新工艺，是一种新的生产方式和提供服务的新途径，并经常与科技上的一些重大发明联系在一起，且能引致出其他创新，原创性创新也常常能主导一个产业，从而彻底改变竞争的性质和基础。

随着科技的不断发展，不同创新模式的路径依赖不同，原创性创新不是体现在原有技术的延伸，而是对原有技术的替代和超越，是技术上的跨越。克里斯滕森曾认为，因为8英寸技术普及后，14英寸技术的确退出了市场；而3.5英寸技术占领市场后，5.25英寸技术也确实销声匿迹了（Christensen，1995）。从这个意义上讲，后一代技术对前一代技术的确具有强烈的"突破性"，这种破坏性来源于不同的技术架构而非不同的理论基础。

如果从技术架构即现行技术的组合方式来判定，则上述例子描述的便是原创性创新的更替过程，如果从技术的理论基础上加以甄别，则上述例子便属于模仿性创新的更替和颠覆过程，其关键在于此类创新能够成功避开现行技术的"摩尔定律"以及由此带来的低水平竞争。因此，具有长久发展的空间与后劲，对于形成规模经济，产生比现行技术更大的效率意义深远，而这种更大的效率是原创性创新彻底地替代现行技术的根本目的。

克里斯滕森（2000）基于产业技术的破坏与反破坏史的研究，可以为需要的产业技术提供性能演变轨迹，并可以用图表方法预测破坏性技术的发展趋势，然而事后预测涉及市场到底需要哪方面性能以及技术将能提供什么水平的性能，而用哪种方法去预测总的来说并不很明确，Doering 和 Parayre（2000）、Rowe 和 Wright（1999）等对于破坏性技术的事前预测方面的研究也体现了原创性创新的原创性，即技术的跨越性和突破性。

（二）继承与创造

Christensen（1997）指出维持性创新只是对现有主流市场的产品性能进行改进，Gopalakrishnan 和 Bierly（2001）则认为维持性创新是这样一种创新，这种创新是在已有生产技术水平、工艺的基础上使产品的性能等发生变化，但这种变化是企业技术路径的延伸，是对已有技术的积累性改进，是通过改进或更进技术从而提升主流产品的性能等，依靠主流市场的原有消费群体，是一种继承而不是一种颠覆性的改变。Michael A.Hitt（2012）就指出维持性创新是建立在已有知识上，并且在当前的生产技术上做小的提升。因此，模仿性创新的市场有明确的定位、为人熟知的产品特征、相对较低的利润空间和高效的生产技术，如添加一个种新的增白成分到洗衣粉中，它是一种继承而非创造，这就是典型的模仿性创新。宋建元（2005）、蔡琼华（2005）等认为，维持性创新是这样一种创新，这种创新模式的技术轨迹是沿袭原来的技术轨迹，并不是开拓新的技术轨迹。

Christensen（1997）曾指出，还存在一种技术创新，与维持性创新相对应，它往往是立足非主流的低端市场，其目标并不是向已有主流市场提供更为完善的产业，而是生产新产品，这种新产品会对非主流消费人群和潜在消费者具有吸引力，对现有主流市场具有破坏性，并最终入侵至已有主流市场。Christensen（2002）指出，破坏性创新对已有的行业和技术标准进行改变，在新知识、新标准下，打破常规，引入新产品，进入非主流市场或新市场，创建不同的主流市场的消费群体。因这种创新具有破坏性，在已有主流技术水平下，逐渐对已有主流产品和技术进行颠覆性替代的创新，具有创造性；原创性创新是一种通过自主知识产权的独特核心技术实现新产品价值的过程，是一种创造。因此，原创性创新通常会带来显著的技术突破而且会创造新的知识[1]，本质上是革新，它不是原有技术轨迹的继承，而是一种跃升；它是利用新技术满足新的市场需求，如最初的固定电话到手机的发展，在当时就是一种原创性创新。

（三）维持与颠覆

由于沿袭主流技术的模仿性创新的产品功能不断完善和改进，其速度往往快于消费者的需求提升速度，且那一部分多出来的功能改进或质量提升往往是多余的，并不能再吸引更多的主流消费群体。在这种状态下，原创性创新的产品往往是一种全新的产品，是完全脱身于原来主流产品的一种新属性产品，如手机与固定电话、传统相机和数码相机等，正是这种新属性往往会吸引更多的用户进入市场，从而对关联企业产生了"破坏"。如：移动电话进入市场时，主

①　H.R.Greve. Bigger and safer: The diffusion of competitive advantage[J]. Strategic Management Journal, 2009（30）：1–23; W.T.Robinson, S.Min. Is the first to market the first to fail?Empirical evidence for industrial goods businesses[J]. Journal of Marketing Research, 2002（39）：123–128.

流市场因固定电话可靠而便宜、继续偏爱，但随着蜂窝技术的发展，移动电话不断更新换代，使用成本降低，价格不断下降，开始吸引越来越多的主流市场用户，这里的原创性创新所强调的不是替代现有产品，而是对主流市场的颠覆性作用。

另一方面，基于原创性创新的技术和市场破坏，势必体现出对产业竞争规则的颠覆，原创性创新改变了既定的技术范式，以顾客价值为导向，能够帮助客户更好地完成工作与创造价值，因此，对旧的技术体系和商业模式产生影响，从而导致整个市场结构的改变。而改变主流市场的在位企业，往往采用的是建立在原有技术轨道上的模仿性创新，是对原有技术和市场的维护、强化，而逐渐被实施原创性创新的企业所颠覆，实施原创性创新的企业逐步具有竞争优势，而挤出原有在位企业，从而形成新的主流市场与在位企业，而对整个行业的竞争规划产生实质性影响，并导致行业新的游戏规则的产生。

二、原创性创新的内在特征机理

（一）"创造性"机理

根据原创性创新模式的要求，不是以满足现有市场需求的技术范式而使产品的性能得到改善，通常情况下，原创性创新有两种不同的技术轨道，存在最小杠杆点和极限杠杆点，图3-2为原创性创新技术创造的基本模式。如图3-2所示，如果产品性能超过极限杠杆点时，性能带来的市场需求就微乎其微了，而这时，我们认为，此时的技术进步已偏离了市场需求方向。产品的性能为Christensen提出破坏性创新理论的关键点，它对技术进步的方向与市场需求的方向均有十分重要的影响，因此，原创性创新也应重点考虑这方面。基于上述技术创造基本模式的思考，展开如下三种技术创造模式。

技术创造模式Ⅰ：当已有主导技术进步日趋成熟，产品性能提升幅度也日渐平稳，而消费者的需求却仍有大量缺口时，此时已有主导技术已不能满足现有的市场需求，新的技术进步呼之欲出，就像彩色电视机与黑白电视机的交替一样，这是一种技术创造，如图3-3所示。

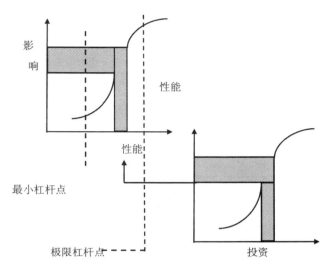

图 3-2　原创性创新技术创造的基本模式

（资料来源：Jay Paap，Ralph Katz.Anticipating Disruptive Innovation[J].Research-Technology Management，2004，47（5）：13.）

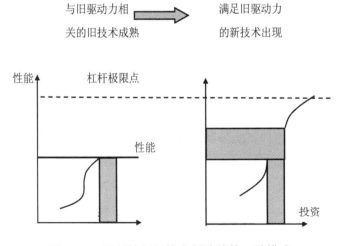

图 3-3　原创性创新技术创造的第一种模式

技术创造模式Ⅱ：区别于旧技术的新兴技术出现，使得新产品对消费者的需求发生了转变，而这种新技术是已有旧技术无法实现的，如胶片相机被数码相机取代一样，这也是一种技术创造，如图3-4所示。

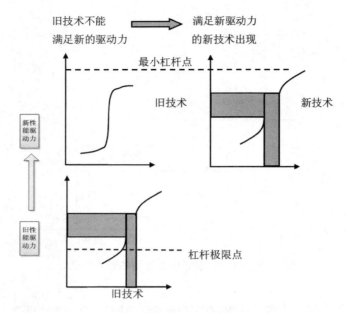

图 3-4 原创性创新技术创造的第二种模式

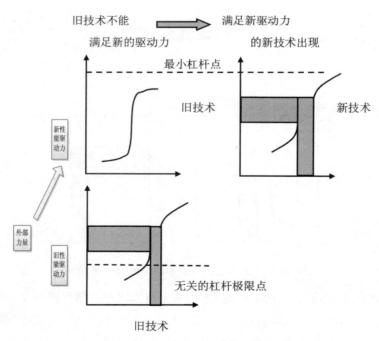

图 3-5 原创性创新技术创造的第三种模式

技术创造模式Ⅲ：当环境没能发生重大变化时，也即环境没有改变主流消费者的消费需求时，已有主导技术通常是处于适应环境的，技术创造也不会发生。而当环境的改变影响了消费者的需求时，已有主导技术不得不改变，技术创造此时将会产生。如由于信息时代的到来，个人电脑（PC机）逐渐取代了大型计算机进入主流市场，此种技术创造是由于经济环境发生变化导致的，其技术创造原理如图3-5所示。

如上分析，三种技术创造模式的实质是对原创性创新的"创造性"机制的体现，不难发现，各种技术创造模式间有着十分密切的关联，低端破坏模式对应于技术创造的第一种模式，而新兴市场破坏与原创性创新的第二种模式对应。这两种模式恰恰看准了低端市场和新兴市场的非竞争性与隐藏性，既开辟了新市场，通过低端市场初始起步，不断提升产品的性能，从而最终吸引更多的消费者，并占领主流市场，即体现了原创性创新技术上创造性，也蕴含着利润与机会上的创造。

（二）"破坏性"机理

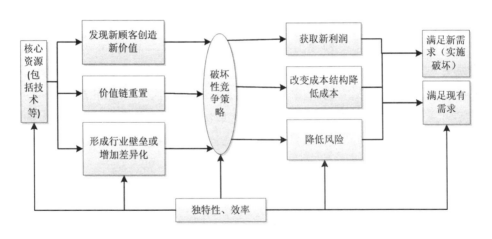

图 3-6 原创性创新的"破坏性"机理

"原创性创新"中的"破坏"描述了技术对市场的一种影响，市场受到创新技术的影响，也受到参与市场竞争的主流企业由于没能及时采用新技术，在其商业成功中陷入低迷时期的影响。如图3-6，这种因技术的创造而影响市场，以企业的竞争战略为核心，以核心资源（包括技术创造资源等）为依托，通过高效的配置，不断寻找和发现新市场的顾客价值、价值链重构、壁垒保护或差异化增加等三种不同的方式破坏并抢占主流市场。它通过降低风险、改变成本结构从而降低成本以及获取新利润等方式实现企业发展，这恰恰体现了原创性创新与其他创新模式不同特征，即破坏性机制，这也是本研究验证的一个难点。

原创性创新的"破坏性"机理是通过技术进步和市场需求两个方面的共同作用形成的破坏机制，通过技术更替、市场的破坏两个方面进行，这一机制可以概括为：一方面，通过新产品的生产，从新兴市场、低端市场或混合市场进入，激发不同于主流企业生产产品的消费者或潜在消费者，实现市场的"破坏性"，即"新产品生产——新兴市场、低端市场或混合市场的找寻——市场破坏"。同时，原创性创新通过术扩散收益、技术创造、新产品创造、机会创造、利润创造，最终实现对主流市场"破坏性"，即"技术扩散收益——技术创造——新产品创造——机会创造——利润创造——对主流市场的破坏"。

（三）"非竞争性"机理

参考阿德纳–泽姆斯基（Adner-Zemsky，2005）的理论模型，假设只存在两种生产技术（ϕ），一种是新技术（$\phi = N$），另一种为已有技术（$\phi = E$），区别两者的差异为边际生产成本（C），新产品 C_N，$C_N \geq 0$。假定存在主流市场（$i=1$）和次要市场（$i=2$），消费者对于产品的质量为 v，其中，v_1、v_2 和 v_E 分别为对主流市场新产品、二级市场新产品和主流市场已有产品。θ 为购买产品的价格，$\theta \in [0,1]$，P 为价格，消费者的收益为 $\theta V - P$，市场的规模 $S_i > 0$，S_1 和 S_2 分别代表主流市场和二级市场消费者数量。按照克里斯滕森（1995）的观点，主流市场的新产品质量较低，而在次要市场则更受消费者偏好，因此可以推出：$V_E > V_1$，$V_2 \geq V_1$。

考虑这两种技术都具有正输出（当新技术是可行的），考虑到市场因素，将 V_1，V_2 重新改写成 $V_1(\xi)$，$V_2(\xi)$，$\xi > t_N$，$V_2(\xi) = C_N$ 为消费者选择新产品的分界点。$V_k^T(\xi_N) > 0$ 且 $V_K(\xi_N) > C_K$ 为这两种技术都具有正输出（当新技术是可行的），$n_K > 1$，$n_N > 1$ 为采用新技术或既有技术的企业数量，q 为企业的生产，$q_{N,k}$（$k=1,2\ldots\ldots n_K$）为采用新技术企业的输出，$q_{E,k}$（$k=1,2\ldots\ldots n_K$）表示采用既有技术企业的产出。假定 $Q_\varphi = \Sigma_{k=1}^{n_\varphi} q_{\phi,k}$（$\phi = N, E$）为企业采用不同技术而生产产品的产量，考虑古诺均衡，企业生产产品产量应满足：

$$q_{\phi,k}^* \in \arg\max q[P_\phi(\theta_\phi^* - q_{\phi,k}^* + q, \theta_\phi^*) - c_\phi]$$

即：$Q_\phi^* = \Sigma_{k=1}^{n_\phi} q_{\phi,k}^* \quad \phi = N, E, \theta = 1, \ldots\ldots n_\phi$

买新产品者 $\theta V_2 - P_N > 0$，即 $\theta > P_N / V_2$，则需要新产品的数量为 $\max\{S_2[1-p_N/V_2], 0\}$，只有当 $\theta V_1 - P_N > \max\{\theta V_E - P_E, 0\}$，才可能会导致在主流市场的消费者购买新产品，因为 $\theta V_1 - P_N - \max\{\theta V_E - P_E, 0\}$ 中 θ 增加到 $\frac{P_E}{V_E}$，然后下降。主流市场上新产品有正的需求，当且仅当 $(P_E/V_E) V_1 - P_N > 0 \leftrightarrow P_N < V_1 (P_E/V_E)$，即 P_k 价格远高于 P_N 时，主流市场才会对新产品有正的需求，新技术的原创性机制体现为以下两个方面：

当 $0 < \theta_E < S_1$，$\theta_N > \bar\theta_N(\theta_k) > 0$，$0 < P_E < V_E$ 和 $P_N < \bar{P}_N(P_E)$ 同时满足时，原创性创新才得以实施；

当 $0 < \theta_1 < \theta_2 < 1$，低端消费者 $\theta_2 \in (\theta_1, \theta_2)$，购买新产品，新技术才显示突破性。

"原创性创新"中的"破坏"描述了技术对市场的一种影响，市场受到创新技术的影响，也受到参与市场竞争的主流企业由于没能及时采用新技术，在其商业成功中陷入低迷时期的影响。

进一步，借鉴 Nault–Vandehosch（2000）的破坏性创新的有关模型，建立企业具有原创性创新能力的模型。假定既有产品的利润为 $\pi(t)$，扩张期的利润为 $\varepsilon_j^i(t)$，原创性创新利润为 $\delta_j^i(t)$，$i=|L,E|$，L 为主流主导企业，E 为新进入企业，$j=\{1,2,3\}$，1、2、3分别表示主流企业、新进入企业、从众企业，并设 T 为时间函数，为能力函数，模型分析框架见表3-1。

表 3-1　原创性创新"非竞争性"模型分析框架

		市场	
		无	有
能力优势	无	主流企业先占	主流企业先占
	有	主流企业先占，若新进者有能力有优势，进入也是可能的	先进者先占，若新进者具有进行破坏性的能力优势

即：$K_E^i(t) < K_E^i(t)$，且 $K_E^l(t) < K_E^l(t)$，$i, l \in |I, E|$，且 $i \neq l$。

主流企业扩大生产量则为：

$$L_E^l(T) = \int_D^T \pi_1(t) e^{-t} \, d + \int_T^{\bar{T}} \varepsilon_1^i(t) e^{-t} \, d - K_\varepsilon(T)$$

如新进入企业生产量则为：$F_E^I(T) = \int_D^T \pi_2(t)e^{-t}\,\boldsymbol{d} + \int_T^{\overline{T}} \varepsilon_2^i(t)e^{-t}\,\boldsymbol{d}$。

在扩展期，T_E^I 定义：

$$L_E^I(T_E^I) = F_E^I(T_E^I) \Rightarrow \int_{T_\pi^i}^T [\varepsilon_1^i(t) - \varepsilon_2^i(t)]\,e^{-t}\,\boldsymbol{d} - K_E(T_E^I) = 0$$

在破坏期，T_E^I 定义：

$$L_E^I(T_E^I) = F_E^I(T_E^I) \Rightarrow \int_{T_\pi^i}^T [\delta_1^i(t) - \delta_2^i(t)]\,e^{-t}\,\boldsymbol{d} - K_E(T_E^I) = 0$$

追随者（新进入企业）具有破坏性的能力→当且仅当 $\begin{cases} T_\delta^E < T_\delta^l, T_\xi^l \\ T_\xi^l < T_\xi^E \end{cases}$。主流企业也具有破坏性能力（不代表具有破坏性欲望）的条件：当且仅当 $T_\delta^l < T_\delta^E, T_\xi^l, T_\xi^E$。

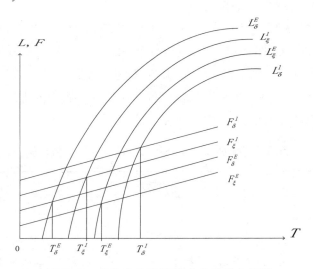

图 3-7　在位企业与追随企业的进入函数

（资料来源：Nault, B.R., Vandenbosch, M.B., Disruptive technologies-Explaining entry in next generation information technology markets[J].Information system Research，2000（3）：304-319.）

如图3-7所示，原创性创新战略的实施主要是针对新兴市场、潜在市场等进行的，通过生产满足市场需求的，具有原创性技术的产品，这种产品功能不一定要向主流市场的产品那么全面，技术不一定是原用技术那么高端，但它一定是提针对市场的一种全新的产品，并吸引着顾客。对于主流市场的主导企业来说，由于其延自主流技术的主流产品，并存在于主流市场，这些产品功能全面，质量上乘，技术先进，但其技术与质量的程度可能已远远高于消费者对基于已有技术所生产产品需要的程度，消费者反而不想为其多余且用途不大的功能或技术付费。如果这些主流企业想进行技术上的突破，而实现产品转型，由于之前对原有技术的投入以及生产的成本较大，基本不具备灵活转型的条件，特别是针对新兴市场和潜在市场的原创性创新的条件的定制化产生，这些主流企业往往望尘莫及。因此，一般不会选择开展原创性创新，反而次要企业基于更新技术的开发，起点更高，市场潜力更大，具有既成优势而实施原创性创新，没有开展此种创新的包袱，这种博弈周而复始，并最终改变整个产业竞争的格局。

基于上述企业开展原创性创新的障碍分析，本书认为，原创性创新具有在位企业实施的障碍性，一般主流企业难以适应这种创新带来的挑战，特别是在位的主流市场的企业。以它们的心态与利益机制，更难以推动这种创新模式，而中小企业由于生存的压力更大，反而易于用另起炉灶的模式来推动这种创新，并最终取得成功。原创性创新为非在位企业创造了机会，在位企业反而往往不具备实施原创性创新的条件，而恰恰是在位企业实施原创性创新的条件与障碍，从侧面体现了原创性创新方式的非竞争性实现机理。

（四）与知识溢出"内生耦合"

Rivera 和 Romer（1991）的分工和知识国际化模型强调知识在国际间的外部效应，认为一国参加国际贸易，总能提高知识的生产率和经济的稳态增长率。知识的流动是嵌入在区域劳动力网络中，而集群的形成通常会成为创新过程所需要的产业独特技能或能力的汇集地。随着时间的推移，知识不断积累，技能在人员之间传递，这些产业技能逐渐成为集群内公共知识。当具有专门技能的劳动力在区域内流动时，可以促进隐含性知识的扩散，例如，硅谷技术人员的高流动性是硅谷技术扩散的主要渠道之一。

此外，由于知识活动的外溢效应，地缘上的接近使得相互竞争的企业和具有互补性生产活动的企业可以彼此受益。通过劳动力流动、竞争与示范效应、产品生产、主体关联、空间联系等形式而产生的知识溢出效应，在企业实施原创性创新的过程中，通过人力资本的知识吸收。在新兴市场和低端市场等环境中更利于增强，这种增强无疑是原创性创新所针对的市场环境所带来的，并反过来可以进一步降低特别是中小新兴企业的原创性创新的技术创新成本，这一过程周而复始，形成良性循环。此种效应可以大大降低企业，特别是中小型企业进行原创性创新的成本，为这些企业成功实施赢得机会。

这里不妨假定存在两个区域，其中一个区域代表广东，且两个区域均实施创新，只是实施的创新模式存在差异，当各自封闭时，每个区域的知识增量为：

$$\dot{A}_j = \theta_j L_j A_j \qquad (j=1,2)$$

这里，A 表示知识，L 表示劳动投入规模，θ 为效率参数，与单位知识生产成本成反比。当知识完全溢出时，两个区域的知识增量分别为：

$$\dot{A}_1 = \theta_1 L_1 (A_1 + A_2)$$

$$\dot{A}_2 = \theta_2 L_2 (A_1 + A_2)$$

解微分方程组，得：

$$\ddot{A}_j - (\theta_1 L_1 + \theta_2 L_2)\dot{A}_j = 0 \qquad （j=1,2）$$

由此可得，地区 A_1 与 A_2 知识增长率相＝同：$g = \theta_1 L_1 + \theta_2 L_2$。因此可以得出命题：因其免费的特征，知识溢出效应使开放地区相对较为封闭的地区知识存量上升，这种存量的上升可降低该地区创新的成本。

在不完全溢出条件下，假定区域 A_1 领先于区域 A_2（区域 A_2 代表广东），通过模仿，知识生产成本下降，知识生产效率提高，于是有 $\theta_2 > \theta_1$，只有当满足 $\dfrac{\theta_2}{\theta_1} > \dfrac{L_2}{L_1}$ 时，相对落后的广东地区才会有趋同趋势。但随着知识差距的缩小，$\theta_2 / \theta_1 \to 1$，如果广东不实施原创性创新，则会使其与领先区域的差距缩小到一定水平后不会继续缩小，因此不可能达到知识的完全一致，由于知识溢出效应，促进技术追赶与技术创新，技术进步的提高，促进企业进行人力资本投资，推进人力资本的积累。而技术创新的外部性，使得知识溢出效应增强，推进广东的技术进步与技术创新，从而诱致广东的人力资本积累，进一步强化广东知识溢出的效应。

知识溢出与创新的互动模型分析可知，知识溢出效应能有效地缩小区域间的创新能力，而创新能力的提升又产生出新的创新效用，当一个区域不进行有效创新时，其区域间的知识能力差距会加大，最终使得创新能力的差距加大，而这种有效创新恰恰是原创性创新的技术基础，从某种意义上讲，以劳动生产率为表征的知识溢出效应是创新与经济增长之神（钟阳胜，2012）。由此，本书认为：其一，知识溢出通过国内外贸易、国内外投资、产业集聚等形式外溢，广东企业通过人力资本进行知识吸收，将其转换为技术创新，促进技术进步，降低了企业的技术创新成本，更有利于企业选择原创性创新的实施；其二，反过来原创性创新活动具有外部性，这种正外部性，能够产生溢出效应，尤其是在产业集群中，这种创新方式的外部性将有利于促进知识的传播和扩散，提高技术进步的程度，提升人力资本的边际生产率，并使人力资本的投资更加有利可图，而人力资本的增加以及技术的进步，又加大了知识溢出效应的产生，知识溢出效应促进原创性创新。这也正如法国经济学家 Thomas Piketty（2014）在其《21世纪资本论》中曾指出，发展中国家与发达国家之间的人均国内生产总值差距日渐缩小，这主要归功于知识和技能的传播以及由此带来的原创性创新能力的提升。通过实施利用原创性创新的长期经营战略，洞悉目前可以威胁要破坏企业所在行业领先者的技术，企业可以通过技术跃升来达到持续成功，原创性创新有助于企业形成产品的核心技术，从而避免这一代价。具体来说，发展中国家或地区可以通过收购发达国家的优势企业或研发机构，或通过与发达国家的大学、科研机构、领先企业合作成立技术研发机构，控制、引导和吸纳后发达国家的研发体系和人才，可以通过技术引进、产业转移或者"干中学"来分享知识、技术、工艺等溢出带来的好处，但这种"涓滴扩散"带来的能力提升转化为内生的、潜在的，对提升发展中国家原创性创新能力十分关键。

综上，与知识溢出内生耦合作为原创性创新的一个重要特征，是基于知识溢出与原创性创新以及企业知识吸收与原创性创新实施的一种内生互动、互联的"耦合"关系。具体体现为：知识溢出的正外部性能有效降低原创性创新的创新成本，而企业进行原创性创新如能成"势"，这一势头又能进一步产生或强化知识溢出效应。

三、原创性创新较模仿性创新占优的解析

（一）原创性创新资源配置效率高

1. 原创性创新资源配置对市场环境适应力强

资源配置的不确定性是原创性创新所独有的特征，通常认为先前的经验以

及据此形成的惯例和能力会削弱公司应对技术变革的能力，但金和塔奇（2002）认为，经验（由在位者原先技术领域所积累的）并不导致创新惰性，在他们早期对驱动硬盘产业历史的研究中，发现那些生产和销售经验丰富的公司更可能进入新市场，且淘汰率较低。关于原有资源在解释新进者和在位者是否能进入新市场以及如何进入的作用时，Helfat 和 Lieberman（2002）建议通过对公司的资源库和新市场所要求的资源进行比较，可以得出公司必须克服的"资源鸿沟"。他指出了一个易被忽略的事实：成功的公司通常是将新一代产品所需要的资源和能力转移到另一个产业进行多元化生产，并提出几种填充"资源鸿沟"的方法，通过联盟、参股、并购、授权。Iansiti、McFarlan 和 Westerman（2003）提出，当新业务与主流业务之间的资源呈现很明显的互补性时，则整合一体化的方法就是明智的。Rothaerrnel（2001）指出，通过联盟合理配置资源，在位者仍能保住其地位：通过与小的生物医药公司结成战略联盟，在位者成功地提升了用生物技术生产新药的能力，作为交换，在位者提供诸如销售资源、分销网络、广告促销技巧以及标识使用权。

上述论述中，由于经验销售、进入时机与进入的市场的不确定性以及多元化的资源配置方式，资源配置的不确定性为新进企业实施破坏性的一大特点，而这往往是在位企业的困难所在。相对来说，模仿性创新的目标导向很明确，是在原有技术轨迹上的延伸，因此，对于资源配置方面具有惯性和延续性，不确定的因素十分少，整合和联盟配置资源去完成一个新的技术与市场挑战的机会不多。

2. 原创性创新内部资源配置的时效性与灵活性强

原创性创新因其产品的简便性、低成本性的特征，往往在企业较低的财务成本中运行，原在位企业所采用的主流财务预算环境基本不适用于原创性创新的实施，项目经理必须具备获得企业内部资源配置的能力，而不仅仅是为了争夺一个良好的预算分配。Vande Ven 和 Angle（1989）研究表明，企业实施原创性创新失败的主要原因往往归于企业内部配置资源的稀缺；Deborah Dougherty 和 Cynthia Hardy（1996）指出项目经理对企业内部资源配置能力与破坏性创新的实施密切相关；Eifer 等（2000）也认为，企业资源配置的能力以及强度对于破坏性创新的实施十分关键。而基于模仿性创新的内部资源配置过程在成本方面往往基于传统的预算，因其技术呈现的维持与模仿性，相对于原创性创新的原创性，其技术开发相对没有风险，对于技术市场的机遇与投资的风险没有预期。

因此，模仿性创新在内部资源配置方面没有原创性创新的时效性和灵活性，原创性创新在内部资源配置方面提出了更高的要求。

3. 原创性创新对外部资源配置的偏向性需求高

Philip Klenner, Stefan H ü sig Michael Dowling（2013）通过两个案例研究结果表明，建立的价值网络的破坏性敏感性是十分重要的内容，它使得潜在的破坏性创新可以成功地引入价值网络。外部资源配置与企业内部资源配置对实施原创性创新都显得同等重要，在位的企业往往将从外部获得的资源大量投入主流市场的模仿性创新中，因此无暇顾及其他非主流市场上的竞争者。而这些大企业通常又是十分厌恶风险的，因此，他们的财务大多支持常规下的、风险较小的创新项目上，而不确定性、风险较大的原创性创新项目往往在这些企业中得不到支持。当企业内部资源不足时，来自传统金融中的银行、风险投资、政策创新支持资金等外部资源显得十分必要，而这些传统银行贷款机构也往往是风险的厌恶者。因此，风投和政策创新资金的支持等外部资源与原创性创新项目有着天然的"耦合"关系，正如 Vande Ven、Andrew H. 和 Douglas Polley（1992）所指出的那样，这些外部资源如何配置成为破坏性创新项目关键。相对原创性创新而言，由于模仿性创新的风险相对较小，因此，模仿性创新项目获得的外部资源相对较为稳定，而对风险投资方面则需求不足。

4. 原创性创新对人力资源配置要求高

Henderson（1997）指出，公司决策层的思维对于破坏性创新项目的实施十分重要，如果公司上层管理者基于以前的思维惯性，无法看清楚原创性创新项目的前途，则会对原创性创新项目实施阻碍，而克里斯滕森（2004）也认为应专门成立一个团队对各种原创性创新项目进行归纳和收集，并整理以供决策者考虑与借鉴。"破坏者"通常表现为由现有企业或团队中的工程师流失，衍生出的公司，并为这些人和思想提供一个平台，Govindarajan（2002）就曾指出，最高管理者应采取长期导向、激励计划的目标，而不是短期导向的激励方案，因此，高级管理人员不限于刚性的激励措施。Murase（2004）也指出，"冒险家"和外部专家往往是成功实施原创性创新项目的团队组成成员。而模仿性创新的团队则相对要求没有那么高，由于研发风险较少，对团队的冒险精神、探求本领、创意支持等没有更高的体现，且由于团队对已有市场的认识形成的固化思维，团队的稳定性也较强，流动性也较弱。

5. 原创性创新资源配置权力部门的独立性强

Summer, L. (2012) 提出和讨论具体的破坏性创新的组织机制，并提出在技术变革的加速环境，以解决非核心技术的发展趋势和潜在的原创性的方法显得尤为重要，因此，设立一个独立的分支机构投资于原创性技术是克里斯滕森最主要的建议之一。在硬盘驱动产业的整个历史中，只有三个在位者经营破坏技术而取得商业上的成功，克里斯滕森将其归功于他们建立了分支机构，克里斯滕森 (1999) 坚持认为，让一个独立的组织承担公司内部的革新工作 (Skunkwork) 进行项目研发是在位者的必然选择。而这一革新工作经常被误用，如仅仅因为一项技术是全新的持续性技术，就分离出一组工程师来开发它，事实上，只有当新技术的边际利润比主营业务低，并且必须满足一些新的顾客特殊需求时，才有必要建立分支机构推进破坏性创新。克里斯滕森 (2000) 对其建立分支机构的条件做了进一步的明确，当一项原创性技术为了具备竞争性要求有一个不同的成本预算时，或当目前的机遇大小与母公司的增长力需求并无明显相关性时，这时设立分支机构才是解决问题的必然要求。克里斯滕森已经在试图对设立分支机构附加条件，以约束其应用环境，尽管许多学者在理解相关内容时并没有注意到这部分论证，但我们仍可欣慰地看到有很多富有建设性的或支持或反对的争论，对该论题更加深刻的理解和创建正在出现。由于模仿性创新是基于维持性的主流技术的创新且资源配置的规模相对较大，而对于技术及市场的变化无须快速反应，因此，模仿性创新只能遵循整个企业对资源配置，而不能建立专门的独立性组织灵活地进行配置。

（二）原创性创新对环境的适应性强

Dess 和 Beard (1984) 对从稳定与可预测与否两个维度对企业所处的环境进行较为明确的划分，他指出企业生存的环境可以分为稳定与可预测、不稳定与可预测，稳定与不可预测和不稳定与不可预测四个大类，而每种类型的环境对于企业实施创新均会产生不同的影响。而 Henderson 和 Clark (1990) 就针对这一现象，曾指出在不稳定和稳定，以及可预测和不可预测的环境中，其创新的核心理念及主流设计等要随着不同的环境变化而变化，这使得企业能更好地适应外界环境而得以生存。

综合众多学者的观点来看，在不规则的环境中，即指除稳定与可预测的极端规则的环境外（其余三种情况均视为不规则的环境），其中，环境不稳定与不可预测是最为不稳定的企业发展环境。在这一环境中，企业产品的生产、市场销售等呈现出不可预见性的变化，因此企业为了生存，通常会变得更为灵活，且更多地愿意去高频度、高速度地创新，这之中，模仿性创新与原创性创新均为企业采用的模式，但更多的企业会选择原创性创新。

当环境不稳定但可预测时，企业通常会采用较为传统的家庭式、细胞式的方法进行生产，也会进行模仿，通常均愿采用模仿性创新和原创性创新，且没有更多的偏好。如在稳定而不可预测的环境中，企业通常会以传统的组织架构，采用以模仿性为主，模仿性创新与管理创新通常在这样的环境中会更有生命力，也会有企业进行原创性创新。而当企业置于规则的环境中，即稳定而可预测的环境中时，企业通常会以模仿为主，采用维持性和管理创新，此时的企业一般为主流市场的在位企业，这种企业在这种稳定的环境中更倾向于稳步发展，因此不会去留意原创性创新。

（三）原创性创新投入产出效率高

国内外现有理论与实证研究表明，由于原创性创新的特征机理所在，其创新的投入产出效率较模仿性创新高，具体体现在企业生产与研发过程中，对于产品成本与利润以及研发风险和对市场的把控能力方面。本书这部分以企业为研究对象，以原创性创新、模仿性创新驱动企业产品竞争力，以及对经济增长方式转变的驱动机理分析为基础进行探讨。

1. 国内外研究现状简述

国外对于不同创新模式的投入产出效率进行了研究，其中，Das A. 和 Kumbhakar S.C.（2012）以印度工业为例，实证了破坏性创新与维持性创新的投入产出效率，研究发现，实施原创性创新的企业行业的投入产出效率较模仿性创新高，其前提是该企业或行业与技术前沿水平相差较小的情况下。Pagotto M. 和 Halog A.（2015）以澳大利亚的食品加工业为例，认真研究了企业实施破坏性创新与维持性创新对于该行业潜在竞争力与生产效率的影响，实证发现，破坏性创新对于企业行业竞争力与生产效率较维持性创新为优。

国内方面，杜震、秦旭（2013）以浙江省高技术产业为例进行实证指出原创性创新的技术创新产出弹性最高，但经济效益较低，引进消化吸收后的模仿性创新的投入对产出有正向影响，但经济效益产出却为负。黄贤凤、武博和王建华（2013）采用 DEA- 最优分割聚类法对中国28个制造行业的驱动创新模式进行实证，发现我国制造业创新投入产出效率整体水平较低，其中以原创性创新为主的高技术产业较传统制造业的创新投入产出效率高。郭美轩、徐波（2010）采用数据包络法对我国原创性创新与模仿性创新效率进行实证，发现原创性创新的投入产出效率要高于模仿性创新。综上，原创性创新成本较低、效率高，是发展中地区创新战略的较好选择，具体体现为：其一，降低生产成本；其二，实现产品的差异化；其三，提高产品的质量。

2. 原创性创新与模仿性创新微观机理差异比较

从模仿性、原创性创新驱动企业产品竞争优势形成的微观机制对比来看，如图3-8所示（图中虚线表示作用不太明显）。

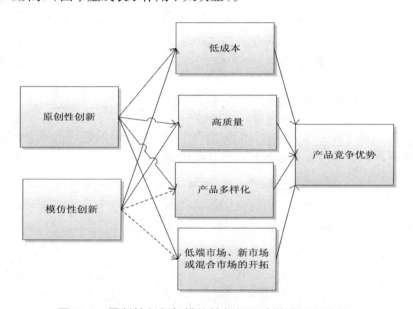

图3-8 原创性创新与模仿性创新驱动微观机理差异

原创性创新通过技术与商业模式或管理模式两个方面进行，其中技术层面的原创性创新主要作用于低成本和产品多样化而实现产品竞争优势，而商业模式或管理模式的原创性创新则通过低成本、高质量、产品多样化和低端市场、新市场或混合市场的开拓四个方面作用于产品竞争优势。而模仿性创新则主要通过低成本和高质量两个维度来作用。比较而言，原创性创新作用于产品竞争优势形成的内涵要丰富许多，它揭示了基于劳动力、资本等"比较优势"实现竞争优势转变的有效途径，正是这种驱动机制的多样性与有效性，使得在一定条件下，原创性创新的投入产出效率要远远高于模仿性创新。

　　基于上述原创性创新与模仿性创新的特征与机理比较分析，如果我们再进一步建立一个基于企业成本、风险与利润三维坐标的原创性创新与模仿性创新比较示意图，则如图3-9所示，在成本与利润象限，原创性创新是低成本、高利润型创新模式，而模仿性创新是低成本、低利润模式；在利润与风险象限，原创性创新则体现出高利润与较低风险的创新模式，而模仿性创新则为低利润与低风险的创新模式；在成本与风险象限中，原创性创新与模仿性创新均体现出低成本与低风险的特征。

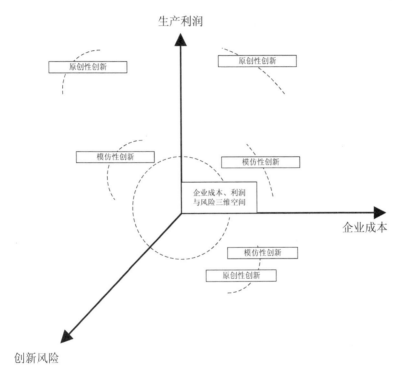

图 3-9　原创性创新与模仿性创新的企业成本、利润、风险分解图

　　3. 原创性创新驱动经济增长方式转变的综合机理分析

　　进一步，联系宏观微观层面，如企业实施原创性创新成为一种趋势，则对宏观经济增长方式会产生根本性的影响，如图3-10所示，原创性创新影响经济增长方式转变的宏微观联运作用机理具体可阐述为：资源与技术共同决定着企业产品的生产，不同的整合方式会生产出不同的原创性创新的产品，而产品是产业竞争的优势形成、企业转型升级等的基础，又是经济持续增长的产出表现。

而原创性创新通过技术层面和商业模式层面两个方面对资源与技术的整合实施影响，鉴于原创性创新的特征，原创性创新能使用廉价替代资源，降低资源耗费从而提升劳动生产率。另一方面，原创性创新能改变产品性能体系生产新的替代性产品，从而影响产品生产的成本、质量和产品多样化三个方面，从而决定企业转型升级与竞争优势的形成，并影响着产业竞争优势，以知识溢出通过人力资本积累与原创性创新内生互动，驱动产业结构优化与区域经济发展，从而最终实现经济增长方式的转变。

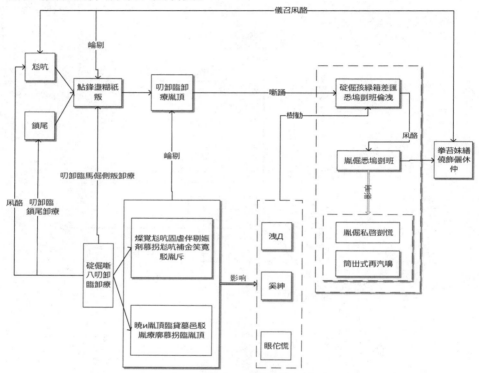

图 3-10   原创性创新对经济增长方式转变的影响机理

四、原创性创新驱动经济内生增长的模型构建

新古典经济学和内生经济增长理论尽管都在一定程度上对知识溢出、创新与经济增长的关系做出了较为合理的解释，但这两个理论均将创新作为一个要素来处理，忽略了创新模式间的不同特征，也忽略了对原创性创新模式的技术

与市场融合的因素作用的描述。因此，他们的理论模型中，普遍缺乏对于不同创新模式，以及对技术与市场驱动的因素进行分析的描述。破坏性创新理论将破坏性创新与维持性创新两种不同的创新模式进行了比较，将两种模式在不同的技术与市场联合驱动下产生的作用进行比较与解释，使得创新驱动这一概念更为具体、更贴近观察实际。

李东茂、钟慧玲（2002）指出，广东目前处于工业化中后期阶段，仍为粗放型增长方式，较之计划经济时期增长方式，广东经济增长方式已有明显改变，但经济发展的水平和质量还需进一步提升（欧卫东，1997）。上述分析表明，在广东产业高端化和国际化进程中，在产业生产能力追赶到技术追赶的过程中，产业技术进步也经历了从模仿制造、引进技术到自主研发的过程，但广东相当部分企业还是技术追赶型，而不是技术领先型。总体上来判断：广东省经济发展处于一个临界点，是技术与世界发达国家正逐步接近的这样一个欠发达地区，以下模型分析，均是建立于此假设前提基础之上的。

在这些理论和模型的基础上，本章将予以适当的扩展和借鉴，引入原创性创新与模仿性创新在技术与市场驱动上所体现出的基于成本差异的投入产出效率差别，建立原创性创新驱动经济内生增长的理论模型。在构建理论模型前，我们不妨假设，一个区域经济内生增长不仅取决于知识溢出、技术进步等因素，同时，还存在创新投入产出的效率问题，特别是欠发达地区与发达地区的技术差异缩小到一定程度时，采用何种创新模式，提升创新效率，避免陷入经济"非收敛"增长的陷阱显得十分关键，而模型中的欠发达地区是以广东为例进行演绎的。

（一）构建经济增长方式转变的基本理念："五环模型"

1. 维持性、模仿性创新具有内在局限性

维持性技术创新所达到的技术进步和技术跨越非常看重技术积累，而且随着不断增加研发投入，技术积累不断进行，逐渐形成固有的技术轨道，从而实现技术跨越，同时也使技术发展表现出"路径依赖"。虽说模仿性创新是国内外企业通常采用的技术创新模式，但非常不利于技术上处于非主导地位的企业。例如，我国产业当中最具有代表性的家电业自20世纪80年代开始就是通过模仿性技术创新而进入国际家电市场，虽然产量和规模较大，但核心的竞争产品缺失，利润极低，以至于国人更愿意出高价去日本购买高品质家电，这说明模仿

性创新的模仿性对企业生产的产品具有相当的局限性，到了一定阶段便会成为一种瓶颈。自20世纪90年代以来，随着大部分行业技术趋于成熟，网络和电子技术快速发展，国际市场对技术加速转变，通过保持技术创新的飞跃，在技术上变得越来越困难。这一时期我国也越来越重视通过技术创新实现技术跨越，发达国家对我国不断实施日益严重的技术壁垒和封锁，加之我国工业技术基础薄弱，通过模仿性技术创新赶超发达国家的可能性就微乎其微。

模仿性创新的高投入、低产出与低利润，从长远来看，对于企业来说是一种不适应性，其实质是模仿性创新的投入产出效率存在根本性的问题，在传统的发展模式下，由此形成一个收入——投资——地方资源——竞争力——收入的循环。这种模式是以大量消耗物质资源为基础的，模仿性创新的发展模式，其发展受到资源的瓶颈制约，因而是难以持续的。目前，广东大部分制造技术都遵循"引进、消化、吸收"的路线，产业技术创新能力弱，创新技术和产品很少，结果只能是"落后、再引进"。根据"微笑曲线"理论，产品价值最丰厚的区域集中在价值链的两端——研发和市场，而这是广东产业升级最急需的。因此，从长远来看，模仿性创新只能作为权宜之计，而不能作为创新的主导策略，广东企业必须尽快从长期处于模仿性技术的较低层次向原创性创新驱动的高层次战略转变。

2. 基本理念构建

企业主要考虑利润最大化、成本与风险，而由于原创性创新的"创造性""破坏性""非竞争性"和"与知识溢出内生耦合"的特征机理，使得企业能在相对较小风险的情况下进行技术创造与市场破坏，增强企业的转型升级能力，并获得利润，进而提高地区的生产率和经济运行效率，从而提升区域原创性创新能力和竞争力。具体来说，一方面，广大的欠发达地区缺乏资源与投入，率先创新显得十分困难，与此对比，原创性创新可通过两条路径实施：其一，实施于低端市场，创新从低端市场网络的初始价值开始，以最低的利润和被最高程度服务过的消费者为对象；其二，实施于新兴市场，创新也可从非主流市场，即在位企业并不太在意的新兴市场入手，服务于被激发出来的、潜在的消费者。国内外实践表明，原创性创新较多以现有先进产品和工艺为对象进行技术、工艺和商业模式方面的突破，它源于已有技术，但却不沿着已有技术的轨道进行，而是会跃迁。如数码相机开发就是在传统相机实现功能的基础上，结合最新的电子电脑技术而实现突破的原创性创新的典型产品，它避免了完全从头开始研究而存在的大量投入和风险，因此，原创性创新投资少，风险小，见效快。

现代的发展模式，更加强调原创性创新的重要作用，由此形成一个收入——R&D投资——原创性创新——竞争力——收入的循环，这种基于原创性创新的区域发展模式，能够以更少的投入产生更多的产出，因而能够获得更高的持续竞争力。因此，随着原创性创新能力的不断增强，驱动着广东经济增长的持续增长、竞争力的提升，优化了产业结构，促进了原创性创新和知识溢出效应，从而形成一个良性的循环机制，实现经济增长方式的根本转变。由此，我们可以肯定，要实现经济增长方式的根本改变需从基本理念开始（金碚，2006），作为后发地区的广东，就充分重视基于原创性创新能力的经济增长方式根本转变的驱动理念。

3. "五环模型"

基于原创性创新四大特征机理互动的基本内核，结合经济增长方式的四种表现形式，并以原创性创新为内核，将上述元素内置于经济增长方式转变的分析框架中，将原创性创新驱动经济增长方式转变的内生理念归纳为五环模型，如图3-11所示。

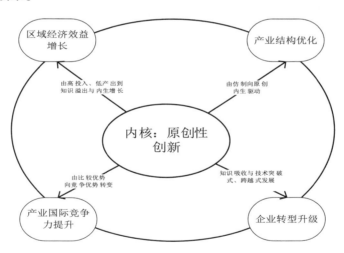

图 3-11　五环模型

这一驱动路径模型具体体现为：一环，知识溢出与原创性创新内生互动，驱动广东经济增长实现由高投入、低产出的粗放型向知识溢出与内生增长的集约型转变；二环，原创性创新的"非竞争性"和"与知识溢出的内生耦合性"，驱动着广东产业竞争力由比较优势向竞争优势的转变，实现广东经济向更高层次的开放型经济转型（陈恩，2015）；三环，原创性创新的"创造性"与"破坏性"

机理，驱动企业由模仿性创新向原创性创新转变，颠覆原有在位企业，改变行业竞争规划，从而促进行业发展，实现产业结构优化；四环，知识溢出与原创性创新内生互动，驱动企业由模仿性、维持性向知识吸收与技术突破式、跨越性发展，实现企业转型升级；五环，正是原创性创新较模仿性创新的占优特征，使得原创性创新内生出的低投入、高效率实现与经济增长、产业国际竞争力提升、产业结构优化和企业转型升级所组成的大环的良性循环，实现广东经济结构的战略性调整和经济增长方式的根本性转变。

当然，这五环遵循着一个十分重要的理念：原创性创新的"创造性""破坏性""非竞争性"以及"与知识溢出内生耦合"的内在机理，构成较模仿性创新占优的特征性解析（后续章节还会有专门的详细解析），并形成原创性创新的驱动内核，驱动着"五环模型"，促进广东突破"比较优势陷阱"，赢得"竞争优势"，实现经济增长方式根本转变。

（二）原创性创新驱动欠发达地区经济最优增长模型

利用熊彼特内生经济增长模型进一步讨论"原创性创新"对地区经济内生增长路径的影响，追求自身利益最大化的企业选择哪一种技术受到企业创新战略选择的约束。在模型中，技术模仿和原创性创新都是提高一国或一个地区生产率的手段，前者在后发地区的技术水平与先进地区的技术水平相关较大时是更有效的进步方式，即能够实现更快的技术进步率和经济增长率。后进地区的技术水平提高到与先进地区相差不远时，原创性创新便成为更有效的技术进步方式。如果从地区整体上来看，其创新战略的选择有助于降低创新的成本或保证创新者的垄断收益，原创性创新的技术进步方式就会得到激励，反之企业就会去选择更低成本的技术模仿。这意味着，在地区技术水平的不同阶段，对经济增长而言最优的创新战略选择是不同的，不适当的创新战略选择将抵制最优的技术进步方式。要素市场扭曲将激励企业在一个相当长的时期内选择技术模仿而非原创性创新来提高企业的生产率和竞争力，即便是当地区的技术水平已经接近于先进地区技术水平的时候，因此，要实现向经济增长转型就需要相应的创新战略的选择。

1. 生产率增长与创新战略选择

（1）基本框架

利用熊彼特增长理论的框架，假定存在线性偏好，只有一种最终产品，建立一个适宜创新战略选择与前沿技术距离的模型，函数为：$Y_t=\int_0^1 A_{it}^{1-\alpha} x_{it}^{\alpha} di$，$0<\alpha<1$，$x_{it}$ 代表中间产品 i 的投入量，A_{it} 代表中间产品 i 的生产率参数。可以假设最终产品在完全竞争的条件下生产，因而每一种中间产品的价格等于其在最终产品生产中的边际产品。再假设每一种中间产品都是以 1：1 为比例投入最终产品进行生产，则其边际成本就是最终产品的价格。设最终产品的价格为 1，因为面临模仿者的边缘竞争，所以中间产品的生产者收取极限价格可表示为：$P_{it}=x>1$。因而部门 i 的均衡利润为：$\pi_{it}=\pi A_{it}$，其中，$\pi=(x-1)/(\alpha/x)^{1/1-\alpha}$。令 $A_t \equiv \int_0^1 A_{it} di$，代表该地区 t 期的生产率；$\overline{A}_t$ 代表世界前沿生产率；设生产率以 g 增长：$\overline{A}_t=(1+g)\overline{A}_{t-1}$，令 $a_t=A_t/\overline{A}_t$，代表该地区与世界前沿技术的接近程度，是地区在 t 期与世界技术前沿的距离倒数。

（2）创新战略选择

设技术改变有两种途径：其一，沿着原有的技术轨道模仿进行；其二，跃升入另一条技术轨道进行，则：$A_{it}=\eta\overline{A}_{t-1}+\gamma A_{t-1}$，$\gamma>1$。其中，$\eta\overline{A}_{t-1}$ 第一种技术提升路径带来的生产率提+升，γA_{t-1} 是原创性创新带来的生产率提升。加总经济中的所有部门，得到该地区的生产率：$A_t=\eta\overline{A}_{t-1}+\gamma A_{t-1}$，上式两端同除以 $\overline{A}_t$，并代入 $\overline{A}_t=(1-g)\overline{A}_{t-1}$，得到：$a_t=1/1+g(\eta+\gamma a_{t-1})$。显而易见，不管何种创新模式对于一个国家或地区的相对重要性，即 γa_{t-1} 相对于 η 的大小，随着该地区接近世界技术前沿的程度而增大。而当该地区与距离发达国家的技术水平较远时，则模仿对于该地区的生产率增长则更为重要，也即技术差距很大时，该地区的模仿参数（η）能够实现更大程度的生产率提升。进一步，可以得出，在技术水平距离发达国家较近时，则原创性创新对于该地区的生产率增长是适宜战略。

2. 创新战略选择与欠发达地区经济增长

（1）经济增长最优策略

令两个参数的取值范围为 $\eta \in \{\underline{\eta}, \overline{\eta}\}$ 和 $\gamma \in \{\underline{\gamma}, \overline{\gamma}\}$，其中 $\underline{\eta}<\overline{\eta}$，$\underline{\gamma}<\overline{\gamma}$。设一种重视模仿性创新（R=1）对应 $\eta \in \{\overline{\eta}, \underline{\gamma}\}$，重视原创性创新（R=0）对应 $\eta \in \{\underline{\eta}, \overline{\gamma}\}$。为简单起见，令 1+g=$\eta$+$\overline{\gamma}$。如果沿着原有技术轨道模仿创新，则：$a_t^{imi}=1/1+g(\overline{\eta}+\underline{\gamma} a_{t-1})$。如果采取原创性创新，生产率增长方程变为：$a_t^{ino}=1/1+g(\underline{\eta}+\overline{\gamma} a_{t-1})$，令上面两个公式的右边相等，得到：$\hat{a}=\dfrac{\overline{\eta}-\underline{\eta}}{\overline{\gamma}-\underline{\gamma}}$。

这样，对于 $a_{t-1}<\hat{a}$ 的地区有 $a_t^{imi}>a_t^{ino}$；对于 $a_{t-1}>\hat{a}$，有 $a_t^{imi}<a_t^{ino}$；对于 $a_{t-1}=\hat{a}$ 的地区有 $a_t^{imi}=a_t^{ino}$。因此，满足前面条件的地区，适宜战略为模仿创新；满足后面条件的地区，适宜战略则为原创性创新。两种方式下，最终均将收敛于世

界技术前沿，即 $a_t=1$。不同创新战略选择下经济增长的路径如图3-12所示。

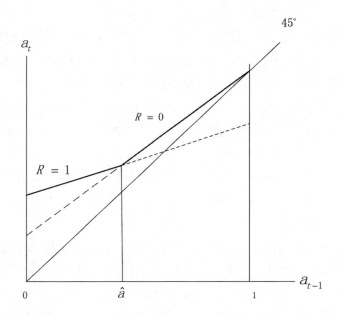

图3-12　创新战略选择与欠发达地区经济增长最优路径

（资料来源：Acemoglu D，Zilibotti F.Productivity Difference[J].The Quarterly Journal of Economics，2001,116（2）：563.）

直线 $R=1$ 反映政府采取经验积累和模仿性创新时的增长路径，直线 $R=0$ 反映政府采取创造性的原创性创新的增长路径，两条线的交点 $\hat{a}$ 体现两种策略下增长的差异。当一个地区满足 $a_{t-1}<\hat{a}$ 时，模仿性创新的增长最优；反之，则原创性创新的增长最优。增长最大化的最优选择就是在当落后地区的技术水平与前沿技术的差距达到 $\hat{a}$ 时，就必须进行原创性创新，由采用模仿性创新向采用原创性创新的战略转换，从而实现向技术前沿收敛。这一创新战略将使落后地区的增长路径沿着两条直线的包络线增长，如果落后地区在 $\hat{a}$ 处没有进行原创性创新，继续维持与模仿性创新，经济增长就会背离最优增长路径，继续沿着直线 $R=1$ 演进。

（2）欠发达地区创新战略的选择

地区在经济刚刚起步时，技术水平与世界前沿差距较大，即当 $a_{t-1}<a_\gamma$ 时，企业通常会选择规模扩张与技术模仿，则地区的经济增长路径将沿着 $R=1$ 的路径提升。而当技术水平至 a_γ 时，企业会选择原创性创新，这时，该地区经济会

沿着 $R=0$ 的路径提升。当技术水平 a_y 到达 $\hat{a}$ 区间时，该地区技术水平与经济会沿着非最优的路径增长，此时，该地区的技术进步显现不足，如图3-13中的 ΔABC 面积的差异。虽然技术达到 $\hat{a}$ 时，经济增长会回到最优增长模式，当技术水平为 a_y 时，由于追赶战略的实施，多数地区的企业断续扩大规模或强化模仿性创新，以使技术水平和经济增长沿着 $R=1$ 最优路径。在很多后发国家的经济增长过程中，如拉美国家曾采用进口替代工业化战略，东亚各国则短暂采用进口替代战略，进而转换为出口导向的工业化战略，而在欠发达地区的工业化进程中，欠发达地区的经济增长战略则表现为该种特征模式（韩忠亮，2013）。

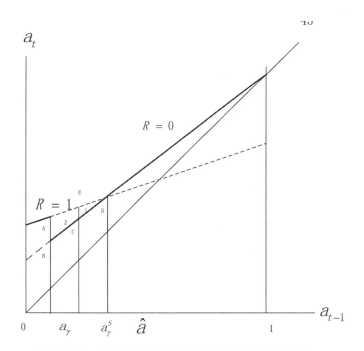

图3-13　欠发达地区模仿性创新不足的经济增长

3. 原创性创新的"创造性"与"破坏性"

（1）原创性创新的"创造性"

在该地区实施原创性创新战略下，各种原因导致的生产要素的价格扭曲，使得该地区企业可以通过成本转嫁降低其成本。当 $0<\varphi<1$ 时，技术水平 a_y 提升至 a_y^S 时，如图3-13所示，该地区的技术水平处于区间，即：$a_{t-1} \in (a_y, a_y^S)$ 时，企业将选择扩大规模与模仿性创新，该地区的技术进步与经济增长将沿着 $R=1$ 的路径。而原创性创新的路径优于没有生产扭曲的情况，这意味着原创性创新

战略的实施对该地区经济增长的"创造性"，如图3-13中四边形$ABCD$所围成的面积2。由$\partial a_\gamma^S/\partial\varphi<0$，则$\partial a_\gamma^S/\partial\psi>0$，这意味着生产扭曲越大，则企业进行成本转嫁水平越高，a_γ^S越大，a_γ^S越接近$\hat{a}$，该地区的技术水平可以沿着最优增长路径增长，也即原创性创新的"创造性"越大。

（2）原创性创新的"破坏性"

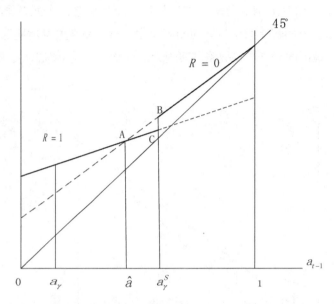

图3-14　欠发达地区经济增长的"非收敛陷阱"

假设转嫁成本非常大，即$a_\gamma^S>\hat{a}$时，如图3-14所示，该地区的技术水平在达到a_γ^S之前，会始终沿着$R=1$的路径增长。当$a_{t-1}\in(\hat{a}, a_\gamma^S)$时，该地区企业技术升级的策略仍然为干中学，则技术水平将偏离最优增长路径$R=0$，此时，出现了图3-14中ΔABC的面积中显示的创新不足的损失。

而当转嫁成本足够大时，即$a_\gamma^S>a_{trap}$时，如图3-15所示。该地区的技术水平将始终沿着最优路径$R=1$增长，不可转变到$R=0$的路径上增长，此时，该地区经济陷入"非收敛"陷阱，这意味着原创性创新的"破坏性"。上述模型说明，要素市场的价格扭曲，导致生产扭曲，使得该地区企业会在相当长的时间内选择规模扩张与模仿性创新，他们不会选择原创性创新，即便是该地区的技术水平已接近世界前沿水平。

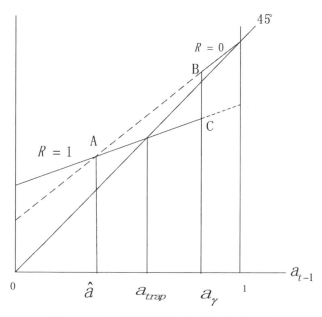

图 3-15　欠发达地区经济增长最优路径

而上述模型还表明，如果该地区技术水平接近发达地区（国家）的技术水平时，而仍采用模仿性创新，则该地区经济增长会陷入"非收敛陷阱"，因此，此时该地区的原创性创新战略的实施显得十分重要。

（三）企业原创性创新战略选择与欠发达地区经济增长最优模型

鉴于前面章节的论述，这里基于 Acemoglu 和 Zilibotti（2001）的收敛模型，引入生产扭曲对该地区技术进步与经济增长的影响与作用。

1. 原创性创新的驱动机理

消费者的需求，尤其是消费者潜在的或隐性的需求，往往是决定创新的内在驱动要素，对最优效用水平的追求是消费者行为的最佳体现，同时也存在着不可忽视的预算约束，提高收入水平无疑是主要目标。同时，消费者的潜在或现实的偏好和需求往往刺激厂商提供品质更高或价格更低的商品或服务，企业家在此过程中通过对生产要素的重新组合进而生产能够满足消费者需求的产品或劳务，也是技术进步的形成过程，当然，除了消费驱动之外，也存在生产者厂商驱动需求的情况。原创性创新的产生符合经济学理论中经济人最优选择的原则，正如信息技术的创新实际上是由消费者对于沟通的内在需求所推动的一样，原创性创新与模仿性创新从根本上取决于市场消费者的需求性，而消费者的需求主要反映在其相对应的效用函数特征上。

（1）消费者最优决策驱动

模仿性创新随着产品质量的不断提升，从而帮助垄断厂商实现新的垄断利润，但按克里斯滕森对原创性创新的分析，当消费者对于不断提升的产品质量不愿多付出而购买时，此时，伴随着新技术的原创性创新的产品会进入消费者的视线。在这里，我们不妨假设消费者效用是随着新产品的出现，以及新产品的质量提升而提升，则相应的效用函数为[①]：

$$U(m) = \sum_{i=1}^{m} h\, X_i \frac{\lambda^i}{\sum\limits_{i=1}^{m} \lambda^i} = \sum_{i=1}^{m} \frac{\lambda^i}{\sum\limits_{i=1}^{m} \lambda^i} h\, X_i \qquad (3\text{--}1)$$

式中，m 代表高质量产品的数量，设 $m = 0$，1，2，3，…；λ 代表产品质量的提高速率，设 $\lambda \geq 1$ 代表产品质量不下降；X_i 代表第 i 种产品的消费数量。另外，设出清的预算约束为：

$$\sum_{i=1}^{m} X_i P_i = I(m) \qquad (3\text{--}2)$$

式中，P_i 代表 i 产品（质量）的价格，$I(m)$ 代表消费者的收入总和，也即消费总额，此时，消费者最优选择（静态）为：

$$\underset{x_i}{Max L} = U + \zeta(I - \sum_{i=1}^{m} X_i P_i) \qquad (3\text{--}3)$$

对式（3–3）进行一阶求导可得：

$$\frac{\partial L}{\partial X_i} = \frac{\partial U}{\partial X_i} - \zeta P_1 = \frac{\lambda^i}{\sum\limits_{i=1}^{m} \lambda^i} \frac{1}{X_i} - \zeta P_1 = 0 \qquad (3\text{--}4)$$

对式（3–4）进行迭代消除拉格朗日系数 ζ，得：

$$\frac{\lambda^i}{\lambda^j} \frac{X_j}{X_i} = \frac{P_i}{P_j} \qquad (3\text{--}5)$$

---

① 钟春平. 创造性破坏与经济增长：熊彼特创新理论的一个延拓与应用 [D]. 武汉：华中科技大学，2004.

由此可以得到消费者对于第 i 种产品的需求函数为：

$$\frac{X_i P_i}{\lambda^i} = \frac{X_j P_j}{\lambda^j} = \frac{\sum\limits_{i=1}^{m} X_i P_i}{\sum\limits_{i=1}^{m} \lambda^i} = \frac{I(m)}{\frac{\lambda^{m+1}}{\lambda-1}-1} \quad\quad（3-6）$$

（2）消费、市场份额与企业选择

根据上述需求函数可知，当产品的质量 i 以提升速率 λ 不断提升时，该产品的消费额度也会不断上升，显然，i、j 两种产品的消费量可表示为：

$$\frac{X_i P_i}{X_j P_j} = \lambda^{i-1} \quad\quad（3-7）$$

由此，企业在进行研发决策时需要考虑未来研究出的新产品与当前产品质量上的差异度，再进一步，m 类产品中的任何 i 产品的市场需求函数为：

$$X_i P_i = \sum_{j=1}^{m} X_j P_j \frac{\lambda^i}{\sum\limits_{j=1}^{m} \lambda^j} = I(m) \frac{\lambda^i}{\frac{\lambda^{m+1}-1}{\lambda-1}-1} \quad\quad（3-8）$$

相对 m 类产品的市场需求函数为：

$$X_m P_m = \sum_{j=1}^{m} X_j P_j \frac{\lambda^i}{\sum\limits_{j=1}^{m} \lambda^j} = I(m) \frac{\lambda^i}{\frac{\lambda^{m+1}-1}{\lambda-1}-1} \quad\quad（3-9）$$

新产品 i 出现后，需求函数为：

$$X_i P_i = \sum_{j=1}^{m} X_i P_j \frac{\lambda^i}{\sum\limits_{j=1}^{m+1} \lambda^j} = I(m+1) \frac{\lambda^{m+1}}{\frac{\lambda^{m+2}-1}{\lambda-1}-1} \quad\quad（3-10）$$

新的 $m+1$ 类产品市场需求变为：

$$X_{m+1} P_{m+1} = \sum_{j=1}^{m+1} X_i P_j \frac{\lambda^{m+1}}{\sum\limits_{j=1}^{m+1} \lambda^j} = I(m+1) \frac{\lambda^{m+1}}{\frac{\lambda^{m+2}-1}{\lambda-1}-1} \quad\quad（3-11）$$

由于 $I(m)$ 和 $/I(m+1)$ 未必一致，这就意味着从 $m+1$ 变到 $m+2$，当 $\lambda > 1$ 时，市场份额 $X_i P_i I(m)$ 随着 m 的增加而减少，其相应减少的部分体现在新产品所带来的新消费中。

（3）企业创新战略决策

从企业家的个体决策来看，创新活动是一种提升或者改变其自身经济地位而需要冒一定风险的活动，其目标就是获得创新所带来的垄断利润，而垄断利润是对企业家所冒风险的回报。在企业的经营活动中，研发决策是介于组织的产品发展战略与日常的流程管理二者间的重要媒质，具有不确定性和高风险性，其大小会影响厂商的研发投入选择，从而影响企业创新战略的选择。当原创性创新的研发成本高、风险大时，追求利润最大化的厂商可能会选择较低风险的模仿性创新；而当原创性创新的风险较小，成本较低时，企业选择具有原创性创新战略成为可能，其两种创新实施的动力存在着十分明显的差异。内生熊彼特增长理论强调创造性破坏机制以及克里斯滕森的破坏性创新机制诠释了原创性创新的驱动机理。原创性创新的"创造性""破坏性""非竞争性"以及与知识溢出的"内生耦合性"势必会对厂商的决策产生影响，这种影响是基于创新成本与创新效率的选择基础上的，因此是占优的选择。综上，原创性创新在市场需求方面引入更多的经验性方法，切合消费者的认知，而这恰恰是原创性创新的特征，它更多地来自技术与市场需求的动力。相反模仿性创新主要侧重于模仿、跟随方面的创新，是依托主流的技术路线，往前进行延展，侧重于主流市场的创新模式。

2. 欠发达地区企业的技术升级决策

假设该地区企业通过模仿先进的技术的强度为 $\eta(t) = \eta$，基于 Lucas（1988）的干中学模型，该地区企业的模仿强度可改写为 $\eta(t) - \eta + \dot{N}\varepsilon$，其中 $\dot{N}$ 代表劳动力新增，ε 代表劳动力的经济积累系数，此处，$\varepsilon > 0$，该地区企业通过模仿可使其生产效率提高至 $\eta\bar{A}_{t-1}$，设该地区企业的工资水平为 ω，该地区企业的额外成本为 $\dot{N}\omega$。

该地区企业获取技术创新的概率为 λ，如果创新成功，则该地区企业的生产效率将提高 γ 倍，设上一期原创性创新技术水平函数为 γA_{t-1}，式中，$\gamma > 1$，kA_{t-1} 代表该地区企业研发的成本，k 代表研发成本的系数，$0 < k < 1$。$A_t = \eta\bar{A}_{t-1} + \gamma A_{t-1}$ 表该地区企业通过模仿或原创带来的生产效率之和，如果该地区企业通过扩大规模，积累经验，则该地区企业利润可表示为：$\pi(\eta + \dot{N}\varepsilon)\bar{A}_{t-1} - \dot{N}_w$，如果该地区企业规模不变，通过购买新技术促进技术升级，则该地区企业利润可表示为：$\pi(\eta\bar{A}_{t-1} + \lambda\gamma A_{t-1}) - kA_{t-1}$。式中，前面为技术进步带来的利润，后一项为研发成本。则该地区企业的经验积累方式可表示为：

$$\pi\left(\eta+\dot{N}\varepsilon\right)\overline{A}_{t-1}-\dot{N}_W\geq\pi\left(\eta\overline{A}_{t-1}+\lambda\gamma A_{t-1}\right)-kA_{t-1}$$

对该式两端同除以 $\overline{A}_{t-1}$，并令 $\omega=\dfrac{w}{A_{t-1}}$，则不等式可化为：$a_{t-1}\leq\dfrac{\dot{N}(\pi\varepsilon-\omega)}{\pi\lambda\gamma-\kappa}$。令 $a_\gamma\leq\dfrac{\dot{N}(\pi\varepsilon-\omega)}{\pi\lambda\gamma-\kappa}$，则当 $a_{t-1}\leq a_\gamma$ 时，该地区企业扩大规模，采用模仿性创新的收益会大于进行研发的原创性创新的收益，而当 $a_{t-1}>a_\gamma$ 时，则该地区企业进行原创性创新的收益会更大。如果一个地区的技术与发达地区技术差距越远，则该地区企业选择模仿性创新的可能性则越大；而按照模型假设，作为与技术发达国家技术水平逐步接近的地区，该地区企业应选择原创性创新。

3. 最优化增长路径与非收敛陷阱

该地区的技术水平与经济增长最终取决于自身地区的企业的决策，也即取决于 a_γ 与 $\hat{a}$ 的选择，当 $\hat{a}=a_\gamma$ 时，如图3–16所示，该欠发达地区企业的最优选择与该地区的经济增长路径吻合，沿着此路径，该欠发达地区的经济水平与技术水平将会收敛至世界前沿水平。

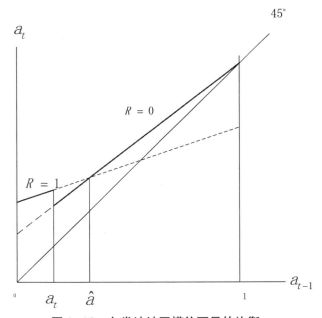

图 3–16　欠发达地区模仿不足的均衡

当 $a_\gamma<\hat{a}$ 时，该地区的技术水平为 a_γ，企业将选择原创性创新，经济将沿着 $R=0$ 扩展，技术水平处于 $a_{t-1}\in(a_\gamma,\hat{a})$ 的区间内，此时，原创性技术带

来的增长率将低于规模扩张与模仿性创新所带的增长率，但当技术水平提升至 $\hat{a}$ 时，该地区的经济增长依然会走向最优增长路径，并趋于收敛。当 $a_\gamma > \hat{a}$，且 $a_\gamma > a_{trap}$ 时，会出现非收敛，如图3-17所示，a_{trap} 是直线 $R=1$ 与 $45°$ 交点对应的技术前沿，即：$a_{trap} = \dfrac{\overline{\eta}}{1+g-\gamma}$。此时，经济增长偏离最优增长路径，技术水平也不可能收敛于世界前沿，因而陷入一种低水平陷阱。

如图3-17所示，该欠发达地区的技术水平与世界前沿技术水平非常大时，重视干中学是一种非常好的技术提升方式，此时，经济将沿着最优路径增长，而当技术水平非常接近时，直至处于 $\hat{a}$ 处时，则原创性创新十分重要，如果该地区企业继续沿模仿性创新而非进行原创性创新，则会导致该欠发达地区的经济增长偏离最优路径，长期陷入低水平增长的陷阱。

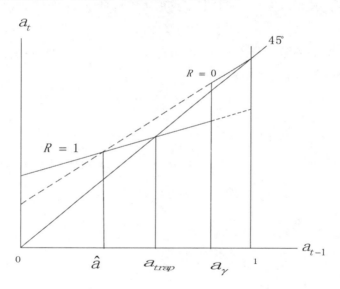

图3-17 欠发达地区经济增长的非收敛陷阱

4. 生产要素扭曲与欠发达地区企业创新模式决策

基于该地区的经济发展背景，劳动力等生产要素的价格发生扭曲，劳动力价格低于其边际产品，即企业减少支付的成本，则该地区企业会选择扩大规模而获得人口红利等额外的租金。假设这一状态下，该地区企业支付劳动力的价格成本为劳动力边际收益的一个占比，即为 φ，此时，$0 < \varphi < 1$，φ 与成本转嫁率 ψ 负相关，即 $\partial\varphi / \partial\psi < 0$。则企业因扩大规模而带来的利润可表达为：

$\pi(\eta + \dot{N}\varepsilon)\overline{A}_{t-1} - \varphi\dot{N}w$，式中，$\varphi\dot{N}w$ 代表成本转嫁后雇佣新劳动力的成本。如企业选择原创性创新，则企业享受不到因成本转嫁的收益，此时，企业利润可表达为：$\pi(\eta\overline{A}_{t-1} + \lambda\gamma A_{t-1}) - \kappa A_{t-1}$。

企业决策的不等式为：$\pi(\eta + \dot{N}\varepsilon)\overline{A}_{t-1} - \varphi\dot{N}w \geq \pi(\eta\overline{A}_{t-1} + \lambda\gamma A_{t-1}) - \kappa A_{t-1}$，该式两边同除以 $\overline{A}_{t-1}$，可得：$a_{t-1} \leq \dfrac{\dot{N}(\pi\varepsilon - \varphi\omega)}{\pi\lambda\gamma - \kappa}$。令 $a_r^s = \dfrac{\dot{N}(\pi\varepsilon - \varphi\omega)}{\pi\lambda\gamma - \kappa}$，$\partial a_r^s / \partial\varphi < 0$，则当 $0 < \varphi < 1$ 时，有 $a_r^s > a_r$，当 $a_r < \hat{a}$ 时，技术水平处于 $a_{t-1} \in (a_r, \hat{a})$ 时，则 $a_r^s > a_r$，表示该地区经济增长可以获得最优路径，而对于 $a_r > \hat{a}$ 且 $a_r^s > a_r$ 时，该地区将陷入低水平发展的陷阱。

综上，原创性创新具有"创造性""破坏性"和"与知识溢出内生耦合"，能使得该地区的经济收益避免递减或使其递增，从而驱动该地区经济内生增长。当该地区技术水平逐步接近发达地区（国家）的技术水平时，如仍采用模仿性创新，则会陷入"非收敛陷阱"，因此，该地区企业选择原创性创新战略驱动经济内生增长是必然选择。

五、创新能力与技术原创性占比测度

（一）技术创新能力评估

技术创新能力评价指标是指用来反映和概括一个国家或地区产业发展创新的效率与水平的概念和具体指标，国内外学者们从不同角度、不同层面对科技实力、科技能力和科技资源配置效果等进行了分析与比较。瑞士洛桑国际管理发展学院（IMD）的国际竞争力报告和世界经济论坛（WEF）的全球竞争力报告主要采用以下四类指标：研究和发展的投入指标、科学技术和创新产出的指标、技术的国际流动性指标、技术基础设施和环境指标等。美国国家科学基金会的科技指标报告主要使用 R&D 经费、科学和工程劳动力、初中等教育、科学家工程师的大学教育、大学的 R&D、产业 R&D 与技术创新等具体指标来评价。R.R.Nelson（2006）则采用研发活动、研发经费支出、政府创新政策等项指标来对产业创新能力进行测评。国内学者张英华、冯振环（2009）将万名科技活动人员科技论文数、每百万人口发明专利授权量、高技术产业增加值占全部制造业增加值比值、高新技术产品出口额比重、新产品销售收入占全部产品销售收入比重，作为科技资源产出指标，对产业创新能力进行评价。赵敏（2010）使用科技活动人员、科技活动中科学家和工程师人数、研发经费、科技活动经费、技术开发经费及科技论文数、发明专利批准数、获国家级奖数、新产品销售额等指标，构建了产业创新能力评价指标体系。田中禾、吴青松（2011）选用科技活动人数、科学家和工程师人数、研发经费内部支出、科技活动经费科技成果鉴定项目数、发明专利批准数、获国家级奖励、技术合同成效额等指标，对甘肃省2001—2005年产业创新能力进行了分析。管燕、吴和成（2012）等选择科技人员中 R&D 人员比重、科技拨款占财政支出比重、高技术产品产值、高技术产品产值比重、高技术产品销售收入、新产品销售收入、专利批准数等对江苏省的产业创新能力进行研究。俞立平、熊德平等（2011）选用科技活动人员数、研发人员全时当量、科研经费、研发经费内部支出、发明专利、实用新型专利、外观设计等指标对中国地区产业创新能力进行测度。基于上述研究，本书倾向于系统地从创新的投入、创新产出和创新效率三个方面选择若干指标项进行测度。

（二）技术创新原创度测度

鉴于前面对原创性创新的特征与运行机理的分析不难发现，不同于模仿性创新模式，原创性创新具有技术的跨越性与突破性特征注定其原创性的运行机制，因此，技术创新的原创度测度在本研究中显得十分关键。Christensen（1996）等学者提出的破坏性创新的概念，主要是在企业变革、成功企业案例等基础上提出的，采用的分析方法大多为案例分析法，之后的学者也尝试着将技术创新的原创度进行量化实证。Mark G.，Baynald A. 和 Sevenson（1998）通过输入、处理、输出等八个主要单元对 R&D 的原创效率进行研究，Griliches Z.（1990）则通过权变系数和技术方法对技术原创性进行测算，Kerssens-Van Drogelen（19991）则从企业绩效的角度，通过一系列方法对 R&D 的行为原创性效率进行测算，Bourne M.（2000）对测算方式进行了补充，并进行了改进，以及 Begemann C.（2000）均强调应采用动态的方法进行测算，通过参数和非参数的方法进行测算，但上述测算方法不易把握，且不符合我国的实际以及统计口径。

国内方面，王亮、孙绍荣、李世珣（2005）指出，结合我国的科技原创性的特点，设计了一整套评价指标体系与基本原则，对区域间的原创性创新的原创力进行比较。杨中楷、黄颖、梁永霞、刘佳（2012）通过美国经济发展局（NBER）提出的一项新专利指标，并以美国专利商标局（USPTO）专利分类系统为标准，来测算其原创性（originality）指数。刘和东、陈程（2011）从投入与产出、技术效率和规模效应等方面，采用 DEA 方法对中国高新技术产业的原创性创新原创性进行了测评。余泳泽（2009）则用数据包络法，以中国高技术创新效率及影响因素进行了研究，测算中国高技术创新的原创效率；官建成、陈凯华（2006）、朱有为、徐康宁（2006）等用相似的方法进行测算；池仁勇等（2004）以中国东西部地区为背景；何颖 jinanjinan 等（2005）与刘树、张玲（2006）则建立 DEA 模型，以中国各省市的专利数据为背景，对原创度进行测算，上述测算方法均显得过于复杂，而且相关数据获得不易，在本研究中不易采用。而 Hirschey 和 Richardson（2001）[①]，Toivanen、Stoneman 和 Bosworth（2002）[②]，Thomas（2004）[③]，方曙、武振业（2007）[④]，张彦巧和张文德（2010）[⑤]，卢春源等（2008）[⑥]等则从原创性的统计表现方向出发，以专利发明、新产品研发投入和产出以及技术引进经费和研发经费投入等角度对技术原创性进行测度，显示出较为理想的效果。

　　本书认为，虽然无法直接通过一些数据进行直接的测试，但可以通过产业发展的一些特征性指标间接地进行测度，这如同判断一个人心脏是否健康，也是通过测试心跳等项指标进行反映。由前面章节的分析表明，技术创新的原创度可以从技术上来表征，也可以从市场角度来分析，顺着上述思路，不难得出，技术上的原创度实质是突破原有技术路径、轨迹等，而表现在指标上则为技术发明原创性占比、新技术研发投入以及新产品研发投入与产出等方面。综合上述研究认为，技术原创性的实质从统计数据上可以表现为专利数据，而专利在我国统计口径上分为外观设计专利、实用新型专利和发明专利，且相关分区域、

---

①　Hirschey M，Richardson J V.Valuation Effects of Patent Quality：A Comparison for Japanese and U.S Firms[J].Pacific-Basin Finance Journal，2001（9）：65-82.

②　Toivanen O，Stoneman P，Bosworth D.Innovation and the Market Value of UK Finns，1989—1995[J]. Oxford Bulletin of Economics and Statistics，2002，64（1）：39-61.

③　Thomas P，Narin F.System and Method for Producing Technology Based Price Targets for a Company Stock：Patent US，6832211[P].2004-12-14.

④　方曙，武振业，朱月仙，等.技术创新型企业专利产出与其经济产出之间关系的实证研究[J].世界科技研究与发展，2007，29（4）：76-83.

⑤　张彦巧，张文德.企业专利价值量化评估模型实证研究[J].情报杂志，2010（2）：51-54.

⑥　卢春源，陆正华，李其霞.基于专利信息经济价值的实证分析[J].科技管理研究，2008（12）：445-447.

分行业的专利数据相对较易获取。专利是企业的核心竞争力，也是企业原创性的体现，特别是发明专利的数量，因此从统计口径来说，通过发明专利申请量占专利申请总量的比例或者以发明专利授权量占专利授权总量的比重两个重要数据对技术发明原创性占比进行测算是在情理之中的，而这之中，算作成功实施原创性创新的指标，也即成功实施技术原创性的占比最好采用授权量的指标项。上述技术发明原创性占比的表征指标对于原创性创新的原创性方面，以及区分模仿性创新和原创性创新的数量特征十分重要，这也是后续章节本研究运用实施方法进行区分模仿性创新和原创性创新两种不同创新模式的主要指标项之一。

　　除此之外，本书认为还有两项指标对于反映产业创新的技术原创度十分关键，且数据也是可以获得的，其一，从技术经费投入这一角度，以经验来分析，企业的技术引进经费一般是针对主流市场的主流技术而言的，是一种引进后吸收的特征，呈现出模仿与仿制的模仿性创新的特点，而技术研发经费投入，相对来说是针对新产品研发的投入，当然这之中也会包含技改方面的，但相对来说，其占比较小，从实证的角度可以忽略，由此可以尝试采用技术引进经费强度表征模仿性创新。其二，从技术原创度的实质出发，其最终体现为新产品的研发，因此，新产品的研发投入强度和新产品的产出强度可以作为表征的主要分析指标项，但再进一步深入研究，新产品的产出有可能是原有技术的改进型，而新产品研发投入则更偏重于原创性，为减小数据采集成本，增加其实证的精准性，本书在计量时选择新产品研发投入强度这一指标来表征产业创新的技术原创度。

（三）技术创新破坏度测评

　　如何体现技术创新的破坏度，国内外学者也均有自己的看法，对原创性创新对于市场的颠覆性从市场方面来看，可以从需求和供给角度来分析，由于某行业创新对市场产生了破坏，该行业的销售收入会有一个大的增速，表现在统计口径上即为产品销售收入环比增长率会有大的波动，这是从需求的口径来进行的。从供给的角度，可以从企业数量和企业产值来分析，这将体现为大中型企业数量占企业总数比重以及规模以上工业企业增加值占工业增加值比重的波动上，因为，原创性创新的开展，表现为在位企业的更替，从宏观层面上反映出来即为大中型规模企业数量上的变化，这一变化情况可以表征产业创新的原创度。但考虑数据获取的准确性和可得性，在实证时，本书重点选择技术创新的破坏度指标，而在综合测算时则可以全面考虑上述指标项。由此，本书将尝试选用行业集中度的年度方差和大中型企业数量年度方差两项指标来测度原创性创新的市场颠覆性[①]。此外，本研究在 Govindarajan 和 Kopalle（2006）研究的基础上，结合企业调研和专家座谈等形式，补充商业模式创新的各项指标；尝试用问卷调查，采用七点量表法来补充市场方面的技术创新的破坏度测度。

六、小结

基于对原创性创新概念、机理与驱动模型分析，并与模仿性创新进行比较，得出如下结论。

第一，转变经济增长方式创新是关键，而不同的创新模式，其特征、理论基础与边界及影响其实施的因素也各不同，模仿性创新是基于技术模仿与维持的创新，往往是针对已有的主流市场，对制度进行改良性的创新，而原创性创新是基于技术原创与创造的创新，具有技术跨越性和突破性，主要针对低端市场、新兴市场或者两者的混合市场，更强调技术与市场的融合，并对市场会产生具有颠覆性作用的重要特征，对制度是进行改革的创新。

第二，从原创性创新的驱动机理来看，原创性创新通过术扩散收益、技术创造、新产品创造、机会创造、利润创造实现创造性运行机制，这一机制可以概括为"技术扩散收益——技术创造——新产品创造——机会创造——利润创造"。破坏性机制表现为原创性创新通过技术进步和市场需求两个方面的共同作用形成的破坏机制，通过技术更替、市场的破坏两个方面进行，这一机制可以概括为"技术更替——新产品生产——新兴市场或潜在市场的找寻——市场破坏"。

第三，基于原创性创新资源配置市场环境适应性强，对内部资源配置的时效性与灵活性强，对外部资源配置的偏向性需求高，对人力资源配置要求高，资源配置权力部门的独立性强等特点使得原创性创新的资源配置能力较模仿性创新强；加上原创性创新对创新环境的适应性高，应变能力强，抗风险能力高，使得原创性创新较模仿性创新明显占优。

第四，从微观实现机理来看，原创性创新通过技术层面和商业模式层面两

[①]　鉴于原创性创新与模仿性创新的区别在本书中的重要性，在后续的章节中还会专门进行具体比较，而本节所反映的技术发明原创性占比和产业创新的破坏度测度分析也主要是针对这两种创新模式的特征，为进行实证数据区别分析打下基础。

个方面对资源与技术的整合实施影响，改变产品性能体系生产新的替代性产品，进而从产品生产的成本、质量、产品多样化和市场开拓四个方面影响企业产品的竞争力，而模仿性创新则主要通过低成本和高质量两个维度来作用，正是这种驱动机制的多样性与有效性，使得在一定条件下，原创性创新的投入产出效率要高于模仿性创新。

第五，要实现经济增长方式的根本改变需从基本理念开始，作为后发地区的广东，建立以原创性创新四大特征机理互动为核，从而实现由高投入、低产出的传统经济增长方式，跃变到基于知识溢出与内生经济增长，这一互动关系恰恰揭示了这一基本理念。原创性创新驱动经济增长方式转变路径具体体现为五环模型，即知识溢出与原创性互动内生出的低投入、高效率，知识溢出与内生驱动，促进以经济增长、产业国际竞争力提升、产业结构优化为表现形式的经济增长方式的根本转变，实现良性循环。

第六，基于上述理念的实现思路，以熊彼特内生经济增长模型为基础，基于广东经济发展处于一个临界点，是技术与世界发达国家正逐步接近的这样一个欠发达地区，以及原创性创新较模仿性创新的投入产出效率为优的假设基础，建立原创性创新与欠发达地区经济内生增长赶超模型和欠发达地区企业创新模式的决策模型。模型分析表明：如果欠发达地区在技术水平逐步接近发达国家技术水平时，仍采用模仿性创新，则会产生经济收益递减，从而陷入"非收敛陷阱"，而原创性创新会使得该地区经济收益避免递减或使其递增，因此，原创性创新驱动经济内生增长是该地区的必然选择。

第七，本章就创新能力与原创性占比测度进行了界定，从创新的投入、创新产出和创新效率三个方面选择若干指标项进行测度；采用实用、外观专利产出率和技术引进经费强度表征技术创新的模仿度指标，而发明专利产出率、新产品的研发投入强度和新产品的产出强度作为表征技术创新的原创度指标；采用行业集中度的年度方差和大中型企业数量年度方差两项指标表征技术创新的破坏度指标；并尝试用问卷调查进行实证补充。

综上，基于原创性创新的"原创性""破坏性""非竞争性"和"与知识溢出内生耦合"四大特征机理以及从产品生产的成本、质量、产品多样化和市场开拓四个方面影响企业产品的竞争力的微观机理，原创性创新较模仿性创新占优在理论上存在。另一方面，原创性创新驱动广东经济增长方式根本转变在理论模型的分析中是成立的，实证分析上是可以进行尝试的。

第四章　原创性创新价值网络与经济增长方式转变

　　适者生存是近200年生物学研究的结论。这一结论告诉我们，造成生物物种演变的重要原因，是生物物种机体内部的特征要适应外部环境的变化。企业也具有生物特征，企业的生物特征决定了企业也将因环境的作用而不断演化，且同样是"适者生存"。1985年波特提出了企业价值链运营模式，无可否认，这一模式对企业提升综合竞争力扮演着重要的角色，但是时至今日，企业价值链运营模式的环境已发生了深刻的变化，这种深刻的变化使得企业在市场交易和组织关系上面临着一种新的环境因素，如第三代互联网 Grid 叛术、个性化的 e 化顾客、"随需应变"商务模式等，面对这些新的环境因素，传统的价值链模式具有以下明显的局限性：①市场环境的复杂动荡性与不完全可控性，使得任何预测工具和手段都无法准确预测产品市场与要素市场的真实供需，传统企业价值链模式难以做到产品供需之间的真正匹配，顾客的个性化需求无法满足；②电子商务技术的普及与使用冲击了产品市场和要素市场的销售模式，冲击了顾客的购物方式，影响了顾客的购物行为，传统价值链模式下的营销模式已不再适用；③价值链运营模式只透过单一生产和配销流程去提供产品和服务给所有顾客，顾客的个性化的价值主张难以满足；同时，具有线性结构的价值链也缺乏对市场的快速反应能力；如此等等。既然原价值链在互联网时代已具有明显的运营局限，而原创性价值网是一个用来扬弃价值链的前沿理念，能消除或者弱化价值链的这种局限性，因此研究企业原创性创新价值网问题是一个新课题，其研究具有重要的现实意义。

一、价值与价值链

（一）研究意义及背景

基于生物共生理论、耗散结构理论、演化博弈理论、超循环理论和非线性系统动力等理论来研究企业价值网问题，一方面能丰富现有的价值网理论，如对价值网演化的规律的揭示等；另一方面也能进一步拓展这些理论在经济实践活动中的应用空间，更好地为社会经济的发展服务。从实践方面来看，一方面能为企业在网络经济中的竞争战略提供指导，使得企业从战略层次上认识到，企业之间的竞争已演变为其所属的价值网的竞争，企业必须致力于构建基于价值网的竞争能力，如模块化能力、控制协调能力及关系管理能力；另一方面，能为企业价值网主体企业就如何促成价值网的共生演化提供决策方法论，提高决策的质量。雷曼公司、三鹿奶粉等公司的教训依然历历在目，传统的价值链运营模式面临着严峻的经营危机，企业之间的竞争也已演变为其所属的价值网之间的竞争，企业必须致力于构建基于价值网的竞争能力，以促成价值网的共生演化，但价值网这一复杂系统自身存在脆弱性，再加上环境中的威胁以及企业自身的资源缺陷（包括物质资源、组织资源和人力资源）也无法完全消除等，在这些因素的共同约束下，企业价值网竞争能力应如何构建，又如何促成价值网"又好又快"地"共生演化"以达到最终促进产业经济的发展，这些问题的解决有利于克服企业价值网自身的局限性。总之，价值链有效运营的环境已经发生了很大的改变，研究价值网是互联网时代提出的新要求，而价值网作为一种适合当今时代的有效运营模式，能极大地推动社会经济的发展，因此，研究其企业价值网就显得意义非常重大。

（二）价值理论

1.古典学派的供给决定论

古典学派认为价值来自生产过程，由生产所创造，所以称之为供给决定论。由于生产过程是资本、劳动和土地共同作用的结果，那么自然应从三个要素中去寻找价值的源泉。一派认为只有劳动才创造价值，即劳动价值论。另一派认为资本、劳动和土地共同创造价值，即要素价值论。

2. 边际效用学派的需求决定论

该学派认为商品的价值不是来自生产过程，而是来自消费者对于商品的主观评价。若消费者认为商品对自己的主观效用大，则商品的价值就大，否则就低。

3. 新古典学派的供求决定论

供求决定论是从供给和需求两个方面来解释价值的决定，它由英国的经济学家马歇尔创立。马歇尔根据边际效用递减规律引申出商品的需求价格，又根据生产费用递增规律引申出商品的供给价格，价值由供求双方达到的均衡决定，这时的价格就是"均衡价格"。

4. 价值理论的变迁

综观价值理论的发展史，我们发现价值理论是为适应一定时期的经济发展阶段而提出的，并反过来促进经济发展，但随着经济的进一步发展，现有的价值理论将跟不上经济的发展水平，它的弊端逐渐显现出来并对经济发展起阻碍作用。古典学派的供给决定论产生于工业革命时期，社会最需要的就是将资源集中于能够最大限度扩张的生产领域，所以古典学派认为价值来自生产过程。古典学派的价值理论使资本家有将他们利润的很大一部分用于进行再投资的强烈动机，结果使产量大幅度增长。但他们没有认识到他们的理论仅仅适用于不发达经济，工业革命开始100多年后，这个理论的局限性越来越显著。

边际学派的需求决定论建立在资本主义生产方式已经确立了它的统治地位，生产力得到迅速发展的时期，如何促进财富增长已不再是主要矛盾，边际学派给予需求应有的重视，使资本家的注意力从盲目生产转移到如何使产品尽可能地满足人们的需要，毫无疑问，这有利于增加社会福利。但边际学派极端忽视供给，鉴于需求决定论的片面性，马歇尔在边际学派的基础上发展了他的供求决定论，在当时它的作用是不言而喻且举足轻重的。正因如此，新古典经济学的供求决定论在很长时间里在西方经济学界占据统治地位。

展望价值理论的未来，新古典经济学的供求决定论抽象掉了现实世界中的许多特征，构造了理想的完全竞争市场，这明显与实际相脱节，因此一些新兴经济学对其进行了发展和补充。

公共经济学是以公共品的供求机制为研究核心的经济学科，其发展弥补了新古典自由市场仅仅限于纯私人品假设的不足。其对新古典理论的发展主要有：认识到价格机制不仅包含着私人交易私人品的过程，同时包含着交易公共品的过程。指出公共品的价格机制包含着公共（政治）选择的均衡过程，提出由于市场的非完全性，价格机制不仅包含着价格的决定过程运行机制，也包含价格的管理过程。公共选择理论对我们最大的启发是如何优化制度环境，考虑到在政府部门担任公职者也是"经济人"，就必须对通过市场前分配权力来创造经济价值这一寻租行为加以强有力的限制，才能有利于经济发展。

使马歇尔均衡价格机制理论重新回到市场分析起点的是新制度经济学。其在产权、交易、组织、契约、信息等诸多方面都丰富和拓展了新古典价格理论，把其从静态和瞬间的数量关系上升到动态的、包含瞬间和长期的产权契约关系。新制度经济学把制度因子引入到价格理论之中，使之成为价格机制模型中的内生变量，从而使新制度经济学的价格机制不仅反映物物交换的关系，而且更多的是人与人之间"讨价还价"的交易关系，是凝结在物品中的产权契约关系。

20世纪60年代，舒尔茨提出人力资本理论并认为"经济发展主要取决于人的质量，而不是自然资源丰瘠和资本存量的多寡"。而新古典经济学的供求决定论恰恰忽视了人力资本的特殊性，即人力资本投资所形成的人力资本能够消除资本和劳动边际效用递减的影响，产生递增收益，从而保证长期的经济增长和发展。因此，在价值分配中，如果按照新古典的分配理论只以工资作为人力资本的补偿显然不合理，人力资本所有者应凭借人力资本所有权获得相应利润。

此外，信息经济学、博弈论、心理经济学等都提出了各自的新价值理论，虽然一些新兴经济学对价值理论进行了发展和补充，但都不能把这些理论调和为一个有机的整体，我们期待一个符合当今经济发展水平的新价值理论。

（三）价值链理论

1. 概念

价值链理论是哈佛大学商学院教授迈克尔·波特于1985年提出的。波特认为："每一个企业都是在设计、生产、销售、发送和辅助其产品的过程中进行种种活动的集合体。所有这些活动可以用一个价值链来表明。"企业的价值创造是通过一系列活动构成的，这些活动可分为基本活动和辅助活动两类，基本活动包括内部后勤、生产作业、外部后勤、市场和销售、服务等；而辅助活动（支持活动）则包括采购、技术开发、人力资源管理和企业基础设施等。这些互不相同但又相互关联的生产经营活动，构成了一个创造价值的动态过程，即价值链。

价值链在经济活动中是无处不在的，上下游关联的企业与企业之间存在行业价值链，企业内部各业务单元的联系构成了企业的价值链，企业内部各业务单元之间也存在着价值链联结。价值链上的每一项价值活动都会对企业最终能够实现多大的价值造成影响。

波特的"价值链"理论揭示，企业与企业的竞争，不只是某个环节的竞争，而是整个价值链的竞争，而整个价值链的综合竞争力决定企业的竞争力。用波特的话来说："消费者心目中的价值由一连串企业内部物质与技术上的具体活动与利润所构成，当你和其他企业竞争时，其实是内部多项活动在进行竞争，而不是某一项活动的竞争。"

2. 研究历程

（1）价值链理论的提出

波特于1985年在其所著的《竞争优势》一书中首次提出了价值链的概念，过去近20年中该概念获得了很大的发展，并被当今先进管理思想者所采用，已经成为研究竞争优势的有效工具。波特的价值链通常被认为是传统意义上的价值链，把企业内外价值增加的活动分为基本活动和支持性活动，基本活动涉及企业生产、销售、进料后勤、发货后勤、售后服务。支持性活动涉及人事、财务、计划、研究与开发、采购等，基本活动和支持性活动构成了企业的价值链。不同的企业参与的价值活动中，并不是每个环节都创造价值，实际上只有某些特定的价值活动才真正创造价值，这些真正创造价值的经营活动，就是价值链上的"战略环节"。企业要保持的竞争优势，实际上就是企业在价值链某些特定的战略环节上的优势。波特的价值链被看作是传统意义上的价值链，它较偏重于以单个企业的观点来分析企业的价值链活动、企业与供应商和顾客可能的连接以及企业从中获得的竞争优势。

（2）广义的生产价值链

Shank 和 Gowindarajan 于1992年所描述的价值链比波特的范围广一些。他们认为，"任何企业的价值链都包括从最初的供应商手里得到原材料直到将最终产品送到用户手中的全过程"。这一论断把企业看成是价值生产过程中的一部分。Shank 和 Gowindarajan 不但扩大了价值链的范围，同时他们还将会计信息置于价值链分析中，计算出价值链的每一个阶段的报酬率（ROA）与利润，从而确定竞争优势之所在。

（3）虚拟价值链

虚拟价值链（Virtual Value Chain，VVC）的概念最早是由哈佛商学院杰弗里·雷鲍特和约翰·斯维奥克拉在1995年提出来的。他们指出，进入信息时代的企业都在两个世界中进行竞争：一个是管理者可以看到、触摸到的由资源组成的物质世界，称之为市场场所；另一个则是由信息所组成的虚拟世界，称之为市场空间。虚拟价值链与实体价值链既有联系，又有区别，主要表现为两个方面：虚拟价值链是实体价值链在市场空间中信息增值过程的反映，因此，虚拟价值链上的每个环节都可以和实体价值链对应起来。在虚拟价值链上，同样存在着五种基本的价值活动所组成的增值链条，与传统价值活动不同的是，虚拟价值链中每个活动都是对信息的加工利用过程。从实体价值链到虚拟价值链，企业存在着一个对不同层次信息进行加工的过程，即实体价值链上每一价值活动的信息都可以通过五个步骤（收集、组织、挑选、合成和分配）的加工过程来构成虚拟价值链上相应的信息增值活动。

企业可以根据自己的组织、结构、战略观点对这两个过程进行管理，提出新的观点和技术上的挑战。

（4）价值网

Gulati et a1.（2000）指出，越来越多的企业处于网络组织之中，该网络不仅有供应商、顾客，同时还有竞争对手；维系网络存在的联系跨越产业甚至国界，包括战略联盟、合作伙伴、长期供买等合作关系。价值网是由客户、供应商、合作企业和它们之间的信息流构成的动态网络。它是由真实的顾客需求所触发的，能够快速可靠地对顾客偏好做出反应的一个网状架构。价值网的概念突破了原有价值链的范畴，它从更大的范围内根据顾客需求来组成一个由各个相互协作企业所构成的虚拟价值网。称之为价值网是因为它为所有参与者：企业、供应商和顾客都提供价值，并且参与者之间是基于相互协作的、数字化的网络而运作的。价值网络中，重要的战略是对价值链管理进行拓展，繁复冗长的价值链将变为简捷的任意两点的灵活组合和连接，网络上的节点不再仅仅是垂直或水平的线性关系，而是全方位全天候的立体网络关系。借助价值网络，企业不仅在效率上能够保障整个通路对客户需求的快速协调反应，在经济上能够组合和延伸企业之间的资源和价值活动，使企业降低交易成本，而且在风险控制上，企业在价值链中可以相互学习，形成新的知识和技能，加强研发、生产、供销等价值链间的薄弱环节，同时借助于互联网大大降低了搜寻成本和交易风险。

（5）知识价值链

美国学者 C.W.Holsapple 和 M. Singh 仿照迈克尔波特的价值链模型提出了他们的知识价值链概念模型，包括主要活动功能（领导、合作、控制和测量）和

辅助活动功能（知识获取、选择、生成、内化和外化）两部分，四个主要活动
生成知识产出，四项辅助机制促进知识学习，共同创造价值，提升组织竞争力。
ChingChyiLee 等也模仿迈克尔波特的价值链建立了知识价值链模型。他们的知识
价值链由两部分组成：知识管理基础和知识过程管理。知识管理基础包括 CKO
和管理、知识工作的招聘、知识存储能力和顾客 / 供应商关系；知识过程管理由
知识获取、知识创新、知识保护、知识整合和知识分散组成。

此外，Yong-LongChen 构建的知识价值链整合模型由知识投入、知识活
动和产出价值三部分构成，该模型表明了知识的增值过程。Yong-Long Chen（
2004）的知识价值链是一个整合模型，主要以 Drucker（2002）提出的"知识
工作者与下一个社会"、波特（1985）的价值链、Nona-ka（1995）的知识螺旋、
Kaplan 和 Norton（1990）的平衡计分卡与 Gardner（1995）的多元智力理论所推
演而成。

（6）国内相关的研究观点

价值链一般分为内部价值链和外部价值链，内部价值链仅指企业内部产品
的价值作业环节，外部价值链是指企业以外的价值作业环节，包括行业价值链、
供应商价值链、客户价值链和竞争对手价值链等，国内价值链的研究只是集中
在内部或外部价值链，没有将两者很好地结合起来。国内价值链的研究起步虽
然较晚，但是国内也有学者开始进行知识管理与价值链管理的结合研究，殷梅
英从价值链理论和知识管理理论角度讨论了改进供应链分销阶段过程绩效水平
的方法；夏火松对企业知识价值链与企业知识价值链管理进行了描述，分析了
企业知识价值链管理的特点，建立了企业知识价值链管理模型，认为利用企业
知识价值链管理可以提高企业竞争优势。江积海从内部传导和外部传导两个层
面构建了知识传导的价值链模型。

内部知识流程包括知识的创造、共享、配置、保护、创新等环节，而外部
知识流程包括知识的获取、转移、整合、重组和外溢等环节。这些环节两两对
应构成互动小循环，再进一步构成企业与市场边界交互知识作用的大循环，导
致企业知识存量的优化和知识结构的动态演变。

在价值链优化的研究方面，余伟萍、崔苗（2003）探讨了经济全球化下基
于企业能力的价值链优化问题，将企业活动按其价值创造大小划分为核心活动、
亚核心活动和基础活动三类，提出从企业能力与企业活动的匹配关系角度对企
业活动进行恰当的战略选择自制、合作或外包等策略，以优化企业价值链，实

现企业持续竞争优势。

（7）国内外价值链研究的问题和不足之处总结

实践证明，随着知识经济的发展，从企业内部业务流程研究入手的传统价值链理论已经不能解决培育核心竞争力的问题了，已经无法适应企业竞争的需要了。在知识经济时代和在知识经济的指引下，价值链理论已从原先的聚焦实体形态价值链到现在的聚焦知识形态价值链，主要的战略定位和核心竞争优势应定位在虚拟的知识价值链上，这是价值链理论适应知识经济时代的必然要求．

国内外很多研究只是围绕价值链的增值和优化活动，缺少长期发展的大局观和整体观，知识管理没有发挥应有的指导作用，出发点都是构建企业短期竞争优势，真正获得和维持企业持续竞争优势出发的研究不够多。

国内外价值链的研究还是比较散，没有形成完整的理论体系，尤其是企业的价值链优化方面还是处于空白，缺少实证研究。

价值链的研究很多局限于概念上的探讨，缺少深入的定量研究，过多的定性研究缺少科学性，定量和定性的研究没有很好地结合起来，效果不佳，同时缺少价值链的评估模型的研究，价值链优化的效果需要评估得到反馈，才能更好地改进价值链，同时对生产者驱动的价值链研究相对较少，对关键增值环节的定性研究有待增加，这是价值链研究得以深入的一个重要环节。

（8）价值链研究方向的进一步展望

根据前面对价值链现有研究所作的详细论述，我们认为可在以下几方面进一步深入研究。

其一，考虑信息技术和因特网的影响，重构价值链结构模型，发展和改进的传统价值链模式构造虚拟价值链。

其二，应用价值链方法进行企业竞争力评价研究，考虑价值链的互动性，建立具有传递反馈信息功能的网络式评价模型，以及动态的评价模型。

其三，定量研究价值链的优化与管理和全球价值链的升级方式，控制关键增值环节，增强竞争优势，这是价值链理论研究得以深入的一个重点。

其四，加大对生产者驱动型价值链的研究，弥补目前理论和实践的不足，理论结合实际分析。系统研究企业嵌入全球价值链的战略选择，以期对我国企业起到指导作用，使我国企业赢在最初。

其五，关注价值链管理模式的选择，价值链如何作为有效的联盟管理手段，价值链会计框架的完善等内容。

3. 价值链理论的应用

随着市场化程度的提高，市场竞争的加剧，越来越多的企业认识到仅仅重视生产是不够的，企业关心的重点应从生产领域转移到内部管理上来，基于价值链理论的管理模式作为战略管理的一个组成部分逐渐为企业所认识和接受。与之相适应，我国的管理学界也开始对价值链的研究投入了巨大的热情，并进行了许多卓有成效的工作。价值链理论的应用也越来越广泛，具体表现在以下几个方面。

（1）确定合理的企业规模

企业的规模是由企业运作资源的多少和内部业务量的大小所决定的。企业在成长初期，总希望通过规模扩张，降低成本、分散风险。但随着企业的不断发展壮大，许多企业都出现了不同程度的"大企业病"。价值链理论通过对企业价值创造活动的细分，为确定合理的企业规模提供了一条切实可行的途径。价值链理论把企业内部各项业务活动分为基本活动和辅助活动，并进一部分析了各项活动之间的联系。企业可在此基础上进行管理费用的分摊，以确定每一业务活动自身的管理费用以及该活动与其他业务活动之间的交易成本。通过将二者进行比较，可以粗略地估计出企业内部各业务单元存在的合理性。如果管理费用大于交易成本，企业可将这一业务单元外包出去，从而缩小企业的规模；反之，则可通过实行纵向一体化，将其内化为企业的一部分。

（2）进行业务流程重组

所谓"业务流程"，是指"为特定顾客或市场提供特定产品或服务而实施的一系列精心设计的活动"。在企业价值链中，一个业务流程就是以一组以顾客为中心的从开始到结束的连续活动。顾客可以是外部的产品或服务的最终用户，也可以是业务流程内部的产品的使用者。业务流程重组的目标是使顾客满意，即通过降低顾客成本，实现顾客价值的最大化，这一点与价值链理论中的顾客价值一致。事实上，整个价值链就是一个创造的价值工作流程，在这一总流程基础上，可把企业具体的活动细分为生产指挥流程、计划决策流程、营销流程、信息搜集与控制流程、资金筹措流程等。其中有些流程是特别重要的，决定和影响着形成企业独特性或竞争力的因素，称之为"基本业务流程"，对应于价值链中的基本活动；其他业务流程是对企业的基本经营活动提供支持和服务的，称之为"辅助业务流程"，对应于价值链中的辅助活动。业务流程重组，就是通过重新审视企业的价值链，从功能成本的比较分析中，确定企业在哪些环节具有比较优势，在此基础上，以顾客满意为出发点进行价值链的分解与整合，改造原有流程的路径、工作环节和步骤划分，最终实现业务流程的最优化。

（3）培育企业的核心能力

核心能力是指建立在价值链的各环节基础上的、能够使企业获得持续竞争优势的各种要素作用力的集合，具体来讲就是企业在产品、管理、文化和技术等领域所具有的一系列特殊技能的综合体。价值链理论对于核心能力的贡献取决于企业如何对价值链进行管理。随着市场竞争的加剧和全球一体化的发展，企业之间的竞争已不仅仅是企业内部某一个部门或某几个部门之间的竞争，而是以核心髓力为基础的整个价值链的竞争。企业参与的价值活动中，并不是每一环节都创造价值，实际上，只有某些特定的价值活动才创造价值，这些真正创造价值的经营活动就是价值链上的战略环节，即形成企业核心能力的环节。企业要保持竞争优势，就是要保持价值链上某些特定的战略环节上的优势。运用价值链的分析方法来确定核心能力，就要求企业密切关注企业所掌握的资源的状态，要求企业特别关注和培育在价值链的关键环节上获得重要的核心能力，以形成和巩固企业在行业内的竞争优势。以往企业战略重心主要放在基本活动之上，但随着供求关系的转变，辅助活动的重要性越来越突出，越来越多的企业开始注重自己的辅助活动。企业通过在辅助活动中的各个职能领域，如产品研发、人力资源管理、财务管理等方面培育核心能力，赢得了企业持续发展的竞争优势。在这方面，国外优秀企业给我们提供了许多正面的案例。体育用品制造商耐克公司充分运用其所掌握的产品研发和销售能力，仅用了十几年的时间就从一个名不见经传的小公司迅速成长为一个全球闻名的跨国企业，就是运用价值链理论培育企业核心能力并取得成功的一个很好的例证。

二、企业价值网络理论

（一）从价值链到价值网络

"羊毛出在猪身上"成了当今互联网时代的口头禅，与工业时代或者传统思维模式下大家常说的"羊毛出在羊身上"成了鲜明的对比。两者表面的差别是商业模式的不同，而更深入的差别是战略思维的差异，而主导这种战略思维差异的背后，是战略思考方法的不同，"羊毛出在羊身上"更多是基于传统"价值链"的直线思维方法，而"羊毛出在猪身上"更多是基于现代"价值网"的网状思维方法，互联网时代的连接一切共创共享的特征，打破了工业时代的诸多界限，要想树立互联网思维，想在"互联网 +"时代无论对自身业务进行转型变革，或是想抓住新时代的发展机遇，对价值网的了解都是必不可少的基础。

大家知道，价值链分析法是由美国哈佛商学院教授迈克尔·波特于20世纪80年代提出来的，价值链分析法将企业的生产经营活动可以分成基础活动和支持活动两大类：主体活动是指生产经营的实质性活动，一般可以分为原料供应、生产加工、成品储运、市场营销和售后服务五种活动。这些活动与商品实体的加工流转直接相关，是企业的基本增值活动。支持活动是指用以支持主体活动而且内部之间又相互支持的活动，包括企业投入的采购管理、技术开发、人力资源管理和企业基础结构。

价值链分析法认为：不同的企业参与的价值活动中，并不是每个环节都创造价值，实际上只有某些特定的价值活动才真正创造价值，这些真正创造价值的经营活动，就是价值链上的"战略环节"。企业要保持的竞争优势，实际上就是企业在价值链某些特定的战略环节上的优势。运用价值链的分析方法来确定核心竞争力，就是要求企业密切关注组织的资源状态，要求企业特别关注和培养在价值链的关键环节上获得重要的核心竞争力，以形成和巩固企业在行业内的竞争优势。企业的优势既可以来源于价值活动所涉及的市场范围的调整，也可来源于企业间协调或合用价值链所带来的最优化效益。

按照价值链理论，企业应该根据行业 / 产业所处的发展阶段采取不同的策略，从而为企业带来最大的价值增值。

通常情况下，当一个产业发展不成熟，产业没有形成明确的边界时，企业的最佳战略选择是通吃整条产业链。例如，20世纪前二十年，欧美国家汽车产业尚未成熟，汽车产业边界尚不清晰，以福特为首的汽车企业以汽车制造为中心，向汽车产业上下游进军，不断地扩展汽车产业边界。福特也因此不断涉足橡胶、钢铁、玻璃、电子、皮革、铸造等十几个行业，并大获成功，领衔全球汽车行业发展。

当一个产业发展相对成熟时，产业边界基本成型，企业最佳战略选择是抓住价值链高附加值的两端。如20世纪下半叶，随着欧美国家汽车产业步入成熟，汽车产业边界已经清晰，福特、通用等欧美汽车公司开始大举剥离汽车产业边界以外业务，主抓技术研发和品牌运作。福特、通用都大量购买汽车品牌，实行多品牌运作，同时还与中国等发展中国家的汽车厂商合作，通过资本合作、技术支持和品牌授权的方式，将制造组装分配给发展中国家的汽车企业。

而随着一个行业/产业的不断发展，当一个产业与其他产业出现关联，产业边界越来越模糊时，我们往往很难为某个企业定义他是属于哪一个行业/产业的企业，这时企业的最佳战略选择是要跳出行业/产业局限，站在产业关联网的高度，抓住产业关联机遇，构建产业网络并形成多产业竞争合力。

而在互联网经济日益蓬勃发展的今天，越来越多的商业形态受到互联网的冲击，产业界限越来越模糊，产业关联度越来越高，跨界打劫成了互联网时代的商业常态。因此，传统的以价值链分析为主的商业模式出现了"价值链陷阱"，价值链理论的适用范围也越来越受到限制。

首先，依据价值链理论创造的商业模式容易使企业陷入"红海"，导致同质化竞争。价值链理论的价值争夺是企业间的零和游戏，结果导致企业微利甚至亏损。

其次，价值链理论将企业界定在一个产业中竞争和合作，但是当今的产业界限越来越模糊，跨行业竞争对手越来越多，目标顾客不同行业相互交叉，最终导致企业无法认清真正的竞争对手，难以挖掘跨行业的交叉客户，导致企业的竞争力下降，市场份额萎缩。

再次，价值链理论指导企业构建的商业模式往往为最大价值的顾客和产品而服务。企业因此不重视长尾市场的价值，基于价值链理论的商业模式往往忽视甚至割掉长尾市场。

最后，即使企业把握了价值链链主的优势，在上下游的砍价博弈中处于优势地位，但这容易剥夺其他价值链环节的价值，最终导致被打压的价值链断裂，整个产业陷入困境，甚至崩盘。

当互联网的冲击不断加深和变革不断加剧的时候，互联网就不再仅仅是一种技术，而是逐渐演变成为一种思维范式，也就是当前各界热衷探讨的"互联网思维"。互联网的发展，使得大数据、云计算、社会化网络等技术成为基础设施，用户和品牌厂商之间得以更加便捷地连接和互动，不再只是销售或服务人员去面对终端用户，用户越来越多地参与到厂商的价值链条各个环节。那么，在互联网时代，为了更快、更好地满足用户需求，传统的价值链模型就会被互联网技术和思维进行重构，变成经过互联网化改造的"价值链"。为应对网络经济时代的挑战，我们对企业竞争优势的分析以及商业模式的设计应该运用新的工具，因此，价值网的概念应运而生。

价值网的概念是由 Adrian Slywotzky 在《发现利润区》(*ProfitZone*)一书首次提出的。他指出，由于顾客的需求增加、互联网的冲击以及市场高度竞争，企业应改变事业设计，将传统的供应链转变为价值网。而对价值网做进一步发展的是美国学者大卫·波维特。他认为价值网是一种新业务模式，它将顾客日益提高的苛刻要求与灵活及有效率、低成本的制造相连接，采用数字信息快速配送产品，避开了代价高昂的分销层；将合作的提供商连接在一起，以便交付定制解决方案；将运营设计提升到战略水平，适应不断发生的变化。

大卫·波维特认为传统的业务模式中，材料按顺序在供应链中缓慢地流动，信息传递往往出现延误和多次转换的问题，导致供应与需求很难匹配。而在价值网模式下，供应商群可以直接与顾客的订单信息相连接，并可直接向顾客提供产品和服务，从而省略了价值链中的传统层次。价值网的思想打破了传统价值链的线性思维和价值活动顺序分离的机械模式，围绕顾客价值重构价值链。概括来说，价值网具有如下特征。

第一，价值网中顾客价值是核心，价值网把客户看作是价值共同创造者，而不仅仅是价值的接受者。通过价值网，企业可以及时捕捉顾客的真实需求，这样有助于企业明确竞争优势动态演化的趋势。

第二，在价值网中的领导企业是价值的中枢系统，在价值网体系中，市场与客户的需求信息是激活价值网的关键。领导企业的作用在于敏锐地发现有关客户群的需求信息，并把这些需求信息及时准确地反馈给生产厂商和供应商，从而使价值网络里的每个参与者都能够贴近其客户。

第三，数字化的关系网络是价值网的支撑体系，通过数字化的关系网络，价值网可以迅速地协调网络内的企业、客户及供应商的种种活动，并且以最快的速度和最有效的方式来满足网络成员的需要和适应消费者的需要。价值网中的成员可以通过建立网络关系实现企业间的资源共享，相互弥补各自资源的不足，从而达到优势互补的协同作用。

第四，具有核心能力的生产厂商、供应商是价值网存在的微观基础，价值网的整体竞争力来自网络成员间的协同运作，网络中的企业集中精力和各种资源只需做好本企业所擅长的业务工作。

互联网时代的诸多商业模式，如免费、跨界、平台等的背后都是价值网的思维，互联网时代是价值网的时代。

（二）企业价值网络的概念与界定

最先提出价值网概念的是 Mercer 顾问公司著名顾问 Adrian Slywotzky，他认为顾客个性化的需求在不断增加，再加上国际互联网的冲击以及市场竞争的加剧，企业必须改变过去的事业设计方式，将传统的供应链模式转变为价值网模式，他的这一经营理念拓宽了企业高层决策的思维空间并引起了人们对价值网广泛研究的热潮。IBM 全球高级副总裁琳达·S. 桑福德认为，从价值链到价值网是商业模式发展的大趋势，"不适应者"将被淘汰。除此以外，Katmnd Aramanp、WUsond T. 等从竞争和战略的角度研究了企业价值网自我核新能力提升的对策和方法，Kristian、Moller 等分别从生产运营的角度研究了企业价值网的生产运营转型，Michael Egret、Marsha J. 等则分别从商务模式和顾客的角度研究了价值网，无可否认，他们都对价值网理论的研究做出了重要贡献。

Michael Porter 的《竞争战略》（1980）以及《竞争优势》（1985）的面世代表战略性的管理建立了相对完善、可靠的理论结构。三类基本的竞争策略、Michael Porter five forces model 和战略集群等理念的提出，将"竞争"推向企业找寻处于上风地位的首选方案，战胜对手荣升为经营获胜的最优抉择。然而，由于信息技术的广泛应用和全球经济一体化的进一步推进，商界迎来了许多前所未有的挑战。一方面，同行业的竞争形式越来越多样，网络技术赋予了些许竞争对手一定的隐身技能，另一方面，外行业引领者随时都会大规模地进驻本行业，加重原本的竞争挑战。这些都不利于公司关注所有竞争对手的动向并采取措施，以完全竞争为基础的理念最初被学者质疑。1985年后，用合作来取得竞争优势的策略新兴。策略联盟、战略脉络和价值脉络等以合作为基础的理念研究逐渐深入。

在国内，也有许多学者对价值网理论进行了研究，这些研究主要集中在价值网的内涵、特点及其构筑等方面的内容，如李垣、刘益、胡大立等认为，价值网是由利益相关者之间相互影响而形成的价值生成、分配、转移和使用的关系和结构，是由效用体系、资源选择、制度与规则、信息联系、市场格局价值活动等基本要素构成的系统。徐玲、刘艳萍、周煊等则认为，价值网是一种新的业务模式，是电子商务时代帮助企业根据顾客需求提供优质产品及服务、减少经营成本的管理新方法，是对各种新兴运作模式的提炼与深化，具有网络经济、规模经济、风险对抗、黏滞效应和速度效应五种基本竞争优势效应。卜华白、高阳认为，价值链在互联网时代已具有明显的运营局限，价值网是一个用来扬弃价值链的新概念，他们在分析价值链局限性的基础上，提出了网络交易环境下基于价值网改造价值链的概念模型，从而为企业在新的运营环境下快速提升服务速度，响应市场，以及快速提供个性化产品，增加顾客价值等方面的决策提供了理论依据。

闫中锋和刘东（2003）站在虚拟组织的立场研究了其的本质。板块化、知识综合以及高效调解是价值网络的特征。周煊在2005年提出：当下，公司新兴的运转模式的实质是可以更加有效地让渡顾客价值。公司的竞争优势一方面来自某些优势价值活动，另一方面来源于对同行业以至于外行业的价值体系的管理。公司的价值网络理念是多种新兴的运作模式的升级版。胡大立（2006）提出价值网络主要由公司间的合作为依托建立的价值体系。刘海潮（2007）认为价值网络包括企业本身、顾客、竞争对手、联盟等多方面的经济联系的网络体系。它体现在三类形式上：以顾客为中心的价值创造的网络、生产公司为中心的合作关系的网络、以网络的主体之间的关系为中心的竞争关系的网络。

全球学者的研究发现，公司间的竞争从价值链上的个体对立演变成群体对立，公司的价值网络实际上是群体性竞争的模式。公司的价值网络的实质是多个行业的价值链以及价值体系的综合，把公司的竞争策略由个体层次延伸到网络层次，借由网络成员的资源共享和整合体制，建立整体性竞争的优势。顾客需求激励、组织的动态演变、信息技术的综合以及团队合作是公司的价值网络的核心运营理念。而基于原创性创新价值网的视角研究企业成长效率问题的文献非常缺乏，而原创性创新价值网络理论是在价值链理论基础上的深化，基于原创性创新价值网的视角研究企业成长低效率的影响因素及其机理有利于拓宽企业决策者的决策空间，从而有利于企业的持续创业。

（三）网络经济的规模倍增与边际效益的递增性

1. 网络经济规模倍增理论基础

网络经济突破了传统经济规模线性增长的规律，往往出现倍增或几何级数增长的现象。这种规模倍增的现象可以用以下四大理论来解释。其一，摩尔定律（Moore's Law）。这一定律是以英特尔公司创始人之一的戈登·摩尔命名的。摩尔观察了从1959—1965年半导体工业的实际数据，以1959年数据为基准，发现每隔18个月左右，芯片技术就大约进展一倍。1965年4月，摩尔发表论文，提出"摩尔定律"：计算机芯片集成电路上可容纳的元器件密度每18个月左右就会增长一倍，性能也会提升一倍，而价格下降一半。其二，梅特卡夫法则。网络价值相当于网络的节点数平方，换言之，网络价值以用户数量的平方速度增长。这表明网络的产生和其带来的利益会随着网络的用户增加而增加，这种突破性的持续增长肯定会带来飞涨的网络价值。其三，马太效应。在网络的经济里，由于人们行为的习惯和心理反应，在一定的条件下，其劣势或者优势一旦出现并且达到一定的程度，就会导致不断地加剧而自行强化，出现"弱者更弱，强者更强"的操作局面。马太效应就映射出了企业竞争在网络经济时代中一个重要的因素——主流化。其四，吉尔德定律。根据美国的技术思想家乔治·吉尔德展望：在可以预测的未来10年里，通讯体系总的带宽将会以每年的3倍速度在增长。"通信实力会不断提升"，吉尔德说，"每比特的传输价格会向着免费的目标下降，费用的趋势呈现出的是'渐进曲线'规律，价格点无限接近于零。"

2. 网络经济的边际效益的递增性

在工业型社会的物质产品生产过程中，边际效益的递减是非常普遍的规律，因为传统生产要素——土地、资本、劳动等都拥有边际成本陆续增加以及边际效益陆续减少的特征。而与此相反，网络经济竟然显现出了明显的边际效益的递增性。

（1）网络经济的边际成本陆续减少

信息网络的成本主要是三部分来构成：一为网络建设的成本，二为信息传递的成本，三为信息收集、处理以及制作成本。因为信息网络能够长期使用，而且建设费用和信息传递的成本及入网人数没有关系。所以之前两部分边际成本基本为零，平均成本具有明显递减的趋势。仅仅第三个成本和入网人数有关，即入网的人数变得越多，所需的信息搜集、处理、制造信息也就会变得越多，这部分的成本也会随之加大，但平均成本以及边际成本为下降的趋势。所以，信息网络平均的成本会随着入网的人数增加而发生明显递减，边际成本随之慢慢递减，但网络收益却随着入网的人数增加而增加同样的比例；网络规模越大，最后所有的收益以及边际收益也就越大。

（2）网络经济还具备累积增值的性质

网络经济中，对信息所投入资金不仅能够获得正常投资的报酬，还能够得到信息累积增值的报酬。这是因为在一方面中信息网络可以发挥特殊的功能，将零乱而无序且大量的资料、数据、信息经过使用者的需求来进行改善、处理、剖析、综合，从而变成有序的高质量的信息资源，为经济的决策提供科学的依据；同时，信息使用也具有传递的效应，会带来一直递增的报酬。举例说，一则技术信息可以以任意的规模在出产中进行运用，这就是说，在成本几乎不增加的前提下，信息使用的规模不断的扩大会带来一直增加的经济收益。这种传递的效应也使得网络经济形成边际收益不断增加的趋势。

当然，认为传统的工业农业经济里仅仅有边际效益不断减少的规律性，然而关于信息经济的网络经济里仅有边际效益不断增加的规律性观点，也是跟现实相反的。人们发现，在物质的产品生产到了一定经济规模以前也会看到边际效益不断增加的现象，然而信息产品的生产中在技术方向上有问题的时候也会形成边际效益陆续减少甚至为零或者负的现象。

（四）网络经济的外部效应

一般的市场交易指买卖双方通过各自独立决策缔结产生的一样契约，这样契约只会对缔约的双方有约束而并不会涉及或影响到其他市场主体的利益。但在一些情况下，契约的履行所产生的结果却经常会影响缔约双方之外的另一方（个体或者群体）。这些和契约无关却又会受到作用的经济的主体，可统一称为外部，它们受到的作用就称外部效应。契约履行而发生外部效应可以好可以坏，分别被称作外部经济性以及外部非经济性。通常情况下，工业经济常常带来的是外部的非经济性，比如工业"三废"，然而网络经济主要表现是外部的经济性。网络形成是自我来增强的虚拟循环。增加了成员就增加了价值，反过来又吸引更多的成员，形成螺旋形优势。

1. 网络经济中的结构扁平化

由于网络的发展，经济组织构造向着扁平化的方向发展，位于网络节点的消费者和生产者能够直接地联系，使得传统中间渠道的必要性降低，这使得交易成本得以降低，经济效益得到提高。如果无物交换被当作是原始的经济方式，那么，现如今的经济秩序则是构建在互联网上的更先进的经济方式，从经济的历史进程中来看，它是经济结构的一种回归，简单地说就是：农业经济（直接经济）——工业经济（迂回经济）——网络经济（直接经济）。信息的网络化在其发展进程中会不停地突破传统流程模式，并对信息流、物流、资金流之间的关系进行重构，压缩甚至取消不必要的过度环节。可以这样说，网络经济是去中介化的透明经济，传统经济环境中的"信息不对称"的现象将大大减少。

2. 超级竞争（Hyper-Competition）

网络经济环境下，企业的生存环境出现了"超级竞争"的态势。理查德·戴维尼（Richard D'Avani）于1994年提出了"超级竞争"的观点，他指出：持续性的优势是不现实的，只有不断地突破现状才能够得到一些短暂的优势。因此，想要长期的成功就需要一个动态战略，坚持地去创造、消灭然后再创造短期的优势。超级竞争的特点是竞争不断升级：产品迅速更新换代；设计和产品生命周期变短；以价格和适销对路为基础的竞争十分激烈；公司尝试各种满足顾客需要的新方法。理查德·戴维尼认为，在超强竞争世界中，谁最大胆、最快速地突破旧的秩序，谁就能够取得胜利。采用快速果断的行动扰乱对手的思想变成了占领市场份额且提高利润的唯一途径。对手迷茫而不知道该怎么办，越是强有力的竞争者就越拥有充足的时间在对手了解情况之前得到利益。超强竞争公司只能在对手仍旧困惑不已或者处于瘫痪的那段时间里保持其优势。当对手做出反应时，强力的竞争者的现有的优势可能就会不复存在。因此，"面向顾客""独一无二"或"区别对待"这些优点已不足以令商家取胜，因为其他竞争者会模仿他们。

三、原创性创新价值网络理论

（一）利益相关者理论

1. 利益相关者理论的核心思想

与利益相关的人管奉行的核心的思想是：企业经营管理的活动要以平衡各个利益的相关者的利益的要求所展开。与传统股东至上的理论相比，该理论更认为任何单个公司自己的发展都不能离开多个利益相关的人的投入以及参与，例如股东、债务卖方、消费人员、雇佣人员、供应商家等，股东只是众多利益相关的人中的一个，仅仅关注股东的利益是远远不够的。在国外，斯坦福学院的学者 Ansoff 等进行了富有开创性的钻研考究以后，Freeman、Clarkson、Blair、Mitchell 等学者效力于改善利益相关的人理论的整体的框架以及实际的应用，而且取得了很大的成果。而在国内，杨瑞龙、周业安、陈宏辉、贾生华、江若尘等学者在借鉴西方理论的基础上，对利益相关者理论的研究比较深入，也形成了较为完善的思想体系。

2. 利益相关者理论的研究历史

利益相关者理论（Stakeholder Theory）产生于20世纪60年代，它是在对美、英等奉行"股东至上"公司治理实践的质疑中逐渐发展起来的。已有研究报道表明，"利益相关者"（Stakeholder）这个词首先出现在斯坦福研究中心1963年的内部备忘录中一篇管理论文。利益相关者概念最初是对"股东"这一概念的泛化，被定义为"没有他们的支持组织就不再存在的团体"（Freeman，1984）。这个定义对于利益相关者界定的依据是某个群体对企业生存是否具有重要意义。虽然这种界定方法从非常狭隘的角度来看待利益相关的人的，但是它毕竟使人们认识到企业的存在并非仅为股东服务的，各个利益相关的人对企业生存也有重大影响。

美国学者安索夫（1965）最早正式用"利益相关的人"一词，他认为"要制定理想的企业的目标，一定要综合平衡地去思考企业的各个利益相关的人之间的索取权产生冲突，他们大概包括管理的人员、工作的人、股东、供应商家和顾客"。1977年，在美国宾夕法尼亚坐落的沃顿学院（Wharton School）新开设了一种"利益相关的人"的管理课程，把"利益相关的人"的概念运用在企业的战略管理上，从此，"利益相关的人"理论逐渐被西方学术界和商界所重视。

自从利益相关的人概念从20世纪60年代提出至今，其概念的表述很多，但是没有一个定义得到普遍赞同。Mitchell 和 Wood（1997）对27种具有代表性的利益的相关者概念进行归纳分析，总的来说有广义的和狭义的，广义的是能为企业的管理者提供一个更全面利益的相关者的分析框架；狭义的则是指出一些利益的相关者对企业会有直接的影响而必须加以考虑。其中 Freeman（1984）和 Clarkson（1994）所表述的最具有代表性。Freeman（1984）认为"利益相关者是能够影响组织的目标是否能实现，或是某些受到组织实现自身目标过程所影响的人"，这个概念更直观地阐述了利益的相关者和企业（组织）之间所具有的关系，确实利益的相关者在比概念的界定相当宽泛，股东、债务卖方、雇佣人员、供应商家、顾客人员这些主体必在此概念界定之内，环境、大众、媒体、社区等可以想到的团体与个人都会对企业活动造成直接或间接、或大或小的影响。Clarkson（1994）觉得"利益的相关的人是在组织中投进了或多或少的实物的资本、人力的资本、财务的资本或者一些具有价值的资本，并因此承担了一些形式不同的风险；或者说，他们因为企业的运作而承受着风险"，更加增强利益的相关的人与组织的联系，强调专门性的投资，于是某些集体或者个人就不在利益的相关者的定义之列。这样的两个概念的对比表明对利益的相关者的界定趋于具体化和集中化。

3. 利益相关者的界定方法

利益的相关者的界定对于展开其基于利益的相关者的共同参加的公司管理十分关键（杨瑞龙，2000）。因此，在界定方面的研究是利益的相关者的理论取得研究成果最多的地方，众多学者纷纷从不同的角度规定利益的相关者。

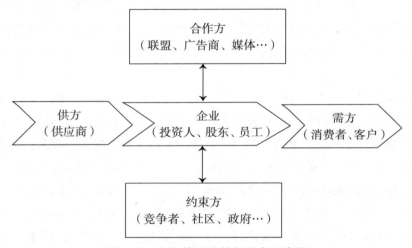

图 4-1　企业的利益的相关者示意图

中国学者陈宏辉、贾生华（2002）对利益的相关者的规定有一定的代表性，他们觉得"利益的相关者就是指那些在一些企业当中进行了多多少少专用性的投资，并承担了一定风险的个体和群体，其活动能够影响企业目标或者受到该企业实现其目标过程的影响"。可以看出，他们的界定介于广义和狭义之间，既强调专用性投资，又强调利益相关者与企业的关联性。

综合以往学者对利益相关者的界定，冯俊华和张龙（2009）对利益相关者的定义是：直接或间接影响企业的生存和发展，同时企业的经营决策必须考虑其利益或接受其约束的个人或群体，他们对企业进行专用性投资，并承担一定的风险，包括企业的股东、债权人、雇员、消费者、供应商等交易伙伴，也包括政府部门、本地居民、本地社区、媒体、环保主义等压力集团，甚至包括自然环境等。

4.利益相关者的分类

20世纪80年代末期，西方学者在进行利益相关者界定的同时，普遍认识到仅仅界定出利益相关者是不够的，这引起了对企业利益相关者进行分类的热潮。贾生华、陈宏辉（2002）指出企业的生存和繁荣离不开利益相关者的支持，但利益相关者可以从多个角度进行细分，不同类型的利益相关者对于企业管理决策的影响以及被企业活动影响的程度是不一样的。已有的相关文献中对利益相关者的分类研究较为丰富，其中代表性的观点见表4-1。

表 4-1 利益相关者分类的研究观点

研究者	时间	分类标准	类别
Freema &Evan	1984	所有权力、经济的依赖性、社会的利益	对企业拥有的所有权力的利益相关者；和企业在经济命脉上有着依赖的关系的利益相关者；和企业在社会的利益上有着链接的利益相关者
Frederic	1988	是否和企业发生了市场交易的关系	直接的利益相关者；间接的利益相关者
Charkham	1992	是否存在有关交易性的合同	契约性利益相关者；公众型利益相关者
Clarkson	1994	在公司所经营的活动中间承担着的风险的种类	自愿的利益相关者；非自愿的利益相关者
Clarkson	1995	与企业的联系的紧密性	首要的利益相关者；次要的利益相关者
Wheeler	1998	与企业之间发生联系的社会性和紧密性	首要的利益相关者；其次就是利益相关者；首要的非社会利益相关者；其次的非社会利益相关者
Mitchell &Wood	1997	权力性、合法性、紧急性	确定型利益相关者；预期型利益相关者；潜伏型利益相关者
万建华	1998	是否与企业有正式的、官方的契约	一级利益相关者；二级利益相关者
李心合	2001	合作潜在性或威胁性	支持型利益相关者；边缘型利益相关者；不支持型利益相关者；混合型利益相关者

续表

研究者	时间	分类标准	类别
陈宏辉 贾生华	2003	利益相关者的主动性、重要性和紧急性	核心利益相关者；蛰伏利益相关者；边缘利益相关者
吴玲 贺红梅	2005	企业生命周期特征	关键利益相关者；非关键利益相关者；边缘利益相关者
刘利	2008	利益相关者投入资本的专用性、互动性以及影响力	主要利益相关者；次要利益相关者
黎毅	2011	公司特征对利益相关者保护的差异性	股东、金融机构、供应商、客户、员工、社会公众、自然环境7大类

　　Freema 和 Evan（1984）从所有权、经济依赖性和社会利益三个不同的维度对利益的相关者进行分类，所有的持有公司的股票的人是对企业具有所有权力的利益的相关者；对企业有着经济的依赖性的所有利益的相关者涵盖经理人员、债务卖方、供应商家、竞争者、消费者等；而政府领导人、媒体等则和组织在社会的利益上有着关系。Frederic（1988）按照是否和企业发生了市场交易的关系把利益的相关者划分为直接的利益相关者以及间接的利益相关者，其中直接的利益相关者含有股东、企业工人、债务卖方、供应商家等；间接的利益相关者含有中央政府、地方的社会团体、媒体、一般的公众等。Charkham（1992）以相关的群体和企业有没有存在有关交易性合同关系，把利益的相关的人分为有契约型的利益的相关者以及公众型的利益的相关者，前者含有股东、雇佣员人、客户、分销商、贷款人等，后者包括消费者、政府、压力集团、媒体、社区等。Clarkson（1994）根据利益的相关者所在企业的经营活动当中所承担的一些风险种类，将利益的相关者划分为自愿的和非自愿的，两者区别的标准就是主体能否主动地向企业投资物质的资本又或者人力的资本。Clarkson（1995）还根据着相关的群体和企业之间的紧密性把利益的相关者划分为第一首要的利益相关者以及其次的利益相关者，主要的利益的相关者含有股东、投资人员、雇佣人员、客户、供应商家等，其次利益相关者含有政府、社区、媒体等。Wheeler（1998）将社会性的维度引入利益的相关者的分类标准当中，将所有的利益的相关者划分为四类：①首要的利益相关者，他们和企业有着直接的关系，且有人员的参加；②其次的利益相关者，他们则经社会性质的活动和企业产生

间接联系；③非社会的首要的利益相关者，他们对于企业有着直接影响，但不
和具体的人所发生联系；④次要的非社会利益相关者，他们对企业有间接的影
响，但不与具体的人发生联系。上述从多个角度细分利益相关者，加强了人们
对利益相关者理论的认识，但是这些方法的致命缺陷是仍然停留在学院式的研
究，缺乏可操作性。

　　20世纪90年代后期，美国学者 Mitchell 和 Wood 独辟蹊径，从利益相关者
所必需的属性出发，对可能的利益相关者进行评分，根据分值确定某一个人或
者群体是不是企业的利益相关者，是哪一类型的利益相关者。他们觉得利益相
关者一定有下面三个属性的当中一个：合法性（Legitimacy），即是某一个群体
是否赋予在法律上对于组织的索取权；权力性（Power），即某一群体是否拥有
影响公司决策的能力、地位和手段；紧急性（Urgency），即是某一个群体提出
的要求是否能马上引起公司里管理层次的关注。根据企业具体情况，对上面三
个特征进行评分，将利益的相关者划分为潜在的利益的相关者、预期型的利益
相关者以及确定了的利益的相关者。潜在型的利益的相关者仅仅拥有三属性中
的一种，预期型的利益的相关者则拥有着其中的任意两种属性，确定的利益相
关者同一时间拥有着三种属性。米切尔关于利益的相关者的模型是动态的：任
何一个人或群体获得或失去某种属性后，就会从一种形态转换为另一种形态。

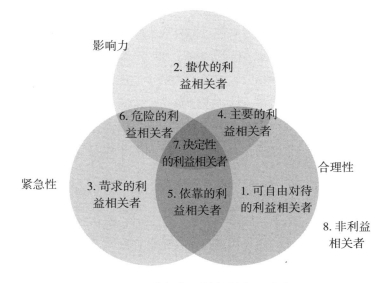

图 4-2　米切尔利益相关者评分法

米切尔评分法的提出大大改善了利益相关者界定的可操作性，极大地推动

了利益相关者理论的推广应用，并逐渐成为利益相关者界定和分类的常用方法。Mitchell 和 Wood 对利益相关者的评分分类方法，在我们分析与利益相关者变化相关的原创性创新时，有较强的指导意义：利益相关方的角色和与企业的关系，不是一成不变的。当企业的内外部环境或价值网络发生变化的时候，因为主动或者被动的原因，一个利益相关方的合法性、权力性或者紧急性分值将有可能会发生变化，从而使得原创性创新模式成为可能。

中国学者在对照西方学术的基础上，综合中国的实际情况后提出了诸多的观点。万建华（1998）依据利益的相关者是不是和企业有着官方和正式的契约把利益相关者区分为一级的利益相关者以及二的级利益相关者。一级的利益相关者囊括人力资本的所有者、财务资本的所有者、政府、供应商家以及客户；二级的利益相关者囊括社会群众、保护环境的组织、保护消费者权益的组织、所有社区等。李心合（2001）从威胁性以及合作性两个维度把利益相关者划分为边缘型、不支持型、支持型以及混合型四大类。支持型利益相关者具有合作能力强、威胁可能低，包括股东、债权人、经营者、顾客、供应商和提供服务者；边缘型的利益相关的人对企业形成的威胁和合作可能性都比较小，囊括雇员之间的联合会、保护消费者利益的组织和一些零散未经组织的股东；不支持型的利益相关者造成的潜在的威胁对企业来说较高，而比较不可能与企业合作，囊括着有竞争利益的其他新闻媒体、企业和工会等；混合型的利益相关者潜在的威胁以及潜在的合作性对企业来说可能性较高，囊括客户以及紧急需要的员工等。贾生华、陈宏辉（2004）借鉴西方学者的"多维细分法"和"米切尔评分法"的分析思路，从在利益方面有关的人的主动性、与利益有关的人的重要性以及与利益有关的人对利益方面要求的急迫性这三个角度对需要界定出的10类与利益有关的人进行分类，在实证研究的基础上以评分的方法将与利益有关的人分为核心、蛰伏、边缘这三大类，而且不同的个体因素和企业因素会对中国企业利益相关者分类的认识产生差异。核心的利益相关者对公司而言是不可缺少的群体，它与公司有着共荣的主要关系，甚至可以直接左右企业的生存与发展，包括管理人员、员工、股东三类利益相关者；蛰伏利益相关者已经与企业形成了较为紧密的联系，而专用的投资在某种程度上使这几方都担负着公司某种程度的发展风险。公司正常运转时，他们可能只作为公司的明面上的契约者，但是当其利益方面的需求无法达到预期的理想值甚至有损失时，他们也许就会由蛰伏转变为活跃的状态，相应的反应或许会异常激烈，这些都会直接影响到公司的状态和前景，包括供应商、Consumer、Creditor、分销商和政府等五类；边缘利益相关者往往被动地受到企业的影响，在企业看来他们的重要程度很低，其实现利益要求的紧迫性也不强，包括特殊团体、社区两类利益相关者。陈宏辉尝试利用实际调研资料，从一般意义上对中国企业的利益相关者进行分类，并探讨不同的个体因素和企业因素对分类结果的影响，对于利益相关者理论在中国的实际应用有一定的进步意义。吴玲、贺红梅（2005）将企业生命周期理论与利益相关分类问题结合起来，实证研究中国企业不同生命周期阶段的利益相关者分类，将利益相关者分为关键利益相关者、非关键利益相关者、边缘利益相关者。实证结果表明，企业可以在生命周期的不同阶段，针对不同类型的与利益有关的人分别制定不同的管理战略，以通过与利益有关的人管理获得竞争优势，实现企业的持续发展。该分类方法考虑到企业生命周期的差异，其研究更具有现实意义。刘利（2008）以与利益有关的人的投资方向、交互性和重要性为基准将公司的与利益有关的人分成主要和次要两个类别。主要性类别的人群在公司里可以获得直接的利益和权力，他们对公司的成功与否直接相关，次要性类别虽然对企业的影响主要表现在企业声誉和社会地位方面，但是这类人对企业有极大的影响力，并在很大程度上可以代表大多数人对公司的看法，需要企业加以重视。值得注意的是，主要利益相关者和次要利益相关者是相互转换的，而且其速度是非常迅速的。这与克拉克逊的分类方法是一致的。中国学者对利益相关者理论的贡献主要在于从不同的角度提出了分析和评估利益相关者的方法，这些方法有助于指导对企业利益相关者进行识别、定义和挖掘的具体实践。

当然，强调利益相关者将导致公司治理目标的多元化，使管理者失去追求目标。让公司管理层对所有的利益相关者负责，相当于他们对谁也不负责。因此，利益相关者利益的平衡问题便成为解决问题的关键。缺乏一个主导的利益相关者，将抹杀企业产权分析的层次性，分散企业的经营目标，从而不能给企业未来的发展提供一个比较清晰的发展方向。因此，确定核心利益相关者、各与利益有关的人间如何均衡利益、与利益有关的职能机制、怎样创新企业管理结构从而满足达成与利益有关的人参加实施原创性创新，并融入原创性创新价值网络等显得十分重要。尽管利益相关者的理论存在着许多不足之处，但随着市场经济的不断发展，智力、名声、信誉会在公司发展过程中变成比重日益加大的元素，时代的变化要求非物力资本分享企业的剩余收益权，善待员工、鼓励与供应商建立长期合作机制、向消费者提供优质服务以及与环境协调发展等这些都是股东长期利益所在。因此，利益相关者理论是企业充分开展蓝海战略，实施原创性创新的一种必然考虑因素，需要在实践中不断完善。

（二）网络经济下利益相关者和企业价值网络的变化

1.网络经济下利益相关者的变化

在网络经济时代，企业管理的哲学发生转变，其核心将是为所有的主要利益相关者团体创造出足够的财富和价值，并恰当地满足他们的利益要求，而那种股东至上主义的企业管理理念的确已经过时了。在网络经济条件下，只有那些真正关注利益相关者利益要求的企业，才可能获得持续、稳定的发展。

第一，股东的利益要求并不是公司最重要的目标，更不是公司经营的唯一目标。所有的拥有合法性利益的个人和团体参与到一家公司中都进行了一定的专用性投资，其目的在于获得一定的收益，并不存在某一方的利益和收益要求比其他的参与者更优先。公司不应该仅仅对股东负责，而应该对全体利益相关者负责，必须考虑其行为对所有利益相关者（包括雇员、顾客、供应商和社区）的影响。

第二，企业发展和存在不仅仅是股东资本投入收益最大化的实现，也不是说不是股东就需要承担企业的所有风险。现实中，没有了与利益有关人员的连续投入，企业就可能停止所有的经营活动；只要是在企业的全部经营活动中投资和下注的全部利益关系者都承担着风险，甚至有些利益相关者所承担的风险要超过股东。而且，网络经济的进步尤其是知识信息经济时代的到来，使得物资资本变得比较而言不是那么稀缺，而人力资本特别是知识资本显示出越来越重要的作用。

第三，网络经济时代信息技术产业的飞速发展，要求企业的经营一定要慎重、热情地回应各个利益关系人的利益需求。通常意义上来说，假如某一个人利益关系人的利益没有得到满足，他就可能会以自己在企业中的专业投资来威胁企业，以此来强迫企业满足其要求。不一样的性质、不一样的规模、不处在一个发展阶段的企业，它的利益关系人的需求存在着较大的差异。同一企业中不同的利益相关者的利益要求也不一样，他们对于企业经营的重要性、紧急性也会有差异。

2. 网络经济下企业边界的变化

网络经济改变了人们的工作和生活方式，同时对企业的经营也带来了重大的影响。经济活动的数字化和网络化，使企业突破了传统的活动空间，出现了种种创新的和虚拟的经济实体。从经济学的角度看，虚拟组织的出现突破了企业的界限，在全球范围内对企业内部和外部资源进行动态配置、优化组合，可以大大提高了经济运行的效率。

杨蕙馨等（2008）提出，互联网的出现和普及，使得企业价值链、管理成本、交易成本、网络成本等都发生了变化，其导致企业边界的变化情况如表4-2所示。

表4-2　互联网条件下企业边界的变化

条件	变量	变化方向	企业边界的可能变化
互联网的出现和普及	企业价值链	重组	纵向缩小，横向扩大
	管理成本	减小	扩大
	交易成本	减小	缩小
	网络成本	增加	融合

3. 网络经济下竞争和创新的变化

在网络经济下，各企业只有创造出与众不同的产品和服务才能获得生存和发展空间，"人无我有"是真正的竞争优势。不但产品和服务进行创新，商业模式的创新也是网络经济下赢得竞争的基本手段。以互联网为代表的信息技术为各种商业模式的传播和扩散提供了通道，竞争者的模仿和学习会迅速地挤出原有的利润，只有不断创新商业模式，并在此基础上巩固和创造竞争优势，才能基业长青。

然而，更让人措手不及的是，在超级竞争的网络经济时代，企业所需要担心的并不只是普通意义上的竞争者或替代者——这些竞争者或替代者只不过是在用类似或不同的方式、形式来吸引你的目标客户，大家争夺的是同一群顾客的类似的需求，只要企业理解并牢牢把握住这些需求，不断学习、完善和创新自己的产品和服务，就能立于不败之地。但是，现在出现一个新的现象叫"我消灭你，但与你无关！"就是说，一个企业或者一类企业会被一个几乎业务不相干的新企业消灭，究其原因只是因为这些企业的价值链中的关键节点与新企业的价值链的节点重合了，关键的资源被占据了，于是导致企业被既不是竞争者也不是替代者的颠覆者所灭亡。

举例来说，广播电台曾经被众多更精彩的新媒体挤压而衰落，后来他们发现有一类人群是电台的忠实听众：驾驶员。驾驶员，尤其是出租车司机们在开车的时候因为手和眼都被占据，只能收听广播电台来娱乐。所以很多专门为司机服务的"司机频道""交通广播"等节目被开发出来，受到驾驶员们的欢迎，广告业务也开始回报上升，衰落的行业又兴盛起来。然而，没有想到的是，交通广播行业最近受到很大的挫折，业绩一落千丈。什么原因呢？原来是因为各种打车软件 App 占据了出租车司机的注意力，他们为了更及时地操作软件"抢单"、将精力全部集中在收听 App 软件的订单信息上，而关闭了收音机，于是，司机电台的收听人数锐减。打车软件和广播电台，本来几乎是完全不相干的业务，既非竞争对手也不是替代性产品，但是由于双方都在同一个时间争夺同一个人群的听觉注意力，而产生了竞争。

（三）企业价值网络的竞争优势究

1. 企业价值网络的竞争优势的表现

周煊（2005）指出当下公司的新兴运转模式的实质是可以更高效地让渡顾客价值。公司的竞争优势一方面来自某些优势价值活动，另一方面是由于对同行业以至于外行业的价值体系的管理。公司的价值网络有以下几种在竞争上存在优势的效应：网络经济、风险抵御、规模利益、黏滞效应、Speed Effect 。李海舰、原磊（2005）认为公司必须拥有全球性视野，依据自身关键能力建立价值板块，把自身视为全球范围的经济网络构成成分。作为公司创造价值以及取得竞争特色的基础，价值活动之间有一定联系，竞争优势主要是根据不同的价值活动之间的相互作用来体现的。公司价值网络的价值很大程度上是借由所有联盟公司的关键能力以及有关的组织核心力间的联合实现的。

2. 企业价值网络竞争优势的阐释

吴海平、宣国良（2002）构建了价值网络动力学的模型，把价值网络和集成价值链里的优质生产模式以及灵活的制造模式相对比，提出价值网络实质就是专业化的分工模式中价值传递的机制，整体性运营以及利益调解是价值网络的竞争特色的来源。方润生、李垣（2002）提出了公司内部产出及外部产出，并且认为内部产出在价值网络竞争优势方面有很大贡献。公司高效的内部产出可以给公司外部产出提供明显的成本、差异化方面的优势。要使得公司内部产出给其终产出的价值优势带来好处，公司应致力于构建宽松的文化氛围和制度、与公司战略符合的有关的利益主体的运用体制、非官方的活动以及官方的活动调节和转化体系，从而促进公司非官方的活动健康进行。价值网络的竞争优势来源于高效的内部产出源泉。周煊（2006）提出公司价值网络构建能力以及异质性资源的加强、整合和保护的平台。借由以认同的信任降低网络交易的成本，这也是价值网络能够提高顾客价值让渡效率的关键所在。

在组合化、外在化、内在化和社会化在学习组织流程中，网络的价值具备了良好的交流组织能力，能够从战略的高度对整体的网络知识分布加以管理、规划，提升了学习效率。网络价值的竞争优势来源于它的学问管控方面。李鹏从学问的角度提出智力的资本网络价值观念，了解了网络里面的知识转化和转移，并且构造建立了知识转化模型的智力资本网络价值。智力的资本包含了人力的资本、市场的资本和结构资本三个资本类型。蒋琰从资源观的角度阐述了企业价值网络竞争的形成。企业和利益相关的价值活动，主要表现在价值的交换关系上。资源运动和它的价值交换使网络的管理人员能够兼顾到企业价值生产的每个环节，有机地融合各个资源并且平衡网络各方的利益。这种的网络关系有三个特征：开放的动态网络关系；网络价值处于远离的平衡态；网络价值非线性的作用机制。

3. 价值网络竞争优势的构筑与演化

林子华从虚拟的企业角度阐明了企业网络价值的增值原理。企业的虚拟化运营过程包括虚拟的互联网技术和虚拟现实技术在内的多样现代技术信息和虚拟方法组织的连接运用，不仅仅为企业的网络合作提供更快捷、更宽广、更准确的信息，也还为企业与企业的网络合作建立了新的机关机制。企业的虚拟化运营创新的技能特点，也大大地推进了信息时代的企业劳动创造价值的网络化。邓龙安和徐玖平（2007）指出，技术范式的演进和现有的企业生存形式有着密切的联系。破坏性的技术商业化导致企业成本组织发生了质的变化，从而形成了新的网络价值。技术范式要想成功地实现转移，必须考虑现有的技术产业是否成熟并且靠近"自然极限"，另外是否涌现出新型的破坏技术也是关键的因素。企业的网络价值形成是依靠垄断势力和规模报酬效应，不过技术范式的转移使企业网络价值失去了规模报酬的优势。技术范式的转移时期，企业应该着重关注网络的价值活动横向联系，削减纵向联系，并且运用松散的连接方法对企业的网络价值活动联系进行管控。俞荣建和郝云宏认为建立客户化的网络价值是企业演进组织的最新趋向。网络价值的创造系统绩效其实表现的是网络体系的客户化水准和动态客户价值的创造能力。价值的模块组成创造网络系统的要素，价值创造的网络体系绩效的提高有利于价值要素的多样化和丰富化，价值模块的管理计划选择，价值要素的模块策划和价值网络创造的体系结构和创造原理设计。俞荣建也应用了模块化的网络价值理论，分析了称为"小狗经济"的浙江生产群，阐述了如何从网络价值理论角度提高浙江的中小型企业竞争优势，其中一些比较具体的建议实施向导性较强。

（四）原创性创新与价值网络

Christensen（1995，1997）认为原创性创新是新的价值网络的反映。价值网络的提出为解释原创性创新提供了一个全新的视角。虽然 Christensen 强调新旧两种价值网络的不同，但并未阐明原创性创新对应的新价值网络与模仿性创新对应的旧价值网络之间的具体关系。作为原创性创新理论的核心内容（Christensen，1997），明确这两者间的关系对解释、预测原创性创新有着关键作用。

价值网就是企业在创造价值、传递价值和获取价值过程中形成的价值网络，简单地说，价值网就是企业价值流向途径中的每一个部分，价值网中的利益相关方包含企业本身，还有供应商、用户、竞争者、合作者等。对于企业而言，采用新技术，必须考虑新技术对企业的价值网的影响，包括正面影响和约束。Christensen（1997）提出了价值网络的定义，他认为这是一种大环境，企业在这个大环境下确定消费者需求，并对此采取应对措施、解决问题、征求消费者意见、应对竞争对手，并争取利润最大化。"价值网络"这一概念是 Christensen 对 Dosi（1982）提出的"技术轨迹"的发展，是一个十分抽象的概念。为了使分析具体化和形象化，我们可以借用"蓝海战略布局"对价值网络进行阐述。蓝海战略通过价值曲线反映出竞争对手在不同价值因素上的资源投入及顾客所得，可见价值曲线与价值网络之间具有共通的特点。以蓝海战略来反映原阶性创新中新旧两种价值网络的关系能唤醒新思维，使人们更为清晰地了解战略意图。

而促使企业采用模仿性创新或维持性创新的原因是，它们能够保障企业价值网内利益相关者的利益，能够较温和地保证每个环节都能得到价值的提高。而原创性创新，由于创新的路径和原有价值网几乎不沾边或者有极少部分能够继承价值网利益，所以原创性创新往往同时把价值网链条中的每一个部分颠覆掉了，所以这也是颠覆性的原创性创新往往不被企业支持的原因。价值网的相关者主要有客户、产品、技术和组织，价值网的存在，约束了企业采用具有颠覆性的原创性创新而更加倾向于支持模仿性创新，因为模仿性创新一般具有极强的延续性，然而随着产业的发展，当采用具有颠覆性的原创性创新的新企业超过传统企业时，这些不采用原创性创新的企业就会被慢慢淘汰。

企业为什么会面临创新瓶颈？创新瓶颈主要有以下几个方面原因：看不见用户、看不起需求、看不懂模式、学不会组织、跟不上市场。看不见用户，是因为企业有着自己相当多的存量用户，"让客户满意"成为企业的文化，但是同时也会忽略了潜在客户的存在，这些潜在客户目前还不是企业的客户，但是未来可能成为企业的客户，甚至成为主要的客户群体。看不起需求，随着社会的发展，总有新需求会出现，很多大型企业正是看不起刚刚出现的、规模不大的用户需求，而等它们慢慢壮大的时候，再想跟进，却发现已经被独角兽公司一揽怀中，后悔莫及。看不懂模式，具有颠覆性的原创性创新往往是和传统的模式背道而驰，企业已经习惯了旧有的模式而对新模式产生了看不懂的态度。学不会组织，企业已有的机构、惯性和流程等因素会制约它适应新的形势，从而削弱了企业采取原创性创新的勇气。跟不上市场，因为前面的几个因素，使传统企业不能很好地抓住原创性创新的机遇，从而错失市场，慢慢地一而再再而三地错失机会，不能把握市场的发展趋势，从而在行业中慢慢地衰老甚至破产。

四、原创性创新价值网络与广东经济增长方式转变的互构关系

（一）网络经济时代的特点和趋势

经济全球化的迅速发展和信息技术的广泛应用，将人类带进网络经济时代，网络正在改变着我们的工作方式、生活方式和生产方式。网络经济的快速发展，已经成当今世界经济和社会发展的趋势。

1. 网络经济的内涵

人类社会的发展与生产力的发展阶段和水平有关，从原始社会一直到现代社会，有什么样的生产力就有什么样的生产关系。网络经济的产生是建立在技

术经济和社会发展的基础上的：20世纪70—90年代，通信、计算机、信息技术的革命，形成了通讯网、计算机网、资源网"三网合一"的格局。网络经济的内涵是信息经济，其本质在于：其一，互联网基础上的资源分配机制；其二，后工业时代信息社会为主导的网络化经济活动。可以这样解读，网络经济就是基于网络特别是因特网所产生的所有经济活动的总和，是以高新技术为基础、以数字化技术为支撑、以信息化进行要素配置、以互联网为载体，整合各种经济资源、促进"虚拟与现实、传统与现代、技术与商业"相结合，实现经济高速增长的一种经济形态和经济运行模式。

2. 网络经济的特点

网络经济是突破时间和空间约束的全球化经济。网络经济能够二十四小时不间断运行，经济的活动更少受到时间因素的影响。现代的信息网络信息的传输运用了光速技术，网络的经济接近实时的速度处理、搜集和操纵信息，节奏大幅度地加快。所以，网络的经济发展趋向是朝着市场变化的"实时经济"或者"即时经济"的方向的。网络经济也是不受地域限制全球化的经济。互联网打破了传统的国家和区域界限，使整个世界紧密相连，信息网络把全球变成了"地球村"，使距离不再重要。网络经济的活动最大限度地降低了时间和空间因素的影响，大大加快了经济全球化的进程，世界各国经济相互依存的性质空前加强。

3. 网络经济是突破产业界限的融合性经济

迅速发展的信息和网络技术，具有很高的浸透性，促使信息的服务行业快速向前列产业发展，使三大产业的界限变得模糊，出现相互统一的趋向。为此学术界提议出"第四产业"的观点用以覆盖广义的产业信息。事实上，作为网络经济的重要组成部分——产业信息已经浸透到了传统的产业当中。网络技术，实施产业核心的升级改变，来迎接网络的经济创造的挑战与机遇，这是必然的选择。不但如此，信息的技术促生了一些新发展的"边缘产业"，比如医疗器械、航空电子、光学电子和汽车电子等。可以说，在网络的信息技术支持下，产业间相互融合和发展新型产业的速度会大大提高。

（二）分析范式

当前，珠三角工业发展总体格局已由工业化后期开始向后工业和知识经济时代过渡，创新仍显不足，如何发挥香港国际创新、科研教育、金融等高端资源对粤港澳大湾区经济发展的驱动作用，促进澳门的产业适度多元化发展，提升大湾区产业协同竞争优势等均属于我国、我省未来迫切需要解决的重大理论命题。基于原创性创新价值网络的视角，笔者以珠三角制造业生态系统、××国家高新区为切入点，以珠三角优势传统产业为重点研究对象，从价值网络、产业生态和企业三个层面展开，开展典型案例分析，提炼理论模型和实证研究，并最终提供整体操作方案。

此外，粤港澳大湾区治理与合作已进入关键期，同体制度异质性是大湾区合作的一个难点，当前，珠三角工业发展总体格局已由工业化后期开始向后工业和知识经济时代过渡，而创新能力不足是珠三角地区产业集群升级的最大瓶颈。全球联合创新是全球合作的一个新尝试，它在知识产权、境内外联合投资以及跨境共赢等方面均挑战着我们的传统思维。理论与实践表明，创新生态体系能够集聚各成员企业优势资源，将各种能力要素协同在一个平台上，企业以知识网络、市场网络、产业链分工、价值协同与信息化网络技术带来的"知识溢出"等效益，融入创新生态体系，能够增强核心竞争力。因此，粤港澳大湾区必须尽快建立联合创新的生态系统显得迫在眉睫。具体理论分析范式应包括如下内容（详见图4-3）。

其一，构建"基于原创性创新价值网络——粤港澳大湾区（珠三角地区）制造业生态系统构建战略"分析模型。粤港澳大湾区原创性创新网络体系的价值创新机制与利润获取途径、组织结构与资本运作、核心能力与异质资源管理、服务创新机制及公共架构、网络包容性与平台孵化性，以及制造业企业平台战略与契约安排、技术创新与品牌战略、知识管理及工具选择、财务管理框架及成本管理和商业模式等核心要素，以阐明系统与各主体间的复杂关系结构和内部运行机制。

其二，描绘粤港澳大湾区产业协同竞争优势构建的技术路线图。能够详细描述大湾区企业在基于原创性创新价值网络平台中如何实现从生产运营、研发设计、营销服务等产业生态低端的模块供应商向模块系统集成商再向系统规则设计商的横向转型和纵向升级，从而实现对主流市场的颠覆，特别是选取广东五类行业分行业进行解决方案设计。

其三，引入产业园区进行实证研究，规划园区平台组织范式。对产业园的基于具有颠覆性的原创性创新价值网络与产业生态系统构建以及企业在这一类系统中的适应发展创新战略选择进行分析，探索构造健康的产业园生态系统模式；规划基于粤港澳大湾区产业协同竞争优势构建战略下，企业、园区全要素过程管理、系统高效运作与持续改善、协同竞争优势与知识网络驱动的园区平台组织范式，从而激发企业实施颠覆性创新的动力。

其四，运用原创性创新价值网络理论研究广东经济增长方式转变的对策建议。从协调机制、协作框架、执行协同等方面入手搭建基于粤港澳大湾区跨境合作的广东经济增长方式转变的分析范式，解决同体制度异质性条件下合作的体制性障碍问题。重点研究粤港澳大湾区产业协同的战略下，打破高端创新要素资源不足、原创性创新成果与应用缺乏、生产性服务业与制造业供需低效平衡以及企业实施原创性创新的资源约束，提出政府、行业组织在引导政策上的建议及相关措施。

分析范式的主要目标为：

①阐明原创性创新价值网络、产业生态系统与粤港澳大湾区产业协同竞争优势构建间的内部运行机制等复杂关系；

②研究打破粤港澳大湾区高端生产要素在促进产业协同发展供需的低效平衡，探索原创性创新价值网络构建与粤港澳大湾区（广东珠三角地区）制造业协同发展的路径机理；

③以产业园区为例，实证研究原创性创新价值网络与粤港澳大湾区产业生态融合的协同机制、组织范式以及企业实施原创性创新的动力机制；

④研究同体制度异质性条件下粤港澳大湾区经济合作的体制性障碍问题及如何构建粤港澳大湾区原创性创新价值网络与产业生态融合的政策支撑体系。

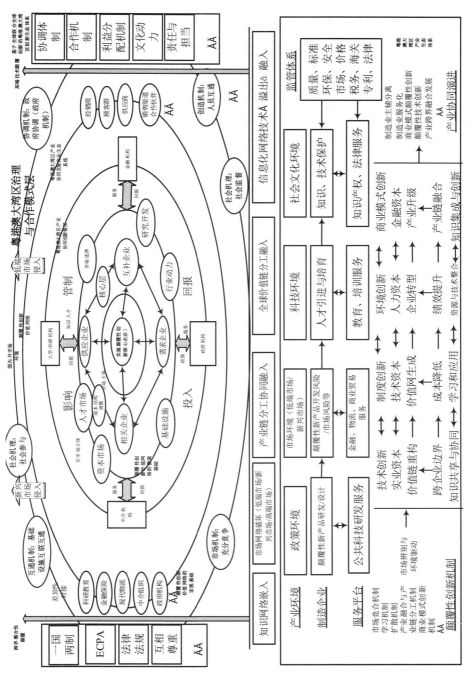

图 4-3 基于粤港澳大湾区合作的广东原创性创新价值网络体系构建

（三）主要机理

粤港澳大湾区治理与合作已进入关键期，同体制度异质性是大湾区合作的一个难点，当前，珠三角工业发展总体格局已由工业化后期开始向后工业和知识经济时代过渡，而创新能力不足仍是最大瓶颈。理论与实践表明，基于全球联合创新的原创性创新价值网络能够集聚各地区和各成员企业优势资源，将各种能力要素协同在一个跨区域甚至跨境的大平台上，企业以知识网络、市场网络、产业链分工、价值协同与信息化网络技术带来的"知识溢出"等效益，融入创新生态体系，能够增强核心竞争力。因此，必须尽快建立基于港澳（广州、深圳）创新资源的生产性服务业集群与传统制造业集群融合的协同创新的广东原创性创新价值网络。

机理1：在同体制度异质性条件下，从合作内容、动因分析、差异化机制分析出发，以"互融共兴"为理论核心，从合作前提、联动机理、执行机理以及监督、评估、反馈几个方面，应构建粤港澳大湾区跨界合作的一个初步分析范式，从法律、市场、政府和社会四个方面创新协调机制，以结构式强制、契约式和互动式三种方式配套相关政策。

机理2：采用原创性创新，协同创新效率对产业升级的制约因素以及对高端生产要素供给不足问题，揭示基于协同创新的原创性创新价值网络能充分发挥跨境、跨区域的联合创新资源比较优势，有效协同地利用高端生产要素，促进专业化、集聚化、系统化的生产性服务业集群发展，从而促进产业协同创新发展，推动珠三角地区传统制产业集群转型升级，产业竞争力提升，从而揭示广东经济增长方式转变的可行路径。

机理3：探讨粤港澳大湾区产业集群协同创新的相关机制，以及原创性创新价值网络构建的动因和基于粤港澳大湾区合作的广东原创性创新价值网络的发展环境，提出粤港澳大湾区原创性创新价值网络的构建能促进生产性服务业集群与传统制造业集群协同创新，从协同创新的高端技术颠覆和二、三产业整合的商业模式颠覆等方面根本实现广东经济增长方式的转变。

机理4：针对广东追赶型产业（5个行业）、弯道超车型产业（6个行业）、转移型产业（11个行业）、领先型产业（4个行业）、战略型产业（5个行业），通过构建广东原创性创新价值网络，制定实施方案，发挥原创性创新价值网络对制造业集群升级的"拉动"作用，继而实现将传统产业集群打造成创新型产业集群。

机理5：基于原阶性创新价值网络构建的粤港澳大湾区产业集群协同创新，明确其评价体系，继而提出政府、行业组织在推动原创性创新价值网络体系建设，有效利用高端生产要素，促进产业集群协同创新，从而促进传统制造业向先进制造业生态体系跃迁、实现创新型产业集群。

（四）实现路径

1. 构建原创性创新价值网络体系

其一，对标世界最优最好最先进水平，从构建完整产业链角度全面梳理五大类产业集群在关键技术、关键基础材料、核心零部件、工艺装备、专业人才、材料部件、政策标准等方面的突出短板，省市联动、分群施策，坚持企业主体、政府支持，遴选各集群最紧迫、最重要、最可行的"卡脖子"环节进行突破，强化关键共性技术供给、自主可控装备研发，提升工业基础能力。其二，围绕集群培育需要，推进高水平大学和学科建设，建设高水平实验室体系和重大科技创新基础设施，打造综合性国家科学中心。在五大产业领域再谋划建设一批国家级和省级制造业创新中心、中央研究院等重大创新平台，支持相关企业在全球布局上研发网络，开展前沿先导技术研发和重大战略产品研发。实施规模以上工业企业研发机构全覆盖行动。支持产学研用联合建立协同创新平台或联盟。建设中国（广东）知识产权保护中心、国际化知识产权交易中心，健全专利快速审查、确权和维权机制，实行侵权惩罚性赔偿制度。其三，推动互联网、大数据、人工智能与制造业深度融合。建设工业互联网基础设施，培育一批工业互联网应用标杆和产业示范基地，支持集群企业运用工业互联网新技术、新模式"上云上平台"。推动五大产业集群建设一批智慧园区、智能工厂、数字化车间，大力推广机器人应用，提升工业产品智能化水平。打造连接粤港澳的世界级无线城市群，在珠三角核心区域率先开展5G网络试验并实现5G网络正式商用。其四，促进集群"制造＋服务"融合发展，大力发展和推广个性化定制等服务型制造新模式，引导集群企业提供研发设计、故障诊断、远程运维等产业链延伸服务，从主要提供产品向提供"产品和服务"转变。推动集群企业和金融服务、科创服务、数字创意、智慧物流等高端生产性服务业融合发展，培育壮大创业孵化、科技咨询等科技服务业和设计、会展、电子商务等商务服务业，建设广东工业设计走廊、军民融合创新设计服务中心，建设一批工业设计研究院。

2. 促进集群高水平宽领域开放合作

其一，促进粤港澳大湾区世界级产业集群联动发展。优先在五大集群内建设粤港澳产业发展数据库、技术路线图数据库、创新主体信息数据库和高端人才数据库，整合发布粤港澳大湾区科技、产业合作供需信息，建设一批粤港澳青年创新创业示范基地，推动三地逐步互相开放科技计划，促进科研仪器设备通关便利、共用共享，推动粤港澳职业资格互认。深化粤港澳经济交流，支持粤港澳在科技金融、国际技术转让、生产性服务业等领域深度合作，畅通三地人员货物通关、跨境投融资、信息互联。其二，提升集群国际化合作水平。更好发挥广交会、高交会、海交会等平台作用，争取更多国际会议、国际高端展会和展商等落户。促进进口来源多元化，打造一批大宗资源型商品、高科技产品、中高端消费品的集散基地和分销中心。引导外资参与集群建设，吸引海外知名大学、研发机构、跨国公司在集群领域设立全球性或区域性研发中心。其三，拓展集群全球分工和布局。支持集群企业围绕"一带一路"增加投资。支持集群企业境外上市，鼓励和支持优势企业特别是上市公司通过海外并购重组获取欧美发达市场知名品牌、高新技术、营销渠道、高端人才等资源。引导龙头企业带动上下游企业"结伴出海"建设境外工业园区，鼓励企业建立海外研发中心，提升企业国际化发展能力。

3. 积极营造国际一流的集群发展营商环境

其一，持续深化营商环境改革。深化商事制度改革、工程建设项目审批制度改革，进一步推进跨境投资贸易便利化。全面实施市场准入负面清单制度。落实"实体经济十条（修订版）"等惠企政策，切实降低实体经济企业用电、用气、用地、融资等大宗要素成本和制度性交易成本。加快"数字政府"建设，深化"放管服"改革，下放涉及集群建设的省级相关投资审批、外资管理、经贸合作等权限。其二，充分发挥集聚区基础作用。推进集群按照"一核一带一区"区域发展新格局，在现有开发区、产业转移园区（产业转移集聚地）、新型工业化产业示范基地集中布局。加快清理低效闲置工业用地，制定盘活利用方案。推行政企分开、政资分开，实行管理机构与开发运营企业分离。引导社会资本参与公共服务、基础设施建设，鼓励民营资本开发运营"园中园"形式的特色园区。鼓励主导产业相近、地理相近的产业集聚区跨区协同、联动发展。其三，探索建立集群治理机制。采取政府引导、自愿组织的方式，由具有较强号召力的产业联盟、骨干企业、行业协会、科研院所、高校等主体牵头，政产学研金介用等单位共同参与，探索成立一批集决策、管理、咨询功能为一体的新型集群发展促进机构。加强集群规划、动态监测、评估考核，促进政产学研金介用对接合作。

五、小结

本章从价值与价值链的理论综述出发，引申出企业价值网络理论的相关概念，从网络经济的规模倍增与边际效益的递增性方面，探索基于原创性创新的企业价值网络体系，结合网络经济下的利益相关者和企业价值网络的变化，企业价值网络的核心竞争优势。并由此归纳出原创性创新价值网络体系与广东经济增长方式转变的理论分析范式、主要机理与实现路径。研究结论表明以下三点。

其一，构建粤港澳大湾区跨界合作分析框架，并揭示基于协同创新的原创性创新价值网络能充分发挥跨境、跨区域的联合创新资源比较优势，有效协同地利用高端生产要素，促进专业化、集聚化、系统化的生产性服务业集群发展，从而促进产业协同创新发展，推动珠三角地区传统制造产业集群转型升级，产业竞争力提升，从而揭示广东经济增长方式转变的可行路径。

其二，针对广东追赶型产业（5个行业）、弯道超车型产业（6个行业）、转移型产业（11个行业）、领先型产业（4个行业）、战略型产业（5个行业），通过构建大湾区原创性创新价值网络，制定实施方案，发挥原创性创新价值网络对制造业集群升级的"拉动"作用，继而实现将传统产业集群打造成创新型产业集群。

其三，确立构建原创性创新价值网络体系、促进集群高水平宽领域开放合作和积极营造国际一流的集群发展营商环境的路径选择。

第五章 广东制造业分行业创新效率比较的经验分析

不同的行业的驱动模式不同，创新的投入产出效率也存在差异，本章主要集中讨论制造业分行业创新模式的投入产出效率问题。基于原创性创新的投入产出效率较模仿性创新占优的理论解析，对创新能力与技术原创性占比进行量化与测度，根据广东制造业行业的成长情况与行业特征将制造业分为追赶型产业、弯道超车型产业、转移型产业、领先型产业和战略型产业五类行业。建立相应的实证分析模型，讨论原创性创新与模仿性创新对广东制造业分行业的影响，验证理论部分提出的相关结论。

一、分行业划分说明

制造业的31个行业差别很大，要分析不同创新模式对各行业的影响，首先应根据广东产业成长特征与相关产业分类标准对制造业行业进行分类。制造业分行业进行实证的案例较多，其中，大部分实证将制造业行业分为劳动密集型、资本密集型、技术密集型三类进行实证，而此种分类过于简单，并不能区分创新的驱动模式。而如果按统计口径的31个行业进行分类，则又过于烦琐，不便找出规律，数据实证也证明了此观点。林毅夫（2015）就曾将中国的产业分类为追赶型、弯道超车型、转移型、领先型和战略型五类，本书试着以此为依据进行分类，结果发现实证效果较好，能较为清晰地反映创新驱动模式不同所带来的创新投入产出效率的差异。

为更好地说明此划分的依据，首先，本书根据2012—2015年各行业发展情况，对比全省规模以上工业增加值年均增速，发现在制造业31个大类行业中，有9个大类行业分化为高速成长①，占全省规模以上工业经济总量的38.3%；有14个大类行业分化为中速成长，占全省规模以上工业经济总量的40.4%；有8个大类行业分化为低速成长，占全省规模以上工业经济总量的10.9%。具体分化趋势如表5-1所示。

表 5-1　2012—2015 年广东规模以上分行业增加值增速表

序号	行业	2012 年（年鉴数）同比增速（%）	2013 年（年鉴数）同比增速（%）	2014 年（年鉴数）同比增速（%）	2015 年（快报数）同比增速（%）	2012—2015 年均增速（%）	成长性分类
	广东总计	8.4	8.7	8.4	7.2	8.2	
1	木材加工和木、竹、藤、棕、草制品业	21.2	13.5	15.4	14	16	高速成长（9个）
2	计算机、通信和其他电子设备制造业	10.5	9.9	11.7	10.5	10.7	
3	医药制造业	16.7	9.2	8.6	7.7	10.5	
4	金属制品业	10.7	9.3	11.9	9.9	10.4	
5	农副食品加工业	14.4	9.4	8.3	9.6	10.4	
6	非金属矿物制品业	9.3	11.7	11.3	8.9	10.3	
7	有色金属冶炼和压延加工业	9.7	19.9	11	-1.5	9.5	
8	金属制品、机械和设备修理业	7.2	24.5	-2.6	9.9	9.3	
9	专用设备制造业	9.7	8	9.2	9.9	9.2	

_____

① 2012—2015年全省规模以上工业增加值年均增速为8.2%，据此：高速成长行业划分为该行业2012—2015年工业增加值年均增速大于全省年均增速1个百分点（含）以上，即该行业2012—2015年工业增加值年均增速大于或等于9.2%。中速成长行业划分为该行业2012—2015年工业增加值年均增速大于全省年均增速1个百分点以下，小于全省年均增速1.5个百分点（含）以下，即9.2%＞该行业2012—2015年工业增加值年均增速≥6.7%。低速成长行业划分为该行业2012—2015年工业增加值年均增速小于全省年均增速1.5个百分点以上，即该行业2012—2015年工业增加值年均增速低于6.7%。制造业31个大类行业的工业增加值成长性采用2012—2014年鉴增速和2015年快报增速计算得出。

续表

序号	行业	2012 年（年鉴数）同比增速（%）	2013 年（年鉴数）同比增速（%）	2014 年（年鉴数）同比增速（%）	2015 年（快报数）同比增速（%）	2012—2015 年均增速（%）	成长性分类
10	通用设备制造业	9.8	8.6	8.2	8.3	8.7	中速成长（14个）
11	黑色金属冶炼和压延加工业	10.1	13.7	5	6.2	8.7	
12	汽车制造业	4.8	12.9	9.2	7.6	8.6	
13	废弃资源综合利用业	−0.6	5.5	13.3	16.8	8.5	
14	食品制造业	15.3	9.9	6.7	2.3	8.4	
15	化学原料和化学制品制造业	7.9	7.7	8.8	8.7	8.3	
16	造纸和纸制品业	7.8	8.4	10.2	4.9	7.8	
17	电气机械和器材制造业	9.6	7.2	7.3	6.1	7.5	
18	印刷和记录媒介复制业	5.7	13.3	6.6	4.5	7.5	
19	家具制造业	8.2	8.5	8.2	4.7	7.4	
20	纺织业	8	9.8	4.1	6.2	7	
21	橡胶和塑料制品业	7.6	8	6.2	6.2	7	
22	酒、饮料和精制茶制造业	10.2	8.2	5.4	4.3	7	
23	纺织服装、服饰业	9.3	7.3	5.4	4.7	6.7	
24	文教、工美、体育和娱乐用品制造业	9.6	8.8	11.2	−4.9	6	低速成长（8个）
25	铁路、船舶、航空航天和其他运输设备制造业	2.9	0.2	10.2	6.4	4.9	
26	烟草制品业	4.1	5.6	6.3	1	4.2	

序号	行业	2012年（年鉴数）同比增速（%）	2013年（年鉴数）同比增速（%）	2014年（年鉴数）同比增速（%）	2015年（快报数）同比增速（%）	2012—2015年均增速（%）	成长性分类
27	皮革、毛皮、羽毛及其制品和制鞋业	2.6	4.4	6.2	3.3	4.1	低速成长（8个）
28	化学纤维制造业	3.9	2.8	0.2	9.6	4.1	低速成长（8个）
29	仪器仪表制造业	4.3	8.4	5	−5.3	3	
30	石油加工、炼焦和核燃料加工业	6.4	4.9	0.3	−2.6	2.2	低速成长（8个）
31	其他制造业	12.2	−1.5	−5.8	0	1	

数据来源：《广东统计年鉴》与快报数。

一是高速成长行业9个。高速成长行业共9个，权重①合计为38.3%。按权重排序，各行业分别是：计算机、通信和其他电子设备制造业（权重为21.7%），金属制品业（权重为4.4%），非金属矿物制品业（权重为4.3%），专用设备制造业（权重为2.2%），有色金属冶炼和压延加工业（权重为2%），农副食品加工业（权重为1.5%），医药制造业（权重为1.4%），木材加工和木、竹、藤、棕、草制品业（权重为0.7%），金属制品、机械和设备修理业（权重为0.1%）。

二是中速成长行业14个。中速成长行业共14个，权重合计为40.4%。按权重排序，各行业分别是：电气机械和器材制造业（权重为9.2%），化学原料和化学制品制造业（权重为5%），汽车制造业（权重为4.8%），橡胶和塑料制品业（权重为3.8%），纺织服装、服饰业（权重为3.7%），通用设备制造业（权重为2.7%），纺织业（权重为2%），食品制造业（权重为1.9%），家具制造业（权重为1.5%），黑色金属冶炼和压延加工业（权重为1.4%），造纸和纸制品业（权重为1.4%），印刷和记录媒介复制业（权重为1.1%），酒、饮料和精制茶制造业（权重为1.1%），废弃资源综合利用业（权重为0.8%）。

三是低速成长行业8个。低速成长行业共8个，权重合计为10.9%。按权重排序分别为：石油加工、炼焦和核燃料加工业（权重为2.8%），文教、工美、

① 行业权重指2014年该行业增加值占全省规模以上增加值比重。

体育和娱乐用品制造业（权重为2.6%），皮革、毛皮、羽毛及其制品和制鞋业（权重为2.3%），烟草制品业（权重为1.2%），铁路、船舶、航空航天和其他运输设备制造业（权重为0.9%），仪器仪表制造业（权重为0.8%），其他制造业（权重为0.2%），化学纤维制造业（权重为0.1%）。

　　针对广东制造业31个大类行业成长性的分布情况，这里结合广东省发改委对于传统产业、先进制造业、高技术产业和战略新兴产业的定义、分类与相关数据，也将产业重新分类①。如表5-2所示，将高速成长行业中的计算机、通信和其他电子设备制造业、专用设备制造业、医药制造业、木材加工和木、竹、藤、棕、草制品业四个行业除外，其他行业列入追赶型行业。中速成长行业中除化学原料和化学制品制造业、电气机械和器材制造业、造纸和纸制品业、家具制造业、纺织业、橡胶和塑料制品业外，其他行业列入弯道超车行业。低速成长行业中除铁路、船舶、航空航天和其他运输设备制造业、化学纤维制造业、仪器仪表制造业、石油加工和炼焦和核燃料加工业外，其他行业列入转移型行业。

表5-2　广东产业特征性分类表

序号	行业	产业分类
1	金属制品业	追赶型产业（5个）
2	农副食品加工业	
3	非金属矿物制品业	
4	有色金属冶炼和压延加工业	
5	金属制品、机械和设备修理业	
6	黑色金属冶炼和压延加工业	弯道超车型产业（6个）
7	废弃资源综合利用业	
8	食品制造业	
9	电气机械和器材制造业	
10	印刷和记录媒介复制业	
11	通用设备制造业	

----

① 本书所指的分类，是为了数据获取与分析的方便，只能说这31个行业进行重新分配后分别具有这五类产业的特征，但并不代表这一分类行业的整个行业处于这一状态。

序号	行业	产业分类
12	酒、饮料和精制茶制造业	转移型产业（11个）
13	纺织服装、服饰业	
14	文教、工美、体育和娱乐用品制造业	
15	烟草制品业	
16	皮革、毛皮、羽毛及其制品和制鞋业	
17	其他制造业	
18	木材加工和木、竹、藤、棕、草制品业	转移型产业（11个）
19	造纸和纸制品业	
20	家具制造业	
21	纺织业	
22	橡胶和塑料制品业	
23	计算机、通信和其他电子设备制造业	领先型产业（4个）
24	专用设备制造业	
25	铁路、船舶、航空航天和其他运输设备制造业	
27	医药制造业	战略型产业（5个）
28	化学原料和化学制品制造业	
29	化学纤维制造业	
30	仪器仪表制造业	
31	石油加工、炼焦和核燃料加工业	

二、数据处理与变量分析

（一）变量定义与数据来源

因变量为分行业增加值（ER），即分行业增加值增长率。解释变量包括：实用、外观专利产出率（PAP），即分行业实用、外观专利申请数的增长率；模仿性创新表征指标项技术引进经费强度（TIF），即分行业技术引进经费与行业产品销售收入比值的增长率；原创性创新表征指标项发明专利产出率（IP），即分行业发明专利授权数的增长率；开发新产品经费强度（NPF），即分行业开发新产品经费强度＝开发新产品经费／产品总销售收入。控制变量包括：表征生产要素类指标，如劳动力投入（LAB），用分行业年末从业人员总数的增长率来表示；资本投入（CP），即总资产贡献率的增长率，用分行业资本形成增长率来反映；原材料投入（RAW），即每年的原材料价格指数增长率；知识溢出表征指标项劳动生产率（LP），即分行业劳动生产率的增长率。值得一提的是，上述解释变量与控制变量，均进行了相关性分析。相关性分析表明，上述变量间的相关性较小，由于结果较多不进行表述，这也与我们采用了环比增长率来进行实证的处理措施有关，这一处理方式也有效地解决了变量间的相关性问题，保证了实证结果的说服力。

数据主要来源于历年《广东统计年鉴》《广东工业统计年鉴》和《广东科技统计年鉴》以及广东省知识产权公共信息综合服务平台（数据库）"http://www.guangdongip.gov.cn/default.aspx"以及1997年、2002年、2005年、2007年、2010年、2012年广东42部门的投入产出表、延长表和快报数等。另外，中国统计数据应用支持系统"http://info.acmr.cn/"和"http://yearbook.acmr.cn/"、中国行业研究报告库"http://firstreport.acmr.com.cn：8000"、中国统计年鉴数据库（挖掘版）"http://19.16.29.12/csydkns/navi/NaviDefault.aspx"以及Wind资讯金融终端数据库等也提供了数据补充支持。考虑数据的可得性，鉴于投入产出表等数据来源的非连续性以及统计口径、个别数据缺失等，所有数据采取了一定的处理手段，如：对于非连续性数据进行了平均增速补充，对个别奇异数据进行调整等，由于数据量较多，修改的数据只占其中非常小的部分，因此，不会影响整个实证结论。

（二）变量的统计性描述

根据以上分类标准，按追赶型产业、弯道超车型产业、转移型产业、领先型产业和战略型产业五大类，分别研究创新驱动的类型以及各类产业创新驱动下的投入产出效率，以2005年为基准年，将各项指标折算成环比增长率，来考察广东制造业各类型产业的创新特征与创新效率。

1. 追赶型产业

如表5-3所示，追赶型产业的贸易竞争指数和8个解释变量环比增长速率的相关统计数据表明：追赶型产业贸易竞争指数环比增长速率波动较大，先上升然后下降。而其实用、外观专利产出率稳步上升，技术引进经费总体先升后降，发明专利产出率、新产品开发经费投入强度、资本投入、劳动生产率和劳动力投入变化相对比较平稳，2011年的技术引进经费和2010年和2013年的资本投入与上一年相比增幅较大。

表5-3　广东追赶型产业的统计性描述

指标 时间	ER	PAP	TIF	IP	NPF	LAB	CP	RAW	LP	样本 组数
2005	0.000 （0.00）	0.000 （0.00）	0.000 （0.00）	0.000 （0.00）	0.000 （0.00）	0.000 （0.00）	0.000 （0.00）	0.000 （0.00）	0.000 （0.00）	5
2006	−0.065 （0.36）	0.600 （0.53）	0.412 （0.36）	0.341 （0.42）	0.125 （0.28）	0.206 （0.31）	0.124 （0.25）	0.041 （0.00）	0.249 （0.23）	5
2007	−0.053 （2.47）	0.647 （0.76）	0.296 （0.65）	0.349 （0.16）	−0.093 （0.26）	0.256 （0.87）	0.139 （0.34）	0.016 （0.00）	0.204 （0.17）	5
2008	−0.017 （0.85）	0.678 （0.67）	0.102 （0.85）	0.346 （0.15）	0.034 （0.18）	0.377 （0.80）	0.142 （0.86）	−0.067 （0.00）	0.208 （0.19）	5
2009	0.008 （0.72）	0.714 （1.84）	0.614 （0.89）	0.374 （0.16）	0.131 （0.27）	0.145 （0.43）	0.148 （0.26）	−0.074 （0.00）	0.213 （0.14）	5
2010	−0.006 （0.57）	0.763 （0.54）	0.062 （0.74）	0.339 （0.04）	0.425 （0.26）	0.043 （0.22）	0.253 （0.17）	−0.073 （0.00）	0.235 （0.07）	5
2011	−0.522 （3.06）	0.815 （0.82）	0.732 （1.19）	0.375 （0.14）	1.347 （0.46）	0.148 （0.47）	0.108 （0.06）	−0.018 （0.00）	0.219 （0.12）	5
2012	0.139 （0.69）	0.879 （0.39）	0.135 （0.38）	0.409 （0.11）	0.408 （0.17）	0.161 （0.27）	0.113 （0.12）	−0.028 （0.00）	0.241 （0.15）	5
2013	−0.167 （2.03）	0.917 （0.41）	−0.062 （0.46）	0.410 （0.05）	0.470 （0.75）	0.185 （0.42）	0.253 （0.34）	0.117 （0.00）	0.207 （0.09）	5

注：每格数据上面为均值，下面为标准差。

2. 弯道超车型产业

如表5-4所示，弯道超车型产业的贸易竞争指数和8个解释变量环比增长速率的相关统计数据表明：弯道超车型产业贸易竞争指数环比增长速率波动较大，一直呈负增长状态。实用、外观专利产出率与技术引进经费波动较大，增长率先上升，后下降。发明专利产出率、新产品开发经费投入强度则呈先下降后上升，资本投入、劳动生产率和劳动力投入变化相对比较平稳，2008年的技术引进经费和2010年的资本投入与上一年相比增幅较大。

表5-4　广东弯道超车型产业的统计性描述

指标 时间	ER	PAP	TIF	IP	NPF	LAB	CP	RAW	LP	样本组数
2005	0.000	0.000	0.000	0.000	0.000	0.000	0.000	0.000	0.000	6
	（0.00）	（0.00）	（0.00）	（0.00	（0.00	（0.00）	（0.00）	（0.00）	（0.00）	
2006	−0.183	−1.289	−1.626	−1.499	−1.221	−0.483	−0.285	−1.359	0.156	6
	（1.24）	（0.57）	（0.25）	（0.17）	（0.63）	（0.05）	（0.49）	（0.00）	（0.59）	
2007	−1.579	−1.215	0.092	0.104	−0.661	−0.430	−1.148	0.121	0.292	6
	（0.86）	（0.38）	（1.15）	（0.31）	（1.40）	（0.16）	（0.87）	（0.00）	（1.23）	
2008	−0.812	−0.123	0.556	−1.275	−1.136	−0.487	−0.533	−1.294	−0.668	6
	（0.22）	（1.09）	（0.96）	（0.05）	（1.41）	（0.07）	（0.26）	（0.00）	（1.34）	
2009	−0.457	−1.337	0.037	−0.075	−0.399	−0.974	−0.313	−0.500	0.043	6
	（0.42）	（1.40）	（0.42）	（1.05）	（0.87）	（1.42）	（1.29）	（0.00）	（1.33）	
2010	−0.271	0.898	−0.917	−0.002	−1.204	0.051	1.334	−0.734	0.169	6
	（0.78）	（0.77）	（0.60）	（0.25）	（0.56）	（0.23）	（0.17）	（0.00）	（0.12）	
2011	−1.129	−1.447	−1.222	−0.494	−1.106	0.075	0.054	−0.993	0.031	6
	（0.05）	（1.15）	（1.48）	（0.02）	（1.48）	（0.26）	（0.67）	（0.00）	（1.40）	
2012	−0.858	−1.523	−0.415	0.144	0.044	0.026	0.025	−0.964	0.032	6
	（0.13）	（0.57）	（0.50）	（0.69）	（1.09）	（0.61）	（0.52）	（0.00）	（0.21）	
2013	−1.573	−0.925	−1.051	0.987	0.615	0.067	0.085	−0.705	0.114	6
	（1.20）	（0.04）	（0.26）	（0.37）	（0.57）	（0.37）	（1.32）	（0.00）	（1.51）	

注：每格数据上面为均值，下面为标准差。

3. 转移型产业

如表5-5所示，转移型产业的贸易竞争指数和8个解释变量环比增长速率的相关统计数据表明：转移型产业贸易竞争指数环比增长速率有波动，但整体呈下降趋势，这可能与2008年后，金融危机的影响有关。实用、外观专利产出率呈现波动，且向下趋势明显；技术引进经费总体先升后降，这说明该行业对于模仿性创新的特征也在下降，这与目前广东加大对落后产能的淘汰，和一些效率低、利润薄的该行业企业迁往东南亚有关。发明专利产出率、新产品开发经费投入强度相对平衡，但处于较低水平的和较小幅度的波动范围，这与转移型产业在这方面的投入产出有直接关系，很多中小企业更多地关注生存，而不是关注发展。劳动生产率和劳动力投入变化相对比较平稳，劳动生产率一直处于较低位波动，而劳动力投入则呈平稳上升趋势，这意味着，这一行业较多地使用劳动力。2008年和2010年的固定资产投资与上一年相比增幅较大。

表5-5　广东转移型产业的统计性描述

指标 时间	ER	PAP	TIF	IP	NPF	LAB	CP	RAW	LP	样本 组数
2005	0.000	0.000	0.000	0.000	0.000	0.000	0.000	0.000	0.000	11
	（0.00）	（0.00）	（0.00）	（0.00	（0.00	（0.00）	（0.00）	（0.00）	（0.00）	
2006	0.265	−1.338	0.028	−0.127	−0.392	0.137	−1.503	−0.047	−0.186	11
	（1.13）	（0.01）	（0.57）	（1.63）	（0.95）	（1.46）	（0.02）	（0.00）	（0.02）	
2007	0.045	−1.070	0.135	0.053	0.012	0.451	−0.158	−1.078	0.001	11
	（0.15）	（0.35）	（0.73）	（0.69）	（0.39）	（1.31）	（1.04）	（0.00）	（1.42）	
2008	−0.650	−1.006	−0.205	−0.185	0.054	0.081	0.280	−0.512	−0.035	11
	（0.35）	（0.38）	（1.48）	（0.90）	（0.96）	（0.22）	（1.17）	（0.00）	（1.28）	
2009	−1.225	0.112	0.175	−0.084	−0.397	0.399	−0.182	−0.592	0.081	11
	（0.71）	（0.28）	（0.13）	（1.43）	（1.18）	（1.04）	（1.19）	（0.00）	（0.36）	
2010	0.110	−1.621	−1.440	0.068	−0.152	0.015	0.302	−0.607	−0.020	11
	（0.42）	（0.09）	（0.13）	（0.81）	（0.91）	（0.43）	（0.84）	（0.00）	（1.26）	
2011	−0.414	−1.146	−1.434	−0.338	−0.329	0.246	−0.109	−0.378	−0.032	11
	（1.41）	（1.26）	（0.72）	（1.19）	（0.37）	（0.15）	（0.07）	（0.00）	（1.50）	

续表

指标 时间	ER	PAP	TIF	IP	NPF	LAB	CP	RAW	LP	样本 组数
2012	−0.247	−0.776	−0.213	0.021	0.060	0.133	−0.133	−0.136	0.049	11
	（1.37）	（0.11）	（0.46）	（0.08）	（0.53）	（0.77）	（1.49）	（0.00）	（0.72）	
2013	−0.097	0.081	−0.915	−0.423	−0.159	0.135	−1.430	−1.136	−0.253	11
	（0.32）	（0.17）	（0.09）	（0.20）	（0.61）	（0.95）	（0.05）	（0.00）	（1.17）	

注：每格数据上面为均值，下面为标准差。

4. 领先型产业

如表5-6所示，领先型产业的贸易竞争指数和8个解释变量环比增长速率的相关统计数据表明：领先型产业贸易竞争指数环比增长速率波动较大，先下降后上升，波动后，则稳步上升。发明专利产出率、新产品开发经费投入强度呈稳步上升趋势，实用、外观专利产出率和技术引进经费总体稳定，呈现先升后降的趋势。劳动力投入波动较平稳，呈下降趋势，资本投入和劳动生产率变化相对比较平稳，呈稳步上升状态。这说明该行业的知识密集度较高，而依赖劳动力的程度较小，对于新产品的开发和研发投入较为积极。另一方面，从侧面说明该行业的贸易竞争力即便在外需变动的情况影响下，不但没减，反而上升，如广东目前较为领先的动车装备和高端通信设备等，在国外具有相当的竞争力，这也说明基于技术领先的核心竞争力的重要性。

表5-6　广东领先型产业的统计性描述

指标 时间	ER	PAP	TIF	IP	NPF	LAB	CP	RAW	LP	样本 组数
2005	0.000	0.000	0.000	0.000	0.000	0.000	0.000	0.000	0.000	4
	（0.00）	（0.00）	（0.00	（0.00）	（0.00）	（0.00）	（0.00）	（0.00）	（0.00）	
2006	−1.325	−0.281	−1.520	−1.563	−0.460	−0.158	−0.650	−0.608	0.095	4
	（1.59）	（1.23）	（1.08	（1.02）	（0.53	（1.61）	（0.10）	（0.00）	（0.23）	
2007	−1.005	0.037	−1.287	−1.253	0.071	−0.148	−0.701	−1.251	−0.026	4
	（1.24）	（1.04）	（0.59	（1.59）	（1.60）	（1.42）	（0.12）	（0.00）	（0.35）	

指标时间	ER	PAP	TIF	IP	NPF	LAB	CP	RAW	LP	样本组数
2008	−0.005	−1.173	−0.014	0.141	0.061	−0.016	0.046	−0.771	0.096	4
	（0.54）	（0.83）	（0.35）	（0.92）	（0.84）	（0.78）	（0.66）	（0.00）	（0.33）	
2009	−0.019	−1.498	−1.174	−0.137	−0.143	−0.083	0.091	−0.223	0.082	4
	（0.13）	（0.59）	（0.93）	（1.62）	（0.31）	（0.15）	（0.96）	（0.00）	（0.15）	
2010	−0.166	−1.404	−1.227	0.071	−0.971	0.054	−0.028	−1.549	0.026	4
	（0.81）	（0.24）	（1.08）	（1.61）	（0.06）	（0.49）	（0.61）	（0.00）	（0.62）	
2011	0.102	0.042	−0.858	0.076	0.108	−0.005	0.057	−1.449	−0.016	4
	（0.67）	（0.94）	（0.10）	（0.05）	（0.81）	（0.09）	（0.33）	（0.00）	（0.56）	
2012	0.238	−0.681	−1.364	0.093	0.099	−0.013	0.096	−0.758	0.172	4
	（0.64）	（0.05）	（0.46）	（0.07）	（1.03）	（0.29）	（1.13）	（0.00）	（0.51）	
2013	0.140	−0.526	−1.159	0.015	0.531	−0.242	0.049	−0.676	0.447	4
	（1.21）	（0.05）	（0.41）	（1.65）	（1.15）	（1.19）	（0.45）	（0.00）	（0.68）	

注：每格数据上面为均值，下面为标准差。

5. 战略型产业

如表5-7所示，战略型产业的贸易竞争指数和8个解释变量环比增长速率的相关统计数据表明：战略型产业贸易竞争指数环比增长速率先降后升，波动大。新产品开发经费投入强度则先升后降，相对也较为平稳，发明专利产出率则变化相对也不大，但增长率呈下降趋势，不难看出，广东战略型产业在新产品开发和研发投入与产出方面还存在不足。而该行业技术引进经费、实用、外观专利产出率、劳动生产率和劳动力投入稳中有升，模仿性创新的特征较明显。一般来说，这类产业资本投入大，投资周期较长，很明显，上述数据表明，这类产业在广东还不具国际竞争优势，其原创性创新的特征不明显，而模仿性创新的特征较为明显。

表5-7　广东战略型产业的统计性描述

指标 时间	ER	PAP	TIF	IP	NPF	LAB	CP	RAW	LP	样本 组数
2005	0.000	0.000	0.000	0.000	0.000	0.000	0.000	0.000	0.000	5
	（0.00）	（0.00）	（0.00）	（0.00）	（0.00）	（0.00）	（0.00）	（0.00）	（0.00）	
2006	−0.828	−0.263	0.889	−0.199	0.265	−0.060	−0.453	−1.611	0.175	5
	（0.02）	（0.45）	（1.45）	（0.35）	（0.35）	（1.18）	（0.56）	（0.00）	（1.58）	
2007	0.080	−0.252	0.036	−0.135	1.546	−0.242	−0.120	−0.479	0.031	5
	（0.27）	（0.17）	（1.26）	（0.93）	（1.44）	（0.43）	（0.52）	（0.00）	（0.04）	
2008	−0.320	−0.060	0.085	−0.240	0.178	0.007	−0.172	−1.389	0.036	5
	（1.47）	（0.21）	（0.36）	（1.03）	（1.47）	（0.95）	（1.22）	（0.00）	（0.09）	
2009	−1.633	−0.083	−0.139	0.168	−1.186	0.295	−0.543	−1.564	−0.049	5
	（0.46）	（0.39）	（0.58）	（0.86）	（0.01）	（1.11）	（0.18）	（0.00）	（0.08）	
2010	−1.176	−0.011	−1.566	0.168	−0.773	0.231	−0.881	0.101	0.071	5
	（1.34）	（0.86）	（1.48）	（0.91）	（0.69）	（1.19）	（1.04）	（0.00）	（0.13）	
2011	0.102	0.031	0.395	−0.034	0.102	−0.014	−0.639	−1.247	−0.077	5
	（0.58）	（0.96）	（0.35）	（0.14）	（1.41）	（0.88）	（0.52）	（0.00）	（1.26）	
2012	0.078	0.044	−1.456	−0.069	−0.227	0.064	0.117	−0.650	0.150	5
	（1.49）	（0.74）	（0.64）	（1.20）	（0.12）	（0.91）	（0.51）	（0.00）	（1.50）	
2013	0.026	0.051	−0.814	0.034	−0.779	0.057	−0.155	−0.748	0.042	5
	（0.90）	（1.02）	（0.72）	（0.38）	（1.13）	（0.97）	（1.14）	（0.00）	（0.21）	

注：每格数据上面为均值，下面为标准差。

三、广东制造业行业创新特征实证分析

（一）模型构建

面板数据模型主要分为混合估计模型、变系数或变截距模型，而在后面两种面板数据计量分析中，固定效应与随机效应模型是最为常用的两种模型。本书选择残差协方差检验选择适当的面板数据模型，依据1%显著性水平下的检验结果选择了变截距与变系数模型，我们将两种分析方法的回归方程表示如下。

随机效应模型：

$$ER_{it} = \alpha_1 PAP_{it} + \alpha_2 TIF_{it} + \beta_1 IP_{it} + \beta_2 NPF_{it} +'$$
$$\gamma_1 LAB_{it} + \gamma_2 CP_{it} + \gamma_3 RAW_{it} + \lambda_1 LP_{it} + c_i + \varepsilon_{it}$$

固定效应模型：

$$ER_{it} = \alpha_1 PAP_{it} + \alpha_2 TIF_{it} + \beta_1 IP_{it} + \beta_2 NPF_{it} +'$$
$$\gamma_1 LAB_{it} + \gamma_2 CP_{it} + \gamma_3 RAW_{it} + \lambda_1 LP_{it} + b + \mu_i + \varepsilon_{it}$$

式中，下标 i 代表不同的产业类型，下标 t 代表不同的年度。在上述两个模型中 μ_i 和 c_i 代表潜在的、没有列入模型中的影响因素，其中 μ_i 服从随机分布，c_i 表示与行业相关的常数，ε_{it} 代表残差项。上述模型中 α_1、α_2 与 β_2、β_2 四个系数是我们最为关心的，因为它们代表模仿性创新与原创性创新两种创新模式。

进一步，依据随机效应 Hausman 检验结果，决定是随机效应模型还是固定效应模型。在使用全部样本进行回归后，所得的残差项 ε 与 PAP、TIF、NPE、LAB、CP、RAW 和 LP 等各解释变量之间的相关系数均很小，即上述解释变量间基本不相关，可表述为：E（PAP、TIF、NPE、LAB、CP、RAW、LP，ε）$=0$。

（二）产业分组与回归结果

经 Hausman 检验，追赶型产业、领先型产业、转移型产业采用固定效应模型较为合适，而弯道超车型产业以及战略型产业采用随机效应模型。考虑已有关于专利与经济增长、产业结构等方面的实证研究，均反映出专利的产出与经济增长等变量有一个滞后关系。为确保研究的严谨性，本书对上述实证，将专利产出分为当前期、滞后一期、滞后二期和滞后三期分别进行了实证。计量结果显示，这四个时间段的结果差异不明显，即此处的专利产出作用因变量的滞后效应不明显，为不使计量结果在表述时过于复杂，也考虑其他变量的情况，本书还是采用专利产出的当期数据来表达，如表5-8所示。

表5-8　广东五类产业面板数据计量结果

因变量\自变量	追赶型产业（ER）		弯道超车型产业（ER）		转移型产业（ER）		领先型产业（ER）		战略型产业（ER）	
	固定效应	随机效应	固定效应	随机效应	固定效应	随机效应	固定效应	随机效应	固定效应	随机效应
PAP	0.0723^* (0.065)	0.1026^{**} (0.003)	0.2153^* (0.179)	0.3017^* (0.064)	0.0654 (0.229)	0.0923 (0.265)	0.1616 (0.203)	0.1813^* (0.079)	0.0697^* (0.064)	0.0516 (0.229)
TIF	0.2973 (0.172)	0.3145 (0.143)	0.0687 (0.102)	0.1012 (0.124)	0.2418 (0.885)	0.1573 (0.172)	0.0745 (0.143)	-0.0987 (0.102)	0.5472 (0.124)	0.5614^* (0.085)
IP	-0.0164 (0.154)	-0.0272 (0.202)	-0.0035^* (0.074)	-0.0021 (0.159)	-0.0247 (0.788)	-0.0164 (0.154)	0.0915^{**} (0.002)	0.1265 (0.154)	-0.0352 (0.050)	-0.0139 (0.788)
NPF	-0.1654 (0.198)	-0.1354 (0.148)	-0.1451^* (0.073)	-0.1423 (0.221)	-0.0354 (0.253)	-0.0654 (0.198)	0.3254 (0.148)	0.5351^* (0.073)	-0.2345^{***} (0.001)	-0.2168 (0.153)
LAB	1.1932^* (0.076)	1.1165^* (0.081)	1.2921 (0.260)	1.1563 (0.142)	1.1472^{***} (0.000)	1.1932^* (0.076)	-1.1165 (0.181)	-1.2921 (0.160)	1.1365^* (0.142)	1.1463 (0.102)
CP	0.2216^{**} (0.021)	0.2537 (0.067)	0.2372^{**} (0.017)	0.2751^{**} (0.025)	0.2538 (0.179)	0.2536 (0.321)	0.2437 (0.067)	0.2372^{**} (0.017)	0.2147^{**} (0.025)	0.1538^* (0.079)
RAW	-0.2152 (0.272)	-0.2771^{**} (0.015)	-0.2481 (0.186)	-0.3465 (0.634)	-0.8492^* (0.064)	-1.4578^* (0.145)	-0.1457 (0.147)	-0.1481 (0.186)	-0.3845 (0.547)	-0.3467 (0.345)
LP	-0.2345 (0.206)	0.3214 (0.521)	-0.9213 (0.315)	0.5138 (0.360)	-0.3134 (0.117)	-0.4047 (0.214)	-0.8146 (0.323)	0.9108 (0.235)	0.8059 (0.178)	0.7026 (0.228)

续表

因变量 / 自变量	追赶型产业（ER）		弯道超车型产业（ER）		转移型产业（ER）		领先型产业（ER）		战略型产业（ER）	
	固定效应	随机效应	固定效应	随机效应	固定效应	随机效应	固定效应	随机效应	固定效应	随机效应
x^2统计量 [p值]		138.1 [0.0000]		54.3 [0.0000]		114.2 [0.0000]		176.2 [0.0000]		47.6 [0.0000]
F统计量 [p值]	8.46 [0.0702]		0.91 [0.6610]		32.78 [0.0000]		35.46 [0.0000]		0.75 [0.7030]	
R^2	0.6841	0.5421	0.5632	0.5421	0.6045	0.5427	0.6045	0.5847	0.6231	0.5842
Hausman检验 [p值]	Chi2（8）=20.34 [0.0214]		Chi2（8）=1.34 [0.8014]		Chi2（8）=26.34 [0.0023]		Chi2（8）=32.34 [0.0215]		Chi2（8）=2.34 [0.9015]	
样本组数	5	5	6	6	11	11	4	4	5	5
样本总数	45	45	54	54	99	99	36	36	45	45

注：①*、**、***分别代表在10%、5%和1%水平上显著。数据来源：stata12.0计算获得；②每格数据上面为计量结果，下面为P值。

（三）实证结论分析

综合考虑标准回归系数，这些变量对行业增加值增长率（ER）的影响程度是不同的，依照多元回归的计量理论，实证结果如下所示。

追赶型产业各自变量对 ER 的影响程度较大的指标归类为：资本投资强度（CP）、劳动力投入（LAB）、实用、外观专利产出率（PAP）对 EVA 影响较为显著，弹性系数分别为 0.2216、1.1932 和 0.0723。由此，对于广东追赶型产业而言，模仿性创新能力对其影响最为明显，而生产要素中的资本、劳动力对产业的影响也较为显著。

领先型产业各自变量对 ER 的影响程度较大的指标归类为：新产品销售收入强度（NPF）、实用、外观专利产出率（PAP）、资本投资强度（CP）对 ER 的影响较为显著，弹性系数分别为 0.5351、0.1813 和 0.2372。由此，对于广东领先型产业而言，原创性创新能力对其影响较为明显，另外模仿性创新与资本投资强度对该类产业的影响也较为显著。

转移型产业各自变量对 ER 的影响程度较大的指标归类为劳动力投入（LAB）、原材料投入（RAW）对 ER 的影响较为显著，弹性系数分别为 1.1472 和 –0.8492。由此，对于广东追赶型产业而言，原创性创新能力与模仿性创新能力对其影响均不显著，而生产要素中的劳动力投入对广东转移型产业竞争力的影响则较为显著。

弯道超车型产业各自变量对 ER 的影响程度较大的指标归类为：资本投资强度（CP）、实用、外观专利产出率（PAP）对 ER 的影响较为显著，弹性系数分别为 0.2751 和 0.3017。由此，对于广东追赶型产业而言，资本投资强度对其影响较为明显，而模仿性创新能力的影响也较为显著。

战略型产业各自变量对 ER 的影响程度较大的指标归类为：资本投资强度（CP）、技术引进经费强度（TIF）对 ER 的影响较为显著，弹性系数分别为 0.1538 和 0.5614。由此，对于广东战略型产业而言，模仿性创新能力对广东战略型产业的影响较显著，另外资本投资强度对该类产业的影响也较为显著。

四、广东制造业分行业创新投入产出效率分析

（一）测评系统的构建和评价指标的确立

我们把产业投入和产出的整体效率分为三个方面：创新投入能力、创新产出能力和综合创新效率，三类指标体系的各项具体指标如图5-1所示，分别用A_1—A_9来表示。

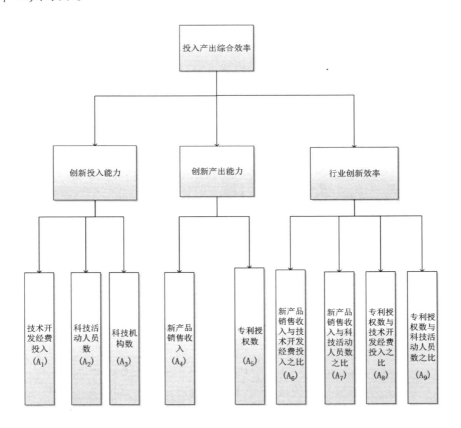

图5-1　广东分行业创新投入产出效率综合评价模型

（二）分行业创新投入产出综合效率测评

根据上述指标体系，本节采用与上一节一样的定义，将各行业分为领先型、战略型、弯道超车型、追赶型、转移型五类产业指标数据进行无量纲化处理

（见表5-9）。

表5-9　广东创新投入产出综合效率指标无量纲化数据

产业分类	A_1	A_2	A_3	A_4	A_5	A_6	A_7	A_8	A_9
追赶型	0.1783	0.2215	0.1681	0.1822	0.0493	0.4967	0.4155	0.2129	0.1989
领先型	0.8312	0.5868	0.5689	0.8206	0.1703	0.4798	0.5534	0.1555	0.2005
转移型	0.3039	0.1508	0.2135	0.2354	0.0567	0.3767	0.4228	0.1432	0.1797
弯道超车型	0.3935	0.2554	0.2249	0.5864	0.2192	0.7242	0.9988	0.4235	0.6524
战略型	0.1691	0.1171	0.1263	0.2326	0.1018	0.6677	0.704	0.4591	0.5405

数据来源：2014年广东统计年鉴、工业统计年鉴和科技统计年鉴。

运用层次分析法，各层次的判断矩阵、相应的权重[1]如下：

$$p_1 = \begin{bmatrix} B_1 & B_2 & B_3 \\ B_2 & B_2 & B_3 \\ B_3 & B_3 & B_3 \end{bmatrix} = \begin{bmatrix} 1 & 1/2 & 2 \\ 2 & 1 & 3 \\ 1/2 & 1/3 & 1 \end{bmatrix}$$

$$P_2 = \begin{bmatrix} A_{11} & A_{12} & A_{13} \\ A_{21} & A_{22} & A_{23} \\ A_{31} & A_{32} & A_{33} \end{bmatrix} = \begin{bmatrix} 1 & 2 & 4 \\ 1/2 & 1 & 3 \\ 1/4 & 1/3 & 1 \end{bmatrix}$$

$$P_3 = \begin{bmatrix} A_{44} & A_{45} \\ A_{54} & A_{55} \end{bmatrix} = \begin{bmatrix} 1 & 3 \\ 1/3 & 1 \end{bmatrix}$$

$$P_4 = \begin{bmatrix} A_{66} & A_{67} & A_{68} & A_{69} \\ A_{76} & A_{77} & A_{78} & A_{79} \\ A_{86} & A_{87} & A_{88} & A_{89} \\ A_{96} & A_{97} & A_{98} & A_{99} \end{bmatrix} = \begin{bmatrix} 1 & 3 & 5 & 6 \\ 1/3 & 1 & 3 & 4 \\ 1/5 & 1/3 & 1 & 2 \\ 1/6 & 1/4 & 1/2 & 1 \end{bmatrix}$$

---

[1] 考虑投入产出效率涉及投入、产出与效率的评价项指标，总体来说，投入少，而产出大，效率指标高则为创新效率高，因此在指标权重设计时，也充分斟酌了上述问题，投入指标也在创新效率指标中，只是在投入项指标权重设计上，较多投入与较少投入项指标权重微妙地反映在这些权重设计中。

各层次一致性检验结果均为满意，其相应的权重和一致性检验结果如下：

$\zeta 1 =$（0.2970，0.5396，0.1634），CR1＝0.0076 < 0.1

$\zeta 2 =$（0.5584，0.3196，0.1220），CR2＝0.0142 < 0.1

$\zeta 3 =$（0.75，0.25），CR3＝0.000 < 0.1

$\zeta 4 =$（0.5622，0.2581，0.1103，0.0693），CR4＝0.0241 < 0.1

依据上述结果，对广东制造业31个行业分五类产业的创新投入产出效率进行计算，从上表可以得出各类行业的创新投入产出综合效率及创新投入、产出、效率计算结果如表5-10所示。

原创性创新特征显著的领先型创新投入产出综合效率明显高于模仿性创新特征明显的弯道超车型、追赶型、战略型和转移型产业；从投入的单项来看，模仿性创新（战略型和转移型）的创新投入较原创性创新要大，但产出却排名最后两位；从行业创新效率来分析，原创性创新（领先型）明显较模仿性创新（弯道超车型、追赶型、战略型和转移型）高。

表 5-10　广东分行业创新效率比较

排名次序	综合效率		投入能力		产出能力		创新效率	
1	领先型	0.9102	战略型	0.9270	领先型	0.6592	领先型	0.8268
2	弯道超车型	0.7445	领先型	0.9006	弯道超车型	0.7261	弯道超车型	0.7551
3	追赶型	0.6729	弯道超车型	0.7523	追赶型	0.6792	战略型	0.6894
4	战略型	0.5268	转移型	0.7139	战略型	0.4858	追赶型	0.6372
5	转移型	0.4875	追赶型	0.2341	转移型	0.4502	转移型	0.6164

数据来源：通过 matlab7.0 计算而得。

五、小结

以广东制造业行业的相关数据进行实证检验，从总体上来看，如表5-11所示，不同行业的发展驱动特征是有差别的，其中，领先型行业呈现出原创性创新与模仿性创新的双重特征，而追赶型、转移型、弯道超车型和战略型产业呈现出模仿性创新的驱动特征。进一步分析表明，不同创新模式驱动下的行业，其投入产出率也存在明显差距，原创性创新驱动下的领先型产业的创新投入产出效率明显优于其他四类行业。

表5-11　广东制造业分行业技术创新模式与特征

创新模式 ⟍ 产业类型	原创性创新驱动特征	模仿性创新驱动特征
追赶型产业	不显著	显著
领先型产业	显著	显著
转移型产业	不显著	不显著
弯道超车型产业	不显著	显著
战略型产业	不显著	显著

资料来源：作者根据实证结果整理而得。

通过经验解析，验证了原创性创新的投入产出效率较模仿性创新占优这一经验事实。

第六章　广东传统经济增长方式与模仿性创新

在经济增长方式的研究中，原创性创新究竟能产生多大影响，需要从现实的经济发展中去验证，经济增长方式宏观上表现为经济增长、产业国际竞争力提升、产业结构优化几个方面，难以用一个单一的模型或指标来衡量，基于地区经济增长方式的数据可得性考虑，在实证部分，本书主要选取广东、珠三角地区的经济指标进行分析和考察。通过对广东经济增长方式转变的主要历程以及珠三角地区9市的经济增长方式驱动因素计量分析，来判断广东原创性创新所产生的效应。

一、广东经济增长方式转变的主要历程、阶段与特征

（一）主要历程

改革开放以来，广东产业结构演进主要经历了四次重大转变。1978—2015年，广东GDP年均增长12.6%，比同期全国年均增速高3个百分点左右，是同期世界经济年均增速的四倍，1989年以来连续27年保持中国第一经济大省地位，经济规模先后超越亚洲"四小龙"中的新加坡、中国香港和中国台湾[1]。2015年，

---

① 根据世界银行分类，人均国民收入（GNI）1025美元及以下为低收入经济体，1026—4035美元之间为中下等收入经济体，4036—12475美元之间为中上等收入经济体，12467美元及以上为高收入经济体。GNI=GDP–外国居民在本国创造的收入＋本国居民在外国创造的收入。吸引外资较多的国家GNI小于GDP，对外投资较多的国家GNI大于GDP。2012年，中国GDP折合82271亿美元，GNI折合82036亿美元；日本GDP折合59597亿美元，GNI折合61488亿美元。

广东人均GDP达10838美元，已迈入中上等收入经济体的新门槛。

1. 第一次重大跃变期：以农业为主的工业化早期

改革开放伊始，广东创造性运用中央赋予的"特殊政策、灵活措施"，充分发挥毗邻港澳的地缘优势，促进经济发展，建立经济特区。在农业经济基础上和卖方市场条件下优先推进农业化，以成本比较优势大量承接港澳制造业转移，以食品饮料、纺织服装产业满足当时市场消费的需要，形成了"广货"在全国市场的独特优势。以"外向带动"战略和"前店后厂"模式，走出一条独特的"替代进口"、工业化与进出口相互促进的发展道路。1980—1989年，广东GDP年均增长13.3%，比同期全国年均增速高3.6个百分点，经济规模超过江苏跃居全国第一，从一个发展落后的农业省蜕变为发展领先的经济龙头省，至此，广东杀出一条血路，实现经济起飞。

2. 第二次重大提升期：迈入工业化中期

随着工业化进程的推进和消费环境的变化，特别是1992年"小平南巡"提出"20年追赶亚洲'四小龙'目标"，广东开始"补短板"，大搞服务业基础设施，发展商贸流通业，并掀起新一轮改革开放热潮，迎来历史上经济增长最快的一段时期，实现经济腾飞。但"前店后厂"的合作模式，使大部分生产性服务业功能为香港所控制。1990—2000年，广东省GDP年均增长15.1%，比同期全国年均增速高4.6个百分点，全国经济第一大省的地位得到巩固和强化。随后几年，由于国家实行严格的宏观经济调控政策以及亚洲金融危机冲击，广东省经济增速回落到10%左右。

3. 第三次重大调整期：工业适度重型化

2001年，中国成功加入世贸组织，作为经济外向度最高的省份，广东积极参与全球化进程和国际分工合作，开放型经济优势充分发挥，实现跨越式发展。随着全国的全方位开放，特别是1997年亚洲金融危机爆发，广东产业结构偏轻、比较优势弱化和国际竞争力下降等矛盾凸显，开始实施"适度重型化"和"产业高级化"战略，汽车、石化、电子、生物、医药、新材料等一批产业脱颖而出，推动广东GDP在"十五"（2001—2005年）重回14%左右的快速增长。2002—2007年，广东省进出口总额从2211亿美元增长到6340亿美元，GDP年均增长14.3%，比同期全国年均增速高2.8个百分点。人均GDP达到4376美元，从中下等收入经济体迈入中上等收入经济体，但是，地区之间的发展差距越来越大，产业主要集中在珠三角地区。

4. 第四次重大转变期：迈入工业化中后期

2008年，国际金融危机全面爆发，广东外向型经济遭受前所未有的冲击，"十一五"时期是第四次的开始，广东提出建立现代产业体系、"双转移"等战略，加快推进产业结构的转型升级。2008—2015年广东规模以上工业和制造业增加值增速如图6-1所示，2014年，广东全部工业增加值29144.15亿元（其中，规模以上工业增加值28188.69亿元，规模以上制造业增加值25265.42亿元），占全省GDP的43.0%，占全国工业增加值的12.8%，位居各省市前三名。2008—2015年，广东省规模以上工业增加值年均增长率为10.4%，其中规模以上制造业增加值年均增长率为11%，占规模以上工业比重由2008年的88%上升至2015年的90.1%。

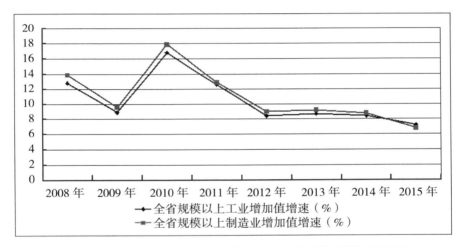

图6-1 2008—2015年广东规模以上工业和制造业增加值增速

资源来源：相关年份的《广东统计年鉴》数据。

2013年，广东规模以上制造业增加值达26375亿元，按单独经济体排位，已从2008年的世界第11位上升至目前的第5位（世界各经济体制造业排名见表6-1）。

表6-1 2013年广东省与世界各经济体制造业排名

排名	经济体	制造业增加值百万美元	占GDP比重%	占世界比重%
1	中国	2740699	29.85	23.49
2	美国	2028500	12.10	17.39

排名	经济体	制造业增加值百万美元	占GDP比重%	占世界比重%
3	日本	916844	18.72	7.86
4	德国	745240	19.98	6.39
5	中国广东	425870	11.42	3.65
6	韩国	370393	28.39	3.17
7	意大利	287482	13.37	2.46
8	法国	285587	10.18	2.45
9	俄罗斯	267591	12.76	2.29
10	巴西	247995	11.05	2.13
11	英国	231198	8.63	1.98

资料来源：参考德勤全球制造业组与美国竞争力委员会（U.S. Council on Competitiveness）发布的《2013全球制造业竞争力指数》。

但世界金融危机的爆发中断了这一进程，大量流动性的注入给市场释放了虚假的需求信号，低端、模仿和过剩产能被保住，2008—2014年，广东GDP年均增长9.4%，远低于上述三个阶段的经济增速，2012年以来已经滑落到个位数增长。随着中西部后发优势凸显、发展速度加快，沿海省市经济增速不断下滑，广东更为明显。2008—2015年，广东GDP年均增速排名全国第28位，仅高于上海、北京和浙江，结构性矛盾成为广东经济下行的最大原因，广东在外部环境的倒逼下开始新一轮的经济结构大调整。

（二）经济发展阶段判定

改革开放以来，广东凭借"先行先试"的政策优势、"敢为人先"的创新精神以及"毗邻港澳"的区位优势，完全融入全球化分工，成了世界工厂，实现经济持续30多年的快速发展，地区生产总值从1978年的185.9亿元增至2015年的72812.55亿元，年均增长12.6%，基本上呈现每6年翻一番的态势。产业结构演变历程如图6-2所示。

在经济发展的同时，产业结构也得到了调整，第一、二、三产业占GDP的比例结构由1978年的29.8：46.6：23.6，调整为2015年的4.6：44.6：50.8，从产业变化趋势看，第一产业占 GDP 比重逐年下降，第三产业逐步上升，第二产业呈现小幅波动式上升趋势。由于广东工业化进程起步较晚，产业结构高级化过程并不是界线分明地按上述三个阶段来演进，更多地表现为各个阶段的演进和过渡，比发达国家经历的时间要短。

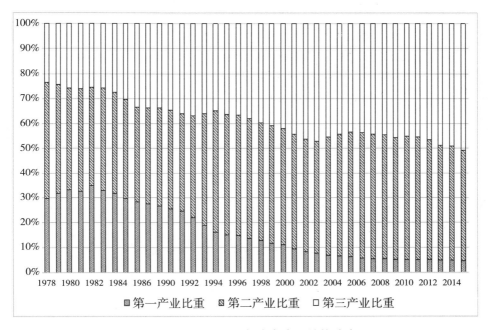

图 6-2　1978—2015 年广东产业结构演变图

数据来源：广东统计年鉴2015、2015 年广东国民经济和社会发展统计公报。

1. 评价指标和标准设计

结合钱纳里、库兹涅兹、赛尔奎等人理论，我们选择以下指标来构造广东经济发展阶段的评价体系（如表6-2所示），具体说来，包括五方面的指标：经济发展水平方面，选择人均 GDP 为基本指标；产业结构方面，选择一、二、三产业增加值比为基本指标；工业结构方面，选择制造业增加值占总商品生产部门增加值的比重为基本指标；空间结构方面，选择城市化率为基本指标；就业结构方面，选择第一产业就业占比为基本指标，再结合相关理论研究和国际经验估计确定了工业化不同阶段的标志值。

表 6-2　广东经济发展阶段评价指标和标准

发展阶段 基本指标		前工业化阶段（初级产品生产阶段）	工业化实现阶段			后工业化阶段	
			工业化初期	工业化中期	工业化后期	发达经济初级阶段	发达经济高级阶段
经济发展水平（人均 GDP）	1970年美元	140–280	280–560	560–1120	1120–2100	2100–3360	3360–5040
	2000年美元	511–1022	1022–2043	2043–4085	4085–7659	7659–12255	12255–18382
	2014年美元	1165–2330	2330–4660	4660–9315	9315–17465	17465–27945	27945–41917
产业结构（三次产业比）		A>I	A>20% A<I	A<20% I>S	A<10% I>S	A<10% I<S	
工业结构（制造业增加值占总商品增加值比重）		20% 以下	20%–40%	40%–50%	50%–60%	60% 以上	
空间结构（城市化率）		30% 以下	30%–50%	50%–60%	60%–75%	75% 以上	
就业结构（第一产业就业人员占比）		60% 以上	45%–60%	30%–45%	10%–30%	10% 以下	

注：①表中 A、I、S 分别代表第一、第二和第三产业增加值占 GDP 的比重。②约翰·科迪等学者研究提出，根据制造业增加值在总商品生产部门增值额中所占的份额来划分工业化阶段。其中，制造业是工业的主体部分，总商品生产增加值大体上相当于物质生产部门中第一产业与第二产业的增加值之和。

2. 广东已跨入中高收入经济体行列

改革开放以来，广东经济蓬勃发展，人均地区生产总值从 1978 年的 477 元提高到 2015 年的 67503 元，达到 10838 美元，按照世界银行的划分标准，广东已经跨越至中高收入经济体行列，按照钱纳里标准，广东经济发展已进入工业化中后期，并向后期转化的阶段。与世界各国相比，目前广东与罗马尼亚（8666

美元^①）、马来西亚（8617美元）、南非（8342美元）等国处于同一水平，也与1973年后的日本以及90年代初期的韩国基本相当。

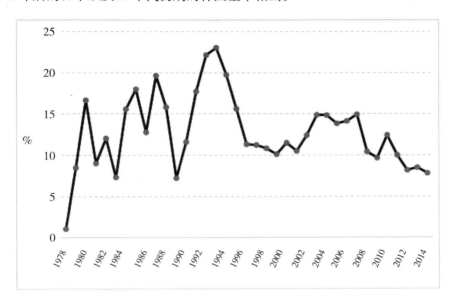

图 6-3　改革开发以来广东经济增长率走势图

资料来源：根据历年的《广东统计年鉴》相关数据绘制。

如图6-3所示，当前，广东经济发展已经跨越高速增长阶段（"八五"期间最快，年均增速19.6%），步入次高速增长阶段（2015年为8.0%），处于工业化后期，其中，珠三角地区处于工业化后期，粤东西北地区向工业化中期迈进。在此阶段，广东经济发展特征为：一是高投资，投资对经济的拉动力仍较强，投资率虽已越过"马鞍型"曲线的顶部（44.9%，1993年）处于下降阶段，但2011年仍达39.5%，未来一段时期广东投资对经济的拉动仍保持强劲。二是以重工业为主，2014年第二产业对广东经济增长的贡献率为49.1%，从工业内部结构看，处于重化工业阶段，规模以上轻重工业增加值比重由2001年的48∶52调整为2014年的39.1∶61，重工业比重年均上升0.9个百分点，第三产业比重相对稳定，2000—2014年期间维持在45%左右。

从生产要素使用角度看，广东处于资源（劳动力和资本）投入为主阶段后期，将或正在向资本与知识要素为主的阶段过渡。根据波特理论，当前广东经

---

① 数据来源：世界银行发布的2012年各国人均 GDP 最新排名。

济发展主要依靠劳动力及资本投入，地方政府与企业投资的意愿及能力依然很强。虽然地区的竞争优势仍受限于低劳动成本、大规模生产、应用现代设备的产业，但随着广东发展水平越靠近先进国家，可供广东学习引进的技术和经验就越少，自主创新的内在动力正逐步增强，产品技术含量与附加值不断提高。据统计，广东规模以上高技术制造业完成增加值占规模以上工业比重由2007年的20.4%上升至2015年的26.7%，年均提高0.8个百分点左右；R&D占GDP比重2015年为2.5%，远高于2007年的1.3%。

（三）主要特征

1. 国际贸易：外贸结构仍以货物贸易为主，附加值较低

从外贸结构来看，广东服务贸易比重偏低。2013年广东服务贸易额与货物贸易额比值为12.4%，与同期美国的29.6%、德国的22.2%、日本和韩国的19.7%，存在一定差距。与货物贸易相比，广东服务贸易发展相对滞后，总体对外开放程度较低，影响了国外先进技术、管理经验和制度的引进，在一定程度上也延缓了广东服务产业高端化发展步伐。

从出口产品结构看，广东高技术产品出口在外贸出口总额中始终保持较高比重，且高于美、德、日、韩等国。2013年广东高技术产品出口额占商品出口额比重超过40%，远高于2012年美国的18%、德国的16%、日本的17%和韩国的16%[①]。尽管广东高技术产业出口额保持较高的规模，但相当部分高技术制造企业为外资所控制，且该领域技术变化快，技术能力需要长期积累，本土高技术制造企业国际竞争力不足问题依旧突出，亟需提升高技术领域的自主创新能力。另一方面，高技术产业比重高不意味着附加值水平高，在上一轮全球价值链分工体系中，广东承接欧美发达国家的大部分高技术制造业低端加工制造和组装环节，其产品附加值率低于发达国家同类行业，甚至低于国内中、低技术制造业。

2. 广东科学研究和原始创新动力不足

广东劳动生产率水平处于相对低位，2013年，广东劳动生产率为1.64万美元/人，仅相当于2011年美国的16%、日本的23%、韩国的26%；其中，劳

---

① 广东的出口产品中，高技术产品占比较发达国家高的另一个关键原因为，国外的高技术产品的统计口径与我国的统计口径有差异，因此，该数据只能说明部分问题，并不能完全表示广东的出口产品结构优于其他发达国家。

动生产率为2.59万美元/人，相当于2011年美国的22%、日本的31%、韩国的27%；服务业劳动生产率为1.48万美元/人，相当于美国的16%、日本的22%、韩国的32%。在全球价值链分工体系加速重构、美国"再工业化"的大背景下，广东低成本优势难以为继，未来产业高端化须建立成本领先之外的竞争力。

国际上为了衡量一个地区经济发展中创新的开展程度和强度，用R&D/GDP进行衡量，根据表6-3可以看出，创新型国家研发投入强度较高，2012年美国、德国研发投入强度为2.79%、2.98%，日本、韩国更是高达3.35%、4.36%；金砖国家中，中国研发强度逐年稳步提高，2012年已接近2%，俄罗斯、印度、巴西相对较低，仅约为1%左右。广东研发投入强度比肩创新型国家，但与发达国家差距明显，广东制造企业2014年的研发强度（研发投入占销售收入的比重）为1.79%，虽高于全国平均水平12.58个百分点，但与发达国家，特别是创新型国家相比，广东仍有一定差距。主要表现在：从人力投入看，2013年广东万人从业人员中R&D人员数为82人年，仅相当于2012年德国（142人年）的58%、日本（133人年）的62%、韩国（160人年）的51%。2013年，在广东1443.45亿元的研发经费支出中，科学研究经费仅为136.59亿元，仅占9.5%。研发支出结构的不合理，造成广东原始创新能力不足，2013年广东技术自给率高达69.8%，但核心技术自给率远低于创新型国家。

表6-3 研发经费支出（R&D）占GDP比重

单位：%

国别	1995年	2000年	2005年	2008年	2010年	2012年
中国	0.64	0.90	1.32	1.47	1.77	1.98
美国	2.51	2.74	2.62	2.84	2.83	2.79
日本	2.92	3.04	3.32	3.45	3.26	3.35
德国	2.19	2.45	2.48	2.69	2.82	2.98
瑞典	3.28	4.18①	3.60	3.70	3.40	
瑞士	2.65②	2.53	2.90③	2.99		
芬兰	2.26	3.34	3.48	3.70	3.88	
韩国	2.37	2.39	2.98	3.36	3.74	4.36
俄罗斯	0.85	1.05	1.07	1.04	1.16	

国别	1995 年	2000 年	2005 年	2008 年	2010 年	2012 年
印度	0.71	0.86	0.61	0.76	0.87	0.88
巴西	0.87	0.99	0.83	1.09	1.18④	

数据来源：科技统计信息中心（www.sts.org.cn），①为2001年数；②为1996年数；③为2004年数；④为2009年数。

上述分析表明，在广东产业高端化和国际化进程中，在产业生产能力追赶到技术追赶的过程中，产业技术进步也经历了从模仿制造、引进技术到自主研发的过程，但广东相当部分企业还是技术追赶型，而不是技术领先型。

3. 产业结构：与发达国家的差距较大

世界经济发展的进程表明，经济发展水平越高，第三产业在国内生产总值的份额就越大，因此服务业的发展水平已成为衡量经济发展水平、产业结构调整和优化的重要标志，是经济结构调整和经济增长方式转变的重要举措。如表6-4所示，低收入国家和中等偏下收入国家第三产业增加值占GDP比重较低，约为45%~47%，第一产业在三产结构中仍占据了较大的比重。高收入国家服务业比重最高，平均达70%以上，第一产业占比相应最低。也就是说，随着人均GDP的提高，某一地区由低收入国家逐步向高收入国家演进，其产业结构演进的一般规律是由"一二三"模式，经过"二一三"模式和"二三一"模式，转变为"三二一"模式。

表6-4 低中高收入国家产业结构的国际比较

指标　类别	人均 GDP（美元）		占 GDP 比重（%）					
			第一产业		第二产业		第三产业	
	2000	2008	2000	2008	2000	2008	2000	2008
世　界	5265	8613	3.6	3.0①	29.2	28.0①	67.2	69.0①
低收入国家	291	524	32	24.8②	24.1	27.7②	44	47.5②
中等收入国家	1322	3260	11	10.1	35.4	36.9	53.6	53
中等偏下收入国家	773	2078	16.8	13.7	39.4	40.8	43.8	45.5
中等偏上收入国家	3397	7878	6	6	32	32.6	62	61.4

指标＼类别	人均GDP（美元）		占GDP比重（%）					
			第一产业		第二产业		第三产业	
	2000	2008	2000	2008	2000	2008	2000	2008
中低收入国家	1155	2789	11.9	10.5	34.9	36.6	53.2	52.9
高收入国家	25883	39345	1.8	1.4①	28	2.18①	70.2	72.5①
广东	1538	5579	9.2	5.4	46.5	50.3	44.3	44.3

①2006年数据；②2007年数据。

数据来源：世界银行数据库：http：//data.worldbank.org.cn/。

广东第三产业的比重由1978年的23.6%上升到2015年的50.8%，总体趋势随着人均国内生产总值水平的增加，趋势呈上升趋势。特别是在生产性服务业以及信息消费、网购、快递、高铁出行等服务业新业态迅猛发展推动下，2014年广东现代服务业发展迅速，全年实现增加值增长9.0%，占服务业增加值比重达58.4%，占比同比提高0.6个百分点。但与人均GDP相近的中上等收入国家相比，距中上等收入国家61.4%的平均水平还有一定差距，与高收入国家72.5%的平均水平差距更大，因此，总体说来，广东服务业占GDP比重仍偏低，发展相对较慢，未来还需进一步提升和加强，推动产业结构更加优化。

二、广东经济增长方式转变的驱动因素计量分析：以珠三角为例

（一）实证模型构建的理论背景

关于创新驱动区域经济内生增长的实证模型，近年来已有一些学者从地区层面进行了实证研究（Davelaar，1991；Oakey，1984；Badinger & Tondl，2002），这里借鉴巴丁杰和汤德尔（Badinger & Tondl，2002）采用的新古典增长与内生增长模型以及技术追赶理论，假定区域生产函数为一个扩大的柯布—道格拉斯生产函数，即：

$$Y = AK^{\alpha}H^{\beta}L^{\gamma} \tag{6-1}$$

式中，Y 代表地区生产总值；K 代表物质资本存量；H 代表人力资本存量；L 代表劳动力。假设规模报酬不变，则 $\gamma = 1 - \alpha - \beta$，公式（6-1）变化为：

$$\ln GDP = A + \alpha * \ln K + \beta * \ln H + \gamma * \ln L \tag{6-2}$$

一般情况，技术进步（A）是创新活动或技术追赶的结果。此外，一些外生的技术进步因素将忽略。我们假定技术进步是由区域自身的研究活动所驱动的（Romer，1990），在这种情况下，技术进步（A）将由研发部门按照下述生产函数产生，即：

$$\Delta \ln A_t = \phi H_A \tag{6-3}$$

这意味着，技术进步（A）的增长率（$\Delta h\,A$）是研发部门所雇用的人力资本水平（H_A）的函数。在实证研究中，由于地区数据的限制，直接度量 H_A 通常比较困难，因而往往寻找一些替代指标，如具有一定教育水平的就业数量来代表的人力资本存量（H），由此可得：

$$\Delta \ln A_t = \phi_2 h_t \tag{6-4}$$

这里，我们可以采用研发部门的产出指标来度量区域自身的研发活动，如人均拥有的专利申请数量（PAT）等，由此得到新的技术进步（A）增长率方程：

$$\Delta \ln A_t = \phi_3 Pat_t \tag{6-5}$$

除区域自身的研发活动外，技术进步的第二个来源是技术转移，它使落后地区能够在技术上追赶先进地区。一般说来，技术差距越大，追赶的潜力也就越大，A 的增长率就越高。从理论上讲，技术差距可以用全要素生产率（A）来衡量。然而，由于 A 不能直接观察，因而可以采用劳动生产率（Y^*）作为替代指标。区域追赶过程意味着 A 的增长由下决定：

$$\Delta h\,A_t = \eta_2 h_t \left(\frac{y^*_{MAX,t} - y^*_t}{y^*_t} \right) = \eta_1 GAP_t \tag{6-6}$$

其中，$y^*_{MAX,t}$ 是技术领导者的生产率水平；η_1 表示技术差距（GDP）缩小的速度。当然，这种技术追赶是难以自身来实现的，它需要能够吸收和利用新技术的人力资本（H）。纳尔逊和费尔普斯（Nelson 和 Phelps，1966）认为，追赶系数（η_1）是 H 的非递减函数。据此，可以将追赶过程表示为：

$$\Delta h \, A_t = \eta_2 h_t (\frac{y*_{MAX,t} - y_t^*}{y_t^*}) = \eta_2 h_t GAP_t \qquad (6-7)$$

公式（6-7）表明，如果人力资本保持不变，具有较低初始生产率水平的地区将保持较高的生产率增长。反过来说，对于一个既定的技术差距，较高的人力资本水平将对应一个较快的追赶速度，进而将拥有一个较高的技术进步（A）速度。

最后，区域自身的研发活动也是缩小技术差距的必要条件。一般认为，那些拥有自己的研发活动的地区，通常会形成一些特殊的技术诀窍和知识，它将有利于该地区更容易地吸收和消化新技术。用公式表达就是：

$$\Delta \ln A_t = \eta_3 Pat_t (\frac{y*_{MAX,t} - y_t^*}{y_t^*}) = \eta_3 Pat_t GAP_t \qquad (6-8)$$

将公式（6-7）和公式（6-8）代入公式（6-2），将投入产出改为 GDP 增长方程式，即：

$$\Delta \ln GDP_t = \delta + \alpha \Delta \ln k_t + \beta \Delta nh_t + \gamma \Delta \ln PAT_t \qquad (6-9)$$

由此可见，区域人均产出的增长可以由要素积累（$\Delta h\, k, \Delta h\, h$）和技术增长（$A$）来解释，而技术增长则由外生的技术进步率（$\delta$）、区域的自主创新能力（这里用 pat 来度量）以及一个以人力资本或专利为条件的追赶因素所决定的。变量 $\Delta h\, PART$ 控制了参与率的变化，采用上述方法可以估计人力资本和创新对区域增长的影响，在巴丁杰和汤德尔（Badinger & Tondl，2002）的研究中，还将进出口贸易因素引入了增长方程。

（二）变量选择与数据处理

1. 变量选择与数据来源

鉴于前面章节的理论分析，综合考虑因变量为：经济效益指数（EX）则以人均 GDP 的增长率为核算；国际贸易竞争指数（ER）指进出口贸易的差额占进出口贸易总额的比重；产业结构优化（IX）采用产业结构层次系数来表达，表达式为：$W = \sum_{k=1}^{3} \sum_{j=1}^{k} \theta_j$，式中，$j$ 代表行业的数量，θ 代表各行业增加值占

GDP 的比重，系数越大，其产业结构也越高。结合第四章第二小节关于原创性创新与模仿性创新的数量化分析，解释变量为：反映模仿性创新特征指标的实用、外观专利产出率以及反映原创性创新特征指标的发明专利产出率。新结构经济学认为一个经济体的经济结构内生于它的要素禀赋结构，持续的经济发展是由要素禀赋的变化和持续的技术创新推动的。而一个地区的要素禀赋在任意特定的时期是给定的，但随着时间推移是可变的，它决定了一个地区的比较优势，并从而决定了该地区的产业结构等（林毅夫，2014），因此，要素因素一定为模型所要考虑的对象。控制变量为生产要素类指标项：劳动力投入（ LAB ），用年末从业人员总数的增长率来表示；资本投入（ CP ），即总资产贡献率的增长率，用新增固定资产来反映；原材料投入（ RAW ），即每年的原材料价格指数增长率。另外，王庆年（2011）指出，知识溢出等价于全要素生产率的大小，考虑数据的可获得性，本研究也将全员劳动生产率增长率表征知识溢出（ LP ）的特征指标项。数据主要来源于珠三角各市统计年鉴和广东省知识产权公共信息综合服务平台（数据库）。

2. 变量描述性统计

如图6-4所示，珠三角地区的国际贸易指数、产业结构优化指数与经济效应指数的计算表明：三大指数整体波动不大，呈较平稳的上升趋势。

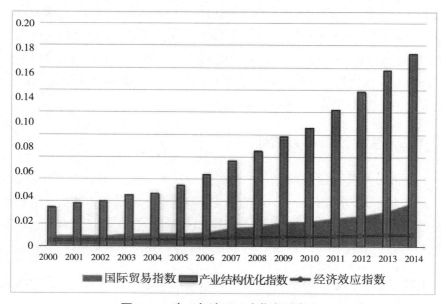

图6-4　珠三角地区三大指数趋势图

如表6-5所示，珠三角9市三大指数和8个解释变量环比增长速率的相关统计数据表明：珠三角地区的三大指数环比增长速率除国际贸易指数外，其他两个指数波动较为平稳，先上升然后下降，国际贸易指数波动后，则稳步上升。发明专利产出率、实用、外观专利产出率、劳动生产率和劳动力、资本投入等变化相对比较平稳。

表6-5　珠三角地区9市实证变量的描述性统计

指标 年份	EX	NX	IX	PAP	IP	LAB	CP	RAW	LP	样本数
2000	0.0047	0.0087	0.0347	0.0371	0.0221	−0.012	0.088	0.0371	0.0201	9
	（0.61）	（0.59）	（0.49）	（0.44）	（0.38）	（0.13）	（0.14）	（0.03）	（0.23）	
2001	0.0049	0.0093	0.0379	0.0398	0.0254	0.0113	0.087	0.039	0.0202	9
	（0.25）	（0.54）	（0.11）	（0.22）	（0.62）	（0.57）	（0.05）	（0.20）	（0.23）	
2002	0.0051	−0.001	0.0405	0.0441	0.0269	0.0165	0.0917	0.0341	0.0229	9
	（0.01）	（0.23）	（0.07）	（0.28）	（0.51）	（0.47）	（0.03）	（0.24）	（0.14）	
2003	0.0058	0.0101	0.0456	0.0546	0.0129	−0.008	0.1042	0.0246	0.0272	9
	（0.11）	（0.50）	（0.05）	（0.34）	（0.27）	（0.25）	（0.14）	（0.37）	（0.33）	
2004	0.0058	−0.019	0.047	0.0561	−0.012	−0.012	0.1052	0.0251	0.0215	9
	（0.02）	（0.27）	（0.04）	（0.22）	（0.16）	（0.21）	（0.09）	（0.28）	（0.08）	
2005	0.0062	0.0108	0.0547	0.0572	0.0133	−0.031	0.1029	0.0127	0.0212	9
	（0.12）	（0.16）	（0.09）	（0.24）	（0.04）	（0.10）	（0.24）	（0.12）	（0.37）	
2006	0.0068	−0.016	0.0639	0.0612	0.0241	−0.026	0.1224	0.0267	0.0192	9
	（0.48）	（0.62）	（0.41）	（0.61）	（0.31）	（0.19）	（0.36）	（0.28）	（0.19）	
2007	0.0074	0.0158	0.0766	0.0467	0.0349	−0.012	0.1359	0.0167	0.0204	9
	（0.04）	（0.41）	（0.09）	（0.09）	（0.15）	（0.42）	（0.48）	（0.53）	（0.13）	
2008	0.0078	−0.017	0.085	0.0368	0.0143	0.0337	0.1432	−0.006	0.0208	9
	（0.01）	（0.18）	（0.58）	（0.45）	（0.02）	（0.43）	（0.52）	（0.15）	（0.51）	
2009	0.0083	0.0211	0.0981	0.0714	0.0237	0.0143	0.1148	−0.007	0.0213	9
	（0.42）	（0.07）	（0.25）	（0.35）	（0.53）	（0.37）	（0.05）	（0.27）	（0.52）	

续表

指标 年份	EX	NX	IX	PAP	IP	LAB	CP	RAW	LP	样本数
2010	0.0086	−0.021	0.1062	0.0376	−0.019	0.0413	0.1125	−0.006	0.0238	9
	（0.18）	（0.13）	（0.27）	（0.08）	（0.14）	（0.60）	（0.03）	（0.09）	（0.35）	
2011	0.0091	−0.014	0.1221	0.0485	0.0375	0.0148	0.1498	−0.007	0.0189	9
	（0.16）	（0.12）	（0.17）	（0.60）	（0.42）	（0.59）	（0.51）	（0.02）	（0.36）	
2012	0.0092	0.0269	0.1385	0.0387	0.0402	0.0261	0.1364	−0.008	0.0141	9
	（0.43）	（0.27）	（0.07）	（0.18）	（0.48）	（0.02）	（0.28）	（0.04）	（0.37）	
2013	0.0105	0.037	0.158	0.0491	0.0241	0.018	0.1453	−0.009	0.0125	9
	（0.24）	（0.48）	（0.15）	（0.13）	（0.07）	（0.25）	（0.08）	（0.54）	（0.38）	

注：每格数据上面为均值，下面为标准差。

（三）模型检验与实证分析

1. 实证模型设计与检验

（1）模型确立

借鉴上述原创性创新与区域经济增长的实证模型分析，将区域人均产出、进出口贸易以及产业结构优化等因素均引入这一实证模型中，考虑面板数据分析最常用的两类模型即随机效应模型和固定效应模型。

随机效应模型：

$$Y_{it} = \alpha_1 PAP_{it} + \alpha_2 IP_{it} + \beta_1 LAB_{it} + \beta_2 CP_{it} + \beta_3 RAW_{it} + \gamma_1 LP_{it} + c_i + \varepsilon_{it}$$

固定效应模型：

$$Y_{it} = \alpha_1 PAP_{it} + \alpha_2 IP_{it} + \beta_1 LAB_{it} + \beta_2 CP_{it} + \beta_3 RAW_{it} + \gamma_1 LP_{it} + b + \mu_i + \varepsilon_{it}$$

其中 Y_i 代表广东各区域经济效益指数、国际贸易指数以及产业结构优化指数增长率；等号右边各变量则代表模仿性创新、原创性创新、生产要素和知识溢出类特征指标项的增长率。另外，t 代表时间，误差项 μ 代表其他未观察到的影响因素，ε 为随机误差项。

（2）$Box-Cox$ 变量转换

对任意的 θ 和 λ，对假设的实证框架进行 $Box-Cox$ 变量转换，各市各个变量弹性系数如表6-6所示。

表6-6　$Box-Cox$ 变量转换结果

指标 各 市	回归方程的 θ 和 λ 值		对数似然
	θ 值	λ 值	
广州市	13.84	11.54	−913.45
深圳市	14.34	13.23	−334.34
东莞市	−23.45	53.13	−345.3
佛山市	幂转换上溢	幂转换上溢	−20.34
中山市	3.45	3.23	−217.45
珠海市	幂转换上溢	幂转换上溢	−19.34
惠州市	1.93	3.23	11.34
江门市	−2.45	0.43	21.56
肇庆市	幂转换上溢	幂转换上溢	−19.32

数据来源：代入各市的相关数据进行运算而得，下同。

可以看出，$\theta \neq 1$ 和 $\lambda \neq 1$，但 θ 和 λ 值相差比较大或者不可能相等，而且 θ 和 λ 值都不为0。根据资料[1]所提供的七种选择（见表6-6），本书中的所有数据序列都难以满足，因此，我们认为对珠三角9个市总体上来讲，$\theta \neq \lambda$，即保持原实证框架的回归方程不变。

在我们的分析中，也尝试用两边都是对数的模型形式进行各个市的数据回归，结果发现，在几乎所有的解释变量都表现为不显著，而且对对数模型形式进行运算时，每个市的计算都产出了幂转换溢出，这就是说，两边都是对数的形式不合适本研究，这也证明了我们需要选择实证框架中的模型。

（3）数据序列自相关检测

最常用的是 $Durbin$，这是一种检测一阶序列自相关的检验，珠三角地区

---

[1] Hayek，F.A.. Economics and Knowledge[J].Economics，1937（4）：33-55.

各市数据序列的自相关检验结果如表6-7所示：

表 6-7 珠三角地区 9 市数据序列的自相关检验结果

指标 各市	D.W.检验		$Breusch-GodfreyLM$ 检验一阶滞后统计量	是否存在 自相关
	一阶 Rho 统计量	$D.W.$检验统计量		
广州市	−0.002435	1.92345	0.000367	否
深圳市	−0.243525	2.59876	2.84377	否
东莞市	−0.656667	3.09809	6.52654	否
佛山市	−0.234563	2.46466	1.94625	否
中山市	−0.034567	2.00677	0.10346	否
珠海市	−0.245636	2.43513	0.14364	否
惠州市	0.104646	1.44576	1.04362	否
江门市	0.073456	1.74562	0.35647	否
肇庆市	−0.25463	1.39656	0.15476	否

数据来源：由stata12.0计算而得。

对广州市来说，一阶 Rho 值为 −0.002435，非常小，其范围在 −1 ~ 1 之间。为了检验 $\rho=0$ 在统计上的显著性，在这儿使用了 $D.W.$ 界限检验和 $Breusch-GodfreyLM$ 统计量检验。取 $\alpha=5\%$，$k=10, n=24$，查 $D.W.$ 检验表，得 $d[,u]=2.21$，$d[,1]=0.56$，由计算结果可知，计算的 $D.W.$ 检验统计量为1.9742，在5%的显著性水平上回归的临界值上界2.21之下，即 $D.W.=1.9742 < d[,u]=2.21$，说明不能判断回归方程存在的序列相关性。但是 $Breusch-GodfreyLM$ 一阶滞后统计量为0.000381，远远小于在5%的显著水平上 χ^2 分布分位数6.751，所以，一阶不存在自相关，因此，我们断定：广州市的数据序列不存在自相关问题。

同样对深圳、东莞、佛山、中山、珠海等城市来说，虽然它们的 D.W. 检验统计量都小于在5%的显著水平上回归的临界值上界2.21，但它们的 $Breusch-GodfreyLM$ 一阶滞后统计量都远小于在5%的显著性水平上回归的临界值上界2.21，所以，这几个市的序列数据不存在自相关。

而对惠州、江门、肇庆等市来说，虽然它们的 D.W. 检验统计量都小于在 5% 的显著性水平上回归的临界值上界 2.21，但它们的 $Breusch-GodfreyLM$ 一阶滞后统计量都远小于在 5% 的显著性水平上 χ^2 分布的分位数 6.571，所以，我们断定：这市的数据序列不存在自相关问题。

（4）多重共线性检验

多重共线性的度量方法较多，比较方便的方法是计算 $Theil$ 值，没有多重共线性的理想情况是 $Theil$ 统计量接近于 0，但是由于变量数较多，各市所计算出的 $Theil$ 统计量比较大，多数在 0.3 以上，而且广州和佛山的 $Theil$ 统计量接近 0.5，可见，完全不存在多重共线性不现实。由此，我们又对解释变量两两之间的相关关系进行分析，把各个市的因变量和解释变量系数矩阵分别计算出来进行对比和分析，以便发现共性的相关性高的变量，结果发现对于 9 市所共有的两两之间的相关性特别高的部分变量基本没有，均在可接受的范围内，进而解释变量之间的相关性比较小，所以接受原实证模型的解释变量。

2. 计量结果

从随机效应与固定效应出发，分设三类模型进行计量分析，这里我们非常关心模型中系数 α_1 和 α_2，它直接反映着驱动的创新模式特征，珠三角 9 市 2000—2013 年的分地区面板数据分析结果如表 6-8 所示。

表 6-8　珠三角地区经济增长方式转变的驱动因素计量结果

被解释变量 解释变量	模型 I		模型 II		模型 III	
	EX		NX		IX	
模型类型	固定效应	随机效应	固定效应	随机效应	固定效应	随机效应
PAP	0.0207**	0.0141*	0.0576*	0.0682	0.1227	0.0637*
	（0.0037）	（0.0512）	（0.0781）	（0.0751）	（0.1340）	（0.0568）
IP	−0.2842	−0.3344	−0.4339	−0.5049	−0.5128	0.0872
	（0.1681）	（0.1050）	（0.5501）	（0.1576）	（0.5864）	（0.1107）
LAB	0.2149	0.0539*	−1.1507*	−1.2174*	1.4753	1.2302*
	（0.1650）	（0.0429）	（0.0814）	（0.0936）	（0.5642）	（0.0632）
CP	0.4539*	0.2639*	−0.4372*	−0.4257*	0.5025	0.4997*
	（0.0592）	（0.0732）	（0.0909）	（0.0506）	（0.3039）	（0.0531）

续表

被解释变量 解释变量	模型 I		模型 II		模型 III	
	EX		NX		IX	
模型类型	固定效应	随机效应	固定效应	随机效应	固定效应	随机效应
RAW	−0.1608	0.0942	0.1427	0.1777	−0.5293	0.1214
	（0.0426）	（0.5277）	（0.0761）	（0.1246）	（0.2110）	（0.5121）
LR	−0.0616	−0.5857	−0.3711	0.0070	−0.1717	−0.2686
	（0.2845）	（0.5592）	（0.0594）	（0.6053）	（0.6172）	（0.4285）
χ^2 统计量 [p 值]		122.3 [0.0000]		96.5 [0.0000]		123.6 [0.0000]
F 统计量 [p 值]	7.28 [0.0702]		36.52 [0.0000]		0.86 [0.6610]	
R^2	0.6841	0.5421	0.5632	0.5421	0.6045	0.5427
Hausman 检验 [p 值]	Chi2（10）=20.34[0.0214]		Chi2（10）=32.34[0.0004]		Chi2（10）=2.34[0.9015]	
样本组数	9	9	9	9	9	9
样本总数	126	126	126	126	126	126

注：①＊、＊＊、＊＊＊分别代表在10%、5%和1%水平上显著；②数据来源：stata12.0计算获得；③每格数据上面为计量结果，下面为P值。

模型 I—模型 III 分别对珠三角各市的经济效应指数、竞争力指数与产业结构优化指数分别进行面板数据回归分析，Hausman 检验结果表明，模型 I 和模型 II 以固定效应模型为好，模型 III 以随机效应模型为好。这里值得一提的是，大量其他前期相关成果认为，专利产出应与经济增长、产业发展或产业结构等因变量之间有一个滞后关系，但赵彦云、刘思明（2011）在《中国专利对经济增长方式影响的实证研究：1988—2008 年》一文中指出，专利的产出与经济增长有一个时间序列的对应关系，但实证结果表明这滞后关系在计量结果中并不显著。同第四章第三小节中的实证一样，本书还是采用专利产出的当期数据来参与计量，并显示计量结果。

3. 珠三角地区经济增长方式的驱动因素分析

在珠三角地区经济效应驱动因素模型Ⅰ中，原创性特征指标发明专利产出率（P）对珠三角地区产业结构优化指数影响并不显著，而模仿性创新特征指标项实用、外观专利产出率（PAP）对其的影响显著，在5%的置信水平上，其弹性系数为0.0207。在10%的置信水平上，资本投资强度（CP）对珠三角地区产业结构优化具有显著影响，弹性系数为0.4539，这表明：资本投入越高，珠三角地区的经济效益越高。其他控制变量，如劳动力投入、劳动生产率和原材料价格对珠三角地区的经济效益未表现出明显的影响。

在珠三角地区产业国际竞争力驱动因素模型Ⅱ中，原创性特征指标发明专利产出率（P）对珠三角地区产业竞争力指数影响并不显著，而模仿性创新特征指标项外观专利产出率（PAP）对其的影响显著，在10%的置信水平上，其弹性系数为0.0576。资本投资强度（CP）对珠三角地区产业竞争力具有显著负影响，在10%的置信水平上，其弹性系数为–0.4372，这表明：资本投入越高，珠三角地区的产业竞争力越低。同样，劳动力投入（LAB）在10%的置信水平上，对珠三角地区产业竞争力呈现负面影响，弹性系数为–1.1507，这可能与2008年金融危机后，外需疲软，劳动密集型的产业衰败，珠三角地区企业的国际产品生产，更为偏重技术与资本密集型。其他控制变量，如劳动生产率和原材料价格对珠三角地区的经济效益未表现出明显的影响。

在珠三角地区产业结构优化驱动因素模型Ⅲ中，原创性特征指标发明专利产出率（P）对珠三角地区经济效应影响并不显著，而模仿性创新特征指标项外观专利产出率（PAP）对珠三角地区经济效应的影响较显著，在10%的置信水平上，其弹性系数为0.0637。资本投资强度（CP）对珠三角地区经济效应具有显著影响，在10%的置信水平上，其弹性系数为0.4997，这表明：资本投入越高，珠三角地区的产业结构优化越好。同样，劳动力投入（LAB）在10%的置信水平上，对珠三角地区经济效应呈现正面影响，弹性系数为1.2302，这可能与珠三角各地区追求规模效应有一定的关系。其他控制变量，如劳动生产率和原材料价格对珠三角地区的经济效益未表现出明显的影响。

三、广东企业转型升级驱动因素的实证分析

企业升级转型是企业通过获得技术能力或市场改善自身竞争能力，使企业

进入获利更高的技术和资源密集型经济领域的过程，企业转型升级是涉及技术、体制、利益和理念等各方面深刻变革的过程，围绕广东企业转型升级的创新方式选择这一主题，本章从产业微观主体——企业出发，构建结构方程模型，以广东省400家企业进行调查取证，演绎广东企业创新模式的选择对其转型升级的影响。

（一）模型构建与变量测量

1.研究假设

David（2013）指出，破坏性创新带来了企业的成长和利润增加，从而促进企业转型发展；Richard Foster 和 SarahKaplan（2007）则认为，企业实施破坏与创造，帮助企业制定管理控制流程，实现转型升级与企业长期发展。国内许多学者对此进行了研究，吴贵生（1997）则从产品性能和不同的性能实现方式两方面进行分析，作为企业要细分市场结构，对于潜在市场和新兴市场要能识别和判断，即要善于满足老顾客的需求，更要能预期和吸引潜在的和新的顾客。企业应从生产产品、生产工艺、原材料供应、市场识别与拓展、组织结构、制度和管理创新等方面不断地进行投入，并取得成效，对当前主流市场上的主导企业实施有效的破坏，从潜在市场和新兴市场入手渗透，最终抢占主流市场，促使企业成功转型升级（Michael Porter，1990；芮明杰，2004）。何梓林（2006）指出破坏性和维持性创新战略构成了技术创新二元性，两类创新积极交互作用就相对平衡，对企业转型升级会产生积极影响。田红云（2007）、黄韦华、向吉英（2011）、张倩（2012）指出，企业应对低端市场破坏，从而进入主流市场，颠覆行业竞争规则，取代原有技术成为新的行业标准，从而推动本土产业升级和技术跨越。黄海洋等（2011）指出，破坏性创新是后发企业的新选择与飞跃式发展的关键。王真（2011）指出战略逆转是敦促企业重新考虑其战略定位的主要内涵，而破坏性创新是企业发展战略逆转的原动力，这有助企业转型升级。张香美（2013）基于破坏性创新理论，通过对比分析，论述浙商实施破坏性创新的原因，进而提出浙商成功转型与实施破坏性创新内在关联，并阐述浙商实施破坏性创新所需的内部支持。刘佳、李新春（2013）则指出中国的企业进行模仿性创新往往多于原创性创新，企业如何选择，取决于企业具体所处的情境，但模仿性创新终究会形成瓶颈，而原创性创新企业会最终优于其他企业而得以发展。盛亚、蒋瑶（2010）以吉利企业为例，指出企业最终要从模仿性创新转向自主创新，实现原创性创新，这对于企业的竞争力形成十分关键。汪晓波

（2015）以中国的"山寨"手机为例，指出企业应从模仿性创新走向原创性创造；宋志红、陈澍、范黎波（2010）以中国企业为背景，实证强调知识吸收、知识共享与企业创新能力的正相关关系。

如上所述，基于破坏性创新的原创性创新是实现企业转型升级，提升竞争优势的重要来源，尽管学者们从在各个侧面对影响企业转型升级能力的因素进行了探索，但至今仍然没有统一的框架来解释。企业转型升级需要不同的内部因素支撑，这与模仿性创新环境下是不同的，同时结合前面模型推演，我们认为知识吸收与原创性创新的互动是一个至关重要的机理。结合第三章的理论模型分析，本节中我们可以这样继续延续前面的假设，模型理论假设如图6-5所示。

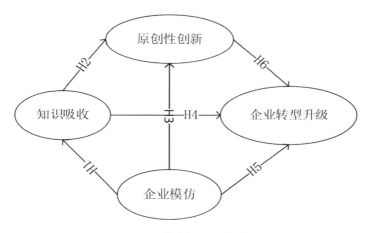

图 6-5　基本假设研究模型

企业知识吸收能力通过企业内各种因素，如人力资本的积累等，与原创性创新互动驱动企业转型升级，知识吸收能力能有效降低技术创新的成本，而原创性创新的投入成本因素又不断刺激追求利润最大化的企业不断增强知识吸收能力，上述关系可概括为"因素——能力——企业转型升级"。

这些机理综合起来，结合理论模型的命题推演，可以得出如下假设。

假设 H_1：企业模仿与知识吸收存在正相关关系。

假设 H_2：知识吸收与企业原创性创新能力存在正相关关系。

假设 H_3：企业模仿与原创性创新能力存在负相关关系。

假设 H_4：知识吸收与企业转型升级存在正相关关系。

假设 H_5：企业模仿与转型升级存在正相关关系。

假设 H_6：原创性创新能力与企业转型升级存在正相关关系。

2. 变量测量

（1）知识吸收

科恩和利文索尔（1990）认为，正是企业的知识吸收能力让企业具备认知和利用周围知识的能力；Nemet 和 Gregory F.（2012）研究发现能源技术的重要进展都建立在利用知识源而影响于其他技术领域，并确定外部知识源对能源技术专利正向影响；Turkcan 和 Burcu（2014）指出，由于社会交往与外部直接关联，这种关系被认为通过提供尤其是知识流动创造了网络成员的机会，他们研究表明显示知识外部的社会网络对知识流动的作用。Cohen 和 Levinthal（1989）认为吸收能力指公司能够识别新信息的价值、吸收新知识并将之应用于商业方面的能力，并指出公司的吸收能力（学习、发现和获取新知识的能力、效率与渴望）也与同层次的现有相关知识相联系，并认为产业内的活动也有助于培育吸收能力，即融合其他产业的外溢信息。

国内一些学者，如刘常勇、谢洪明（2003）通过研究表明，企业的吸收能力主要受到先验知识的存量与内涵、研发投入的程度、学习强度与学习方法、组织学习的机制等四项因素的影响。陈子凤、官建成（2014）指出专利合作对创新数量和质量均具有显著促进作用，专利引用对创新数量无显著影响，但对创新质量具有促进作用，吸收能力对创新数量和质量均具有促进作用。宋建元（2005）强调隐性知识更需要共享，其共享效率受学习能力等多种因素影响，并认为吸收与学习新知识都需要有方法与投入，因此，形成良好的学习机制十分重要。

基于上述分析，知识吸收分解为外部知识源、企业社会资本、企业人力资本水平、企业研究活动强度以及企业学习能力五个方面，本书对知识吸收能力的指标设计如下5个问题：①与竞争对手比较，我公司拥有更多的社会资源与外部知识源；②我公司的研发能力处于行业内的较高水平；③我公司积累了丰富的行业知识和经验；④我公司非常重视人才的培养与人力资源的积累与储备；⑤我公司十分重视学习行业内的标杆公司的做法与经验。

（2）模仿

模仿对手企业的过去行为，以规避和降低不确定性的倾向，是企业模仿的动机所在，Haunschild（1997）指出企业有基于频率、特征与结果三种模仿方式，并认为企业模仿与"标杆学习"是一个类似的概念。Camp（1989）指出，标杆学习是企业从行业中最优秀的实践企业那里获得卓越绩效的一种模仿过程；Lucertini（1995）认为，企业的"标杆学习"的过程，其实质是对行业内最佳企业的产品、服务、实践和管理等方面的模仿，以期提高自身的经营绩效。

由此，将"标杆学习"与"模仿"等同起来进行定义，本书对模仿的指标设计如下4个问题：①我公司采取了同行业中标杆企业所使用的技术、工艺实践方法；②我公司将行业内的主流在位企业作为学习的对象；③我公司非常重视竞争对手的技术、市场与管理方面的动态；④我公司十分重视获取竞争对手的产品、技术、市场服务的相关信息。

（3）原创性创新能力

Philip Klenner、Stefan Hüsig Michael Dowling（2013）通过两个案例研究结果表明，技术开拓能力使得企业能激发潜在的原创性创新能力。Summer, L.（2012）市场识别与新市场的拓展能力能解决企业非核心技术的发展趋势和潜在破坏性技术的应用与发展。Fontes 和 Coombe（1999）研究表明，企业内部重视研发投入与否，是能否有效诱发员工持续地进行原创性创新基础所在。国内方面，林春培、张振刚、薛捷（2012）归纳出原创性创新体现在低端市场的破坏能力和新市场拓展能力。李娜、李瑞雪、王春梅（2012）对原创性创新及企业竞争力的分析，并分析了基于原创性创新的提升企业转型升级的方法，包括原创性技术创新、原创性产品创新和商业模式创新等。

基于克里斯坦森（Christensen）给原创性创新下的定义，结合上述研究，我们将原创性创新要素体系分解为企业技术开拓能力、企业市场定位识别及开拓新市场能力、重视研发投入以及开发新产品能力4个方面，因此，对知识吸收能力的指标设计如下4个问题：①与竞争对手相比，我公司具有很强的技术开拓能力；②与主要竞争对手比较，我公司能够更快进行市场定位识别与新市场的拓展；③与竞争对手相比，我公司十分重视研发投入；④我公司能打破竞争对手的垄断，不断设计、开发出新产品投放市场。

（4）企业转型升级能力

Myeernad 和 Uttebrack（1992）从企业竞争力与生产制造角度进行研究，Ragnoe（1999）指出，技术创新和市场营销息息相关，夏清华（2002）认为可以用市场绩效来表示企业转型升级能力，市场绩效的评价指标主要包括产业生产的相对效率、资源配置效率、技术进步程度、销售费用水平、利润指标、生产率指标等。

结合上述分析，我们将企业转型升级能力分解为技术机会能力升级、知识创造能力升级、资源整合能力升级、技术创新能力升级、市场吸引力升级五个层面，设计如下5个问题：①与竞争对手相比，我公司具有很强的技术机会识别与把握能力；②与主要竞争对手比较，我公司能够更快进行知识创造，具有更好的知识创造能力；③我公司有比竞争对手更强的资源整合能力；④我公司打破竞争对手的技术垄断，不断地进行技术创新；⑤与竞争对手相比，我公司新产品更具有市场吸引力。

3. 数据采集与问卷设计

采取问卷调查的方式对在联的400家企业进行纸质问卷或电子版问卷进行调查，采用自填式问卷与访问式调查相结合的方式。问卷主要是通过电子邮件发放的，本次问卷历时约3个月，共发出400份问卷，收到335份有效回答问卷，有效回收率83.8%。

本书数据收集方法分为两个阶段，第一阶段，以企业面谈为重点。并在正式调查之前，本书还借助相关平台，与52个重点企业接触，进行问卷的前期讨论，如表6-9所示。根据相关的采访记录采用Nvivo7.0定性研究工具对大量企业访谈的信息进行处理，对难以量化的信息进行编码分析，收集相关调查中的关联证据，追溯与重新整理相关信息，发掘调查研究的相关概念与想法。

调查企业分布范围：从总部所在地来看，主要分布在珠三角，其中，珠三角43家，粤东4家，粤西3家，粤北5家；从企业规模看，大型企业42家，中型企业6家，小型企业4家。

第二阶段，在前面预调研的基础上，正式发出调查问卷，问卷主要发放对象是在联400家企业的中层和高层管理者，采用利克特5点量表测试，并进行拟合指标检验。

表6-9 广东重点采集企业列表

	产业	企业名称	负责人	职务
战略性 新兴产业 （共12家）	电子 信息产业	中兴通讯股份有限公司	史立荣	总裁
		华为技术有限公司	任正非	创始人兼总裁
		NTBL集团股份有限公司	薄连明	集团总裁
		广州无线电集团有限公司	赵友永	董事长
		广东风华高新科技股份有限公司	李旭杰	副总经理
		南海奇美电子有限公司	罗镇华	董事长
		珠海金山软件有限公司	求伟芹	副总经理

续表

战略性新兴产业（共12家）	生物医药产业	广州医药集团有限公司	李楚源	总经理
		丽珠医药集团股份有限公司	陶德胜	副总裁
	新材料产业	金发科技股份有限公司	袁志敏	董事长
	半导体照明业	佛山市国星光电股份有限公司	余彬海	副董事长
	环保产业	广州华浩能源环保集团股份有限公司	戴自觉	总经理
先进制造业（共15家）	装备制造业	广州数控设备有限公司	何敏佳	董事长
		广东巨轮模具股份有限公司	吴潮忠	董事长
		东方电气（广州）重型机器有限公司	王宏	总经理
		白云电气集团有限公司	胡德良	董事长
		广东明阳风电产业集团有限公司	张传卫	董事长
		广东南车轨道交通车辆有限公司	余江	总经理
	汽车产业	广州汽车集团股份有限公司	袁仲荣	常务副总经理
		比亚迪股份有限公司	吴经胜	高级副总裁
	船舶工业	广州中船龙穴造船有限公司	余宝山	董事长
		江门市南洋船舶工程有限公司	黄非	董事总经理
	石化产业	中国石化集团茂名石油化工公司	余夕志	总经理
		广东惠沄钛业股份有限公司	钟镇光	董事长
		珠海碧辟化工有限公司	杨士旭	董事长
		中海壳牌石油化工有限公司	朱明才	总裁
	钢铁产业	宝钢集团广东韶关钢铁有限公司	赵昆	董事长、总经理
现代服务业（共12家）	金融业	广发银行股份有限公司	利明献	行长
		广州新城市投资控股集团有限公司	曹志伟	董事长
		招商证券股份有限公司	王岩	总裁
	现代物流业	宝供物流企业集团有限公司	刘武	总裁
		广东国通物流城有限公司	郑德茂	董事长

续表

现代 服务业 （共12家）	商贸 流通业	广州百货企业集团有限公司	荀振英	董事长
		华南国际工业原料城（深圳）有限公司	刘晓东	总经理
	文化创意 产业	广东南方报业传媒集团	黄晓东	总经理
		深圳市灵狮文化产业投资有限公司	刘勇利	总裁
	信息 服务业	广州市商道咨询有限公司	李志坚	总经理
	旅游业	广东中旅集团有限公司	姚小平	总经理
		广州长隆集团有限公司	陈万成	总裁
优势 传统产业 （共10家）	家电产业	美的集团有限公司	黄晓明	董事、副总裁
		珠海格力电器股份有限公司	董明珠	总裁
	造纸业	亚太纸业（广东）有限公司	王乐祥	董事总经理
	食品工业	广州东凌粮油股份有限公司	赖宁昌	董事长
	有色冶 金产业	广东省广晟资产经营有限公司	朱伟	董事长
	纺织业	广东新会美达锦纶股份有限公司	郭敏	总经理
		凯撒（中国）股份有限公司	冯育升	董事、副总经理
	金属 制品业	广东凌丰集团股份有限公司	叶灿雄	总裁
	非金属 矿物业	云浮市东润创展石材有限公司	古喜泉	董事长
	制鞋业	华坚集团（东莞华宝鞋业有限公司）	张华荣	董事长兼总裁
农产品 加工业 （共3家）	现代 畜牧业	广东温氏食品集团有限公司	温志芬	集团总裁
	农产品 加工业	广东海大集团股份有限公司	薛华	董事长
	制糖业	广东恒福糖业集团有限公司	刘锋	董事长

　　资料来源：作者整理。注：为真实反映当时企业调查的原本资料，上述企业的信息为2013年之前调查采集信息，后续企业人员的相关变化没有体现在该表中。

在上述企业的访谈中，各个企业对自身发展、行业发展、存在问题以及政策建议等方面进行了述说，虽然收集访谈后的内容较为分散，但通过结构化编码解读，我们发现有几个词的使用频率较高，如"走出去""新产品""成本压力""需求空间大""赢利空间小""用工成本""税收优惠""平台作用""技改研发资金支持""人才培养""激励机制""税收政策""金融""互联网""证券化""入股""环境"等。这些编码串联起来就呈一种明显的趋势，调研的内容实质上体现出来就是企业在找寻竞争力的突破，并期盼政府在支持企业方面所体现出来的趋势。而这种对成本的关注，对新产品的推进，对环境的渴望以及政府向服务的转型和相关支持政策的推出等，恰恰是本研究从微观层面进行知识吸收、原创性创新与企业转型升级能力提升调研所体现出的主体思路。第二阶段，在前面预调研的基础上，正式发出调查问卷，问卷主发放对象是在联400家企业的中层和高层管理者。

（二）样本数据分析

1. 样本企业特征

本次调查的有效问卷数目为335份，平均员工数目为991人。从企业的投资方式来看，民营企业占60.60%，国企占17.50%，合资占39.40%，其他占0.60%[①]。从企业所从事的行业来看，涉及18个大类，主要集中在生物医药（13.1%）、新材料（11.3%）、半导体照明（10.7%）、电子信息（11.3%）和装备制造（11.3%）等战略性新兴产业和先进制造业。

（1）企业地区行业分布

广东被调查企业地区行业分布如表6-10所示。

---

① 因回应公司可选择多项答案，故所有项目百分比的总和可能大于100%。

表6-10　广东被调查企业地区行业分布

地区＼行业	战略性新兴产业					先进制造业					现代服务业		地区总计
	电子信息产业	生物医药产业	新材料产业	半导体照明业	环保产业	装备制造业	汽车产业	船舶工业	石化产业	钢铁产业	金融业	现代物流业	
广州	5	5	2	5	3	5	3	2	2	1	6	6	45
深圳	4	2	2	2	3	5	4	2	2	1	7	8	42
珠海	4	4	3	3	2	3	2	1	2	2	3	2	31
佛山	2	4	4	3	2	3	2	3	2	1	3	3	32
江门	4	3	3	3	1	2	2		1		1	1	21
东莞	6	8	6	7	4	5	3	2		2	3	1	47
中山	2	6	8	5	4	4	3	2	1	1	2	2	40
惠州	4	5	5	4	3	4	1		1		1	2	30
肇庆	3	3	4	4	2	3	1			1	1	2	24
粤东	2	3	1									2	8
粤西	2	1			2	4						1	10
粤北								2		1	2		5
行业总计	38	44	38	36	26	38	21	14	11	10	29	30	335

资料来源：由被调查企业问卷调查的相关资料整理得出。

从主营收入方面，广东省被调查企业全部335家总规模达到4.3万亿元，最高为3074.54亿元，最低为0.37亿元，平均规模为54.38亿元。从地区分布来看，广东被调查企业主要集中在珠三角地区的东莞、深圳、中山、广州、佛山和珠海6个市，总体分布较为均衡。广东省被调查企业地区行业分布情况为：战略性新兴产业的企业占被调查企业的54.2%，主要集中在电子信息、半导体照明等行业；先进制造业企业占被调查企业的28.1%，主要集中在装备制造业；现代服务业企业占被调查企业的17.7%，主要为金融业和现代物流业。其中广州、深圳、东莞、中山等市的被调查企业主要集中在战略性产业和现代服务业，整体分布较为均匀，符合采样的基本要求。

回应企业集中分布于珠三角地区，其中珠三角核心区分布企业数为235家，珠三角边缘区分布企业77家，占被调查企业总数的70.1%和23.0%；在粤东、粤西和粤北地区的被调查企业相对较少，比例低于7%，具体分布如图6-6所示。

表6-11　广东被调查企业空间分布表

地　区	企业数
粤　西	10
粤　东	9
珠三角核心区	235
珠三角边缘区	77
粤　北	5

数据来源：调查问卷。

（2）广东企业总资产分布

我们分别以总资产和主营业务收入为标准对335家被调查企业司的规模进行了统计[①]，广东被调查企业中规模以上企业达到百分之百，其中，特大型企业为10家，占被调查数的3.0%，大型企业60家，占17.9%，中型和小型的企业较多，共计265家，占被调查企业的79.1%。这与我们选择的主要是高技术企业有

[①] 我国国家统计部门以销售收入和资产总额两个指标为标准，将企业划分为特大型（50亿元以上）、大型（5亿元以上）、中型（5000万元以上）和小型（5000万元以下）四种类型，规模以上的门槛为500万元。

关，大多数高技术企业为技术密集型，其规模不大的占多数。

（3）问卷企业被访者的个人情况统计

被访者的个人情况统计如表6-12所示。

表 6-12　观测变量均值、标准差与正态性

题项	最小值	最大值	均值	正态性	偏度		峰度	
					统计量	标准差	统计量	标准差
Q1	1.00	5.00	2.9756	1.6027	−0.457	0.162	−0.435	0.322
Q2	1.00	5.00	2.8562	1.5478	−0.501	0.162	−0.402	0.322
Q3	1.00	5.00	2.7826	1.4239	−0.264	0.162	−0.764	0.322
Q4	1.00	5.00	3.2548	1.5427	−0.375	0.162	−0.315	0.322
Q5	1.00	5.00	2.6812	1.4265	−0.324	0.162	−0.513	0.322
Q6	1.00	5.00	2.8625	1.5427	−0.597	0.162	−0.247	0.322
Q7	1.00	5.00	2.7512	1.3546	−0.613	0.162	−0.236	0.322
Q8	1.00	5.00	2.7684	1.4357	−0.346	0.162	−0.217	0.322
Q9	1.00	5.00	3.0246	1.0648	−0.463	0.162	−0.073	0.322
Q10	1.00	5.00	2.9751	1.4274	−0.637	0.162	0.125	0.322
Q11	1.00	5.00	1.4578	1.4127	−0.426	0.162	0.014	0.322
Q12	1.00	5.00	2.8751	1.1247	−0.316	0.162	−0.046	0.322
Q13	1.00	5.00	2.7954	1.3697	−0.352	0.162	−0.268	0.322
Q14	1.00	5.00	1.8457	1.1347	−0.497	0.162	−0.076	0.322
Q15	1.00	5.00	2.5782	1.3547	−0.376	0.162	−0.321	0.322
Q16	1.00	5.00	2.6359	1.4219	−0.407	0.162	−0.274	0.322
Q17	1.00	5.00	2.5237	1.3642	−0.397	0.162	−0.241	0.322
Q18	1.00	5.00	2.0187	1.4357	−0.352	0.162	−0.871	0.322

数据来源：基于SPSS15.0软件的计算结果整理而得。

可以看出，生产部门和技术/研发两个部门在此次调查问卷受访者中占主要部分，占整个被访者比例分别为42.6%和24.4%。而从被调查的职务来看，主

要集中在项目经理和项目成员，占整个被访者比例分别为38.1%和27.9%，其他职能部门经理占比也达到了26.0%，从而确保被调查企业对企业整个运行情况的了解和掌握，增加调查的可信度。

2. 样本数据统计与信度效度分析

（1）观测变量统计性描述

表5-11中列出所有被测变量的最大值、最小值、均值、标准差、偏度和峰度，从表中观测变量的描述性统计来看，其偏度或多或少有着左偏和右偏，峰度系数小于0，呈平顶分布，虽然观测变量的数据分布并未成正态分布，但可以采用一定的方法来解决，如采用极大似然法等来解决数据非正态性问题。

（2）问卷的信度效度分析

在社会调查中，准确、系统地收集研究对象的资料是一项很重要的任务，由于问卷涉及对被调查对象的主观的态度，因此，问卷的信度及效度检验是测量这些数据是否可靠或准确的一种方式。一方面，通过调研的直观经验判断，我们发现：现实中人们所观察到的广东企业一方面接受着技术高于自己的先进公司的技术外溢，另一方面却又并非安于现状，以高于先进企业的速度增加 R&D 投入增长率。2008年发生的源于美国次贷危机的全球金融危机导致国际竞争格局发生重大变化，许多广东企业普遍呈现出动态适应性不足的问题，这其中尤以中小企业为代表，它们受到其他厂商的强势竞争以及多次全球经济危机的冲击，企业几经博弈，其对生产经营策略进行重大调整，整个企业在一种激烈的动态竞争中呈现出共生发展的局面。博弈最后的结果是落后的企业最终要选择转型升级，不断增加 R&D 的投入，从而与大企业进行同步博弈，在竞争中，能激发他们的创新能力，稳定而快速地增加 R&D 投入是广东企业的理性选择，这与我们的模型设计也十分吻合，体现了一定的信度和效度。

本书采用软件SPSS 15.0对回收的样本数据关于知识吸收、模仿、原创性创新和企业转型升级进行探索性因子分析，结果如表6-13所示。

表 6-13　探索性因子分析结论

题项	知识吸收	模仿	原创性创新	转型升级能力	解释方差	克龙巴赫系数 α
Q_1	0.714					
Q_2	0.559					
Q_3	0.662				0.517	0.716
Q_4	0.826					
Q_5	0.653					
Q_6		0.845				
Q_7		0.806			0.563	0.756
Q_8		0.574				
Q_9		0.531				
Q_{10}			0.575			
Q_{11}			0.648		0.513	0.742
Q_{12}			0.723			
Q_{13}			0.734			
Q_{14}				0.799		
Q_{15}				0.662		
Q_{16}				0.681	0.541	0.816
Q_{17}				0.716		
Q_{18}				0.748		

数据来源：采用 SPSS15.0 软件，对调查问卷相关统计数据进行计算而得。

对有效调查问卷的相关数据进行克龙巴赫 α 系数的检验，检验表明，上述 4 个因子的 α 系数均大于 0.7，因此，本次调查信度为较高。另外，在社会调查中，同样普遍存在共同方法集训（Common-method bias）的问题，由于本次调查涉及的变量数目繁多，而且都集中在一个问卷中，尽管问卷设计部分已经采取了一些措施来预防，如设计反向题项进行随机配置等，但采用自呈量表（Self-report）仍有可能会导致共同方法偏误。本次采用 Harman'sone-Factor Test 单因子测量法，4 个因子的特征值大于 1，占总方差的 64.21%，各主成分解释的范围处于 8%~19% 之间，同源方差在可接受范围内。

（三）结构方程实证分析

1. 实证结论

检验结果与路径系数如图6-7所示：

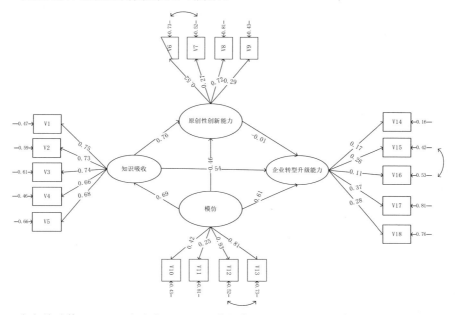

卡方检验值 =474.6，自由度 =165，显著性水平 =0.000001，近似误差方根 =0.108

图 6-7　广东企业创新模式选择的结构方程模型及路径系数

资料来源：基于 *Lisrel*8.0 软件生成的结果。

卡方（x^{22}）检验是社会科学中常用的显著性检验方法，它以原假设（又称零假设 H_0）为基础，假设在总体中两变量不相关，然后计算在假设两变量不相关情况下期望值，并由期望值与样本观察值的差计算卡方值，确定仅由抽样误差造成的差异的概率。采用软件 *Lisrel* 8.0 对16个观测变量和3个潜在变量的结构方程模型进行检验。检验结果为：$x^2 / df < 3$，拟合指数 *RMSEA* 值为0.074，基于假设理模型的拟合指数 *CFI* 值为0.92，（常用）拟合指数 *CFI* 值为0.91，标准化后的拟合残差方差的平均值拟合指数 *SRME* 值为0.057。其中虽然 x^2 的 $p - value < 0.05$，但 $p - close > 0.05$，且其他的指标也显现出拟合度较好，所以综合判断，检验结果接受程度为中度，即尚可接受。

2. 检验结果分析

根据 *Lisrel*8.0 软件输出结果，我们将潜在变量之间的路径系数以及相应的t值汇总，即结构方程模型各变量的路径关系系数如表6-14所示，表中给出模型各变量的标准化的路径系数、T值、显著性以及是否支持假设等项内容，以便清晰地观察检验结果，并给出相应的结论解释。

表6-14　广东企业创新模式选择结构方程模型路径系数与检验结果

假设	关　系	标准化的路径系数	T 值	显著性	是否支持假设
H₁	模仿→知识吸收	0.69	4.15	**	支持
H₂	知识吸收→原创性创新	0.76	0.31	n.s.	不支持
H₃	模仿→原创性创新	−0.46	−2.15	**	支持
H₄	知识吸收→企业转型升级	0.54	4.36	***	支持
H₅	模仿→企业转型升级	0.61	2.36	**	支持
H₆	原创性创新→企业转型升级	−0.01	−1.36	n.s.	不支持

数据来源：基于 Lisrel8.0 软件计算生成的结果。

注：★★★ 表示 p<0.01；★★ 表示 p<0.05；★ 表示 p<0.1；n.s. ＝表示不显著。

结合上述实证结果，本书初步可以得出如下结论：

一是广东企业模仿对企业的知识吸收能力有着显著的正向影响（路径系数为0.69，t值为4.15，在0.05的水平上显著），由此，实证结果验证了假设 H₁；

二是广东企业知识吸收能力与原创性创新之间的内生互动关系仍不显著，知识吸收能力对原创性创新影响不显著（路径系数为0.76，t值为0.31，未通过显著性检验），H₂假设不成立；

三是广东企业模仿对企业实施原创性创新战略影响为负（路径系数为−0.46，t值为−2.15，在0.05的水平上显著），由此，实证结果验证了假设 H₃；

四是广东企业知识吸收能力对企业转型升级有着显著的正向影响（路径系数为0.54，t值为4.36，在0.001的水平上显著），由此，实证结果验证了假设 H₄；

五是广东企业模仿对企业转型升级有着显著的正向影响（路径系数为0.61，t值为2.36，在0.05的水平上显著），由此，实证结果验证了假设 H₅；

六是广东企业实施原创性创新对企业转型升级影响不显著（路径系数为−0.01，t值为−1.36，未通过显著性检验），由此，假设 H₆没有通过检验。

四、小结

从广东经济增长方式转变的发展历程出发，广东传统的经济增长方式下取得的成绩突显，但也正面临新常态下转型，进一步，以珠三角地区9市以及广东企业的相关数据进行实证分析，主要结论如下。

第一，广东经济增长方式主要经历了四次重大转变，实现了跨越式发展，2014年，广东人均GDP超1万美元，迈入中等发达经济体梯队。按照钱纳里标准，广东经济发展已进入工业化中后期，并向后期转化的阶段，但广东经济发展已经跨越高速增长阶段步入次高速增长阶段，经济发展的短板效应显现，贸易、创新、产业结构与产业组织显现出的不适应性和与发达国家的差距特征显现。

第二，综合珠三角地区经济效益、产业国际竞争力和产业结构优化三个方面的驱动因素实证，结论表明：对于珠三角地区经济增长方式的转变而言，模仿性创新能力对其的影响较显著，资本投入对产业结构优化呈现正面影响，但资本投入与劳动力投入与产业国际竞争力呈现负面影响，这表明：珠三角地区的经济增长方式内生驱动力主要为模仿性创新或要素驱动，而非原创性创新。

第三，本章在运用结构化面谈、信息编码等工具对52家重点企业进行调查访谈的基础上，着重采用自填式问卷与访问式调查相结合的方式，对在联的400家企业进行纸制或电子版问卷调查，共收到有效问卷335份，构建结构方程实证模型，实证结果表明：广东企业模仿对企业的知识吸收能力有着显著的正向影响（路径系数为0.69，t值为4.15，在0.05的水平上显著）；企业知识吸收能力对原创性创新影响不显著（路径系数为0.76，t值为0.31，未通过显著性检验）；企业模仿对企业实施原创性创新战略影响为负（路径系数为-0.46，t值为-2.15，在0.05的水平上显著）；企业知识吸收能力对企业转型升级有着显著的正向影响（路径系数为0.54，t值为4.36，在0.001的水平上显著）；企业模仿对企业转型升级有着显著的正向影响（路径系数为0.61，t值为2.36，在0.05的水平上显著）；实施原创性创新对企业转型升级影响不显著（路径系数为-0.01，t值为-1.36，未通过显著性检验）。

综上，广东传统经济增长方式仍以模仿性创新和劳动力、资本等生产要素驱动为主。

第七章　原创性创新价值网络重构：基于案例的分析

树立原创性创新的发展理念，立足高质量发展，对标世界最先进水平，聚焦重点领域，突破发展短板，培育粤港澳大湾区协同创新的原创性创新生态体系，从创新生态、行业、企业等不同层面，构建具有核心竞争力和特色优势的原创性创新价值网络体系，不断探索制造业高质量发展、产业结构不断调整优化、产业核心竞争力不断提升和企业不断转型升级的新路径、新模式，为广东经济增长方式根本转变提供重要支撑。以粤港澳大湾区建设为契机，增强产业核心功能和制造能级，提升集群参与全球资源配置和产业分工合作的水平。坚持创新是第一动力，健全集群创新生态系统，促进创新要素流动与共享，着力掌握关键核心技术，完善创新链和构建完整产业链。围绕集群功能定位推动产业链科学合理布局，促进产业、技术、人才、资本等要素集聚，探索创新集群治理机制，协同推进产业集群转型升级和提质增效。针对追赶型产业（5个行业）、弯道超车型产业（6个行业）、转移型产业（11个行业）、领先型产业（4个行业）、战略型产业（5个行业）等产业特点，对标世界最好最优，因业制宜、因地制宜，推动集群专业化、差异化、特色化发展，构建广东原创性创新价值网络。

一、基于原创性创新价值网络的分行业解决方案

结合前面章节的理论与实践分析，从原创性创新价值网络的三个核心要素：创新生态体系、产业生态体系以及企业价值网络，构建基于产品研发、空间布局、市场体系、产业链分工、全球价值链、制造业与生产性服务业融合以及信息网络等方面，综合构建追赶型产业、弯道超车型产业、转移型产业、领先型产业、战略型产业五类行业的解决方案，以期构建广东原创性创新价值网络体

系，在经济增长效应、产业结构转型调整、产业国际竞争力以及企业转型升级等方面，实现广东经济增长方式根本转变。

（一）领先型产业集群

1. 主要策略

其一，构建产业发展新格局，以建设粤港澳大湾区为契机，做强珠江东岸高端电子信息产业带，带动粤东粤西粤北协同发展。以广州、深圳为主引擎，借助香港、澳门优质资源，推进珠三角核心区深度一体化。以广州、深圳、珠海、东莞为依托发展集成电路产业集聚区，以广州、深圳、惠州为依托打造超高清视频产业集聚区，以广州、深圳、惠州、东莞、河源为依托建设高端化智能终端产业集聚区。粤东、粤西、粤北地区主动承接珠三角产业转移。粤东地区重点承接珠江东岸电子信息产业带辐射，发展电子信息上下游配套产业；粤西地区重点加强与珠江西岸先进装备制造产业带的配套协作，打造原材料、基础件和设备制造集聚区；粤北地区重点打造珠三角电子信息产业装备配套产业基地。其二，培育具有核心竞争力的企业集群，壮大龙头骨干企业实力，支持骨干企业开展强强联合、上下游整合等多种形式的产业合作，形成以大企业集团为核心的产业组织形态。支持龙头企业与境外及港澳台地区技术先进企业、高校、研究机构建立战略联盟，开展技术交流与合作。引进国际领军企业，举办中国电子信息博览会等国际交流活动，积极引进重点企业、重大项目落户。对大型国际领军企业迁入或设立新公司，采取"企业直通车"制度。

2. 重点解决方案

其一，加快构建创新型公共服务平台，支持龙头企业和研发机构牵头建设制造业创新中心，承担产业链关键共性技术研发。依托国家和省级重点实验室、企业技术中心等研究机构，瞄准新一代信息技术前沿，组建面向基础理论研究的公共平台，重点突破产业链关键共性核心技术。依托产业基地和专业园区，加强电子信息产业聚集区配套服务体系建设。依托行业组织和产业联盟，鼓励各类主体参与建设电子信息产业专业公共服务平台，提供技术研发、成果转化、标准制定、产品检测、人才服务和品牌推广等专业服务。其二，推动建立完善产业生态，推进重点领域的突破，深化"互联网＋先进制造业"，在传统制造企业广泛开展信息技术与制造业融合创新试点，推动制造业智能化、绿色化、服务化发展。构建产业创新生态体系，以电子信息产业为例，要针对半导体芯片、超高清视频、新型显示、新一代通信与网络（5G）、智能终端、信息安全可靠、软件信息服务业、人工智能等重点领域，加大与港澳的联合研发，充分发挥港澳与广深的联合研发的基础力量，结合珠三角其他城市的配套、孵化与应用能力，在技术的创造性方面实施突破，为企业或行业在新兴市场和非主流市场取得成功，从而完成由非主流向主流市场进军，颠覆主流市场的在位企业或行业奠定实质性的基础。引入"揭榜挂帅"机制，发挥我省智能终端市场优势，开展芯片设计企业与终端应用企业对接合作，打造"芯屏器核"的全产业生态体系。

（二）追赶型产业集群

1. 主要策略

其一，坚持创新引领，抢占前沿创新高地，编制各行业的技术创新路线图，明确中长期发展目标。加快对关键材料、零部件、软件生态系统等领域的研发，抢占技术高地。其二，实施品牌提升行动，打造全球知名品牌，依托自主品牌，引导企业实施品牌提升及全球化战略，塑造及强化广东行业品牌特色文化内涵设计和推广工作，不断提升品牌价值，打造世界级品牌。其三，继续深化合资合作，坚持传统与先进产业共同发展，巩固深化与跨国企业的合资合作，加快自主品牌企业发展步伐，提高现有企业的传统与现代技术的利用效率，进一步加快合资企业的导入和现有产品的更新换代。加速新产品开发的发展步伐，提高已有品牌企业的全球知名度及影响力。其四，延伸完善产业链，做强做大相应的生产性服务业，发挥该类行业的强大辐射带动效应，加快相关服务业转型升级。加快构建该行业金融服务体系。鼓励企业探索出商业模式创新，布局综合解决方案业务。打造若干主题公园，推进行业发展建设。其五，推广新产品，打造世界级示范应用区，重点依托深圳和广州，在该领域率先全面推进新产品的研发与应用，打造具有世界级影响力的示范应用案例。其六，坚持错位发展，形成优势互补的产业空间布局，坚持"优势互补、错位发展"发展原则，结合各区域已有行业发展新趋势，在招商引资及产业用地等方面加强全省统筹，支撑广东建设该类行业集群的空间布局。其七，加速国际化进程，增强全球化发展能力，抢抓"一带一路"倡议、国际产能合作、粤港澳大湾区建设等新机遇，制定国际化发展战略。鼓励企业面向全球加快引进重点技术设计、研发机构、研发团队和优势技术等各类创新资源，推动研发技术的"国际化"创新。鼓励龙头企业选择差异化发展路径不断加大力度开拓国际市场，逐步从单一出口贸易为主往投资、技术、管理等深度合作模式转变。

2. 重点解决方案

其一，加快该类行业的重点领域的技术攻关，对短板技术、产业创新提升、组建产业技术创新联盟等加大力度。实施品牌和质量工程，培育国际化领军企业。重点围绕新产品领域，支持优势特色企业做大做强。培育具有技术创新优势的生产性服务企业成长为龙头企业。鼓励龙头企业有序开展国内外并购、重组和战略合作，支持企业在重点目标市场布局生产基地、研发机构和营销网络，发展成为具有较强国际竞争力的跨国公司。其二，实施产品质量提升计划，支持企业开展技术升级和智能化改造，提高产品质量一致性和技术水平。引导企业实施质量提升计划，建设产品质量动态评价系统。建设标准体系，推动重点领域产品标准化实现新突破，适应市场需求及时更新标准。支持企业制定严于国家标准、行业标准的企业标准，参与国际、国家及行业标准的制修订，鼓励骨干企业、有关单位和专家承担国际标准组织技术机构职务。其三，推动传统产品生产的转型升级，推动广东产业从提供零件和部件的配套向模块化、系列化发展。鼓励骨干企业与优势企业在研发、采购等层面的深度合作，建立安全可控的关键零部件配套体系。其四，鼓励研发实力强的企业与其他企业开展合资合作，加强技术联合攻关，推进新产品关键核心技术的自主化和产业化。其五，推新产品的应用，制订完善新产品的相关政策法规，引导企业在珠三角条件良好区域开展新产品的应用，加大对新产品的推广应用力度，适时应用省级财政补贴资金支持新产品的推广应用。积极引导使用新产品，创造使用新产品的良好环境，建立新产品应用的大数据监测平台，完善新产品推广应用扶持政策体系。其六，打造新产品测试基地，统筹各企业对新产品及其零部件的检验及测试需求，鼓励企业共同参与大型综合性测试基地建设，构建国家级新产品及其零部件试验检测认证公共服务平台。其七，实施新一轮开放合作工程，组建产业招商联盟，定向吸引国外著名品牌企业，以及新产品研发和生产的龙头企业来粤投资建设生产研发基地。鼓励省内相关行业组织推动建立新产品海外发展联盟。继续深化该领域的合资合作，鼓励现有合资企业增加国内投资及引进相关先进技术。

（三）转移型产业集群

1. 主要策略

其一，加强创新驱动，推动产业链协同创新发展，发挥企业创新主体作用，支持企业新产品创新中心等创新载体建设，开展产业共性技术研究，形成有效的技术扩散机制。推进产业链协同创新，发挥龙头企业带动作用，向产业链上的中小企业推广新产品设计、改造等系统解决方案，实现大中小企业融通发展。鼓励管理模式创新，推动"制造＋服务"融合，鼓励整体家庭服务提供商发展。其二，加快产业转型升级，提升制造水平，大力支持相关企业开展数字化、网络化、智能化改造。实施智能制造，建设智能工厂、数字化车间。推进工业互联网应用，加强数据采集、分析、应用，推动企业网络化协同和服务化转型，形成具有示范和推广价值的通用解决方案。其三，优化产业布局，构建优势互补制造基地，以粤港澳大湾区建设为契机，依托原有产业基础，加强与香港、澳门在金融、国际市场开拓等方面的合作，打造电子商务、金融服务、检验检测认证、国际贸易、品牌推广、技术交流和标准化等生产服务业网络。其四，持续开放合作，加快产业全球化布局，鼓励龙头企业在海外设立研发、设计、制造基地，建立国际销售体系。支持行业企业开展国际并购。针对产业短板与需求，加大招商引资力度，引入国际知名企业和具有核心专利与技术的关键零部件企业，在我省建设生产基地、研发中心。针对国际贸易技术壁垒，开展全球市场准入研究，加强国际信息与技术咨询服务能力建设。其五，推进增品种、提品质、创品牌专项行动。编制发布广东消费品供给指南，引导增加新品种供给。实施高标准、高品质产品认证专项行动，对标国际提升产品品质，支持开展国内外产品安全、性能、测试方法等标准研究及制定工作。支持优质产品和品牌推介，打造国际级产品展会，鼓励企业组团参加国际、国内产品展和消费品展，提高品牌国际美誉度。

2. 重点解决方案

其一，开展应用基础与前沿技术研究，加大粤港澳合作力度，依托广州、深圳研发资源和优势，支持企业、高校、科研院所加强产学研合作及应用示范研究，推动关键基础技术、基础材料与核心部件以及前沿技术研究，突破国外相关领域的技术垄断。其二，推进相关新产品研发，支持企业设立研发设计机构，开展智能化技术、新材料、新工艺等在新产品上的集成应用研发。鼓励跨行业融合，推进新产品开发。其三，支持产品创新中心建设，整合国家、行业科研院所、龙头企业科研资源，推动新产品创新中心建设，开展共性技术研究，建立产品标准体系，实现产品跨企业跨品牌的互联互通，探索建立技术共享转移机制，提供技术交易、转移服务，加强国际交流，推动人才培育。其四，开展工业互联网试点示范，支持企业上云上平台，推动企业联合工业互联网服务商，开展工业互联网技术研发、标准化、试点示范，打造覆盖设计、生产、质量、订单、物流、市场、客户、维修的工业互联网系统。其五，支持企业与国际标准创新基地等机构合作，开展标准研制、标准资源共享、标准验证、国际标准化交流、标准比对与评价、标准化人才培养、海外标准培训工作。其六，深入开展质量比对提升活动，大力推广"五位一体"全程质量管理体系、卓越绩效管理、阿米巴管理、精益生产管理、六西格玛管理等先进质量管理方法，提升企业质量管理水平。其七，依托已有检验检测高技术服务业集聚区，支持国家日用电器质量监督检验中心等公共服务平台建设涵盖认证、检测、计量、咨询、培训等环节的一站式技术服务体系。推动省内检测认证机构加强国际互认。鼓励开展产品和技术领域专利导航和知识产权分析评议。其八，支持龙头企业优化全球布局，在北美、欧洲等设立研发机构，在国外设立设计中心、生产基地、销售渠道，通过收购、兼并、参股等方式获得国际著名家电企业的品牌、核心技术，通过产业链布局提升在原材料及零部件采购、产品国际定价等方面的话语权。其九，吸引国际知名电企业，及在相关领域具有核心技术的企业，到我省设立制造基地、研发中心，在用地、金融和人才支持等方面可按照重大外资项目"一项目一议"的方式予以支持。其十，建立应对技术性贸易措施、出口贸易政策预警机制，为企业国际贸易提供咨询服务。支持检测认证公共服务平台开展全球市场准入法规、标准、技术要求研究，开发覆盖全球的国际市场准入信息软件，增强国际贸易技术服务能力。

（四）弯道超车型产业集群

1. 主要策略

其一，实施重点领域研发计划，重点支持提升关键零部件、核心软件和可靠性技术水平突破瓶颈制约。支持开展关键装备和系统研发，延伸产品应用领域。加强人工智能等先进技术在重点领域的应用研究。其二，推动以企业为主体的技术创新体系，支持企业建设企业技术中心、中央研究院等研发机构，加快产品创新中心建设，打造贯穿创新链、产业链的产品创新生态系统。针对主要短板支持产业链上中下游企业建立互融共生、分工合作、利益共享的一体化组织新模式。加强知识产权保护和运用，形成有效的创新激励机制。 鼓励省内相关企业与国内领军企业建立合作关系，共同开展技术研究开发。启动实施粤港澳大湾区科技创新行动计划，促进科技创新要素高效流动，加强粤港澳大湾区产业交流合作，推动港澳重大科技成果在广东落地转化。其三，建立各具特色的区域错位发展格局，支持广州、深圳发挥高端资源汇集优势，开展新产品研发创新；支持广东其他地区挥生产制造优势，建设生产基地；支持其他各地市做好产业配套。其四，支持行业龙头企业加强技术开发、技术改造、人才引进，加快技术创新和产业化发展。鼓励相关企业针对新技术、新产品进行外延式并购。培育和引进一批自主创新能力强、产品市场前景好、产业支撑作用大的优质骨干企业。其五，鼓励上下游企业强强联合，形成功能互补、协作紧密、关键环节自主可控的产业配套能力。鼓励龙头骨干企业开展技术输出和资源共享，带动中小企业发展。支持企业加强技术合作，针对共性关键技术开展联合攻关，加快核心技术突破。

2. 重点解决方案

其一，鼓励发展新业态，鼓励对开发新产品企业发展融资租赁、共享等新型新产品应用模式。鼓励开发新产品的企业通过"以租代卖、打包服务"等创新推广新模式，催生服务新业态。其二，高水平建设一批新产品技术研发、成果转化等方面的产业支撑平台，充分整合省内科研院所、高校、企业、行业协会等优势资源，推动产业服务资源和企业发展需求对接。联合产业链上下游优势单位，建设以技术实现、产品保障、成果转化为核心，以技术孵化和成果转化为重点的技术创新高地、成果转化基地和产业共性支撑平台。其三，支持建设国家级新产品检测与评定中心，打造新产品检测评价服务平台，加快新产品质量监督检验中心建设。其四，制定发布广东与新产品相关的标准体系路线图，支持关键标准的研究验证和宣传推广。支持相关机构及企事业单位积极参加各级新产品标准研究及制（修）订工作。其五，支持骨干企业，联合材料、工艺和应用等上下游企业，开展基础材料、产业化高精度加工、成组互配性、寿命试验、寿命增强等技术研究。

（五）战略型产业集群

1. 主要策略

其一，从产业集聚、产业链、循环经济、人才及标准、园区（配套及管理）五个维度对标世界最先进水平和培育世界级产业集群目标，认清差距，厘清短板。统筹考虑现有基础能力，有序推进相关产业补短板工程，梳理并发布重点领域待突破关键短板目录。其二，优化产业结构，促进产业特色发展，多渠道引进境外先进技术，推动粤港澳大湾区合作。延伸深加工产业链，打造各具特色的产业集聚区，逐步形成粤东、粤西与珠三角产业链上下游供给的循环体系。其三，完善以企业为主体、市场为导向、政产学研金介用相结合的产业技术创新体系，围绕产业链部署创新链，围绕创新链配置资源链，加强关键核心技术攻关，加速科技成果产业化，提高关键环节和技术领域创新能力。加强知识产权保护，加大人才培养和引进，营造良好的发展氛围。其四，围绕新一代产品开发，实施质量品牌和标准提升工程，引导产业绿色发展，加大先进节能环保技术、工艺、装备的研发力度，加快绿色改造升级，深入推进能源清洁高效利用、高耗能设备系统节能改造，加快推进原料优化、能源梯级利用、可循环、流程再造等工艺技术，推广统一的绿色产品标准、认证、标识体系，强化产品全生命周期绿色管理，努力构建高效、清洁、低碳、循环的绿色制造体系。其五，依托我省对外开放水平高的基础，统筹利用好两种资源、两个市场，聚焦"强链、补链"，加大引进来和对外合作步伐，扩大对外开放的深度和广度，拓宽合作模式，提升国际合作的水平和层次，增强企业国际竞争力，促进产业结构由"哑铃型"向"协调型"发展。

2. 重点解决方案

其一，推进重大项目建设服务工作的落实，建立省重大项目库，对投资额巨大的项目实行专员服务制。建立龙头骨干企业培育库，实行分级培育，构建省、市、园区联动、分级培育的工作联动机制，积极将龙头企业培育成世界级企业。鼓励和支持优势企业加大兼并重组特别是海外并购力度，提高产业集中度和资源配置效率，增强企业跨国经营能力，培育一批具有国际竞争力的行业龙头企业、企业集团。其二，加快培育企业技术中心、制造业创新中心、工程（技术）研究中心、重点实验室等一批重大创新平台，提升研发基础设施水平。支持龙头骨干企业和研发机构申报、承接重点研发计划、测试评价平台、生产应用示范平台等国家重大项目。加大对科技企业孵化器建设的支持力度，加快促进新技术创新成果向规模化生产工艺转化。其三，鼓励园区、企业更新设备、智能化改造。积极探索产业间深度融合发展新模式，构建面向生产全过程、全业务链的智能制造协同创新体系。推进智慧化工园区、智能工厂和智能车间建设，提升资源配置、工艺优化和过程控制等的智能化水平。其四，实施质量技术攻关，组织开展产业重点产品质量分析，引导与国际领先产品的对比研究，找准短板，加强质量基础技术研究，突破关键共性技术。推广先进质量管理方法，打造一批品牌响、质量优、效益高的"广东优质"产品、企业和园区。鼓励企事业单位主导和参与制（修）订国际标准、国家标准和行业标准。鼓励行业协会等社会团体积极制定和推广实施先进团体标准。其五，加大与央企的合作力度，实施"直通车"服务，引导央企加快在我省推进项目落户的实施步伐。鼓励外资企业建设研发中心、企业技术中心，融入集群创新的重点领域和环节。加大高端外资研发机构引进力度，吸引境外知名大学、研发机构、跨国公司在集群设立全球性或区域性研发中心，鼓励跨国公司与省内高校、科研机构、企业合作建立研发中心或实验室，促进国际先进技术成果转移，提升企业国际化发展能力。

二、价值网络经济中企业实施原创性创新

在中国网络经济背景下选取的几个企业案例进行分析研究，以期证明在前面章节中提出的相关假设。

（一）小米公司

北京小米科技有限责任公司是一家专注于高端智能手机自主研发的移动互联网公司。小米的产品主要包括 MIUI（基于 Android 的手机操作系统）、米聊、手机、电视、盒子等。小米成立于2010年4月，历经4年时间，在中国市场的销量已经超过苹果。2013年，小米总计售出了1870万台手机，增长160%；含税收入316亿元，增长150%，其中小米配件及周边产品超过了10亿元；MIUI用户数突破了3000万。此外，小米拥有6大仓储中心、18家小米之家旗舰店、436家维修网点。至2014年初，公司员工逾4000人。

可见，小米公司是一个影响力很大的且因为创新的商业模式而造就卓越业绩的典型企业案例。那么，小米是如何在强敌环伺的情况下，取得这样优秀的绩效呢？

1. 小米公司的"群众路线"和"粉丝文化"

小米公司建立小米社区，每天有300万人访问，提各种建议。吸纳建议后，小米一个星期出一个操作系统新版。这其实是个世界级的难题，因为操作系统比较复杂，尤其要考虑出错了怎么办，可靠性要求很高。比如，不知韩寒还是

王珞丹提到，很多粉丝给他们打电话的烦恼，问能不能做个只接通讯录电话的功能？后来小米就有了这个功能。再如，有一位领导跟我说他的电话要24小时开机，晚上12点一打就睡不好觉。后来，小米就设置了 VIP 电话，只有 VIP 电话能24小时都打得通。像这样的功能都是人民群众发明的，因为我们不在那个场景里，想不到。实际上，小米手机发起了一场群众运动。这里的"群众"，也就是使用手机的顾客和潜在群体，顾客是所有手机生产厂商最重要的利益相关者之一：手机生产企业通过研发、制造、物流等价值链的环节，实现其顾客的价值。传统的顾客的角色就是使用产品并支付报酬。然而，小米公司针对顾客、员工等重要的利益相关者的角色进行了原创性创新。

2. 顾客深度参与的研发模式

小米手机的系统软件是 MIUI，MIUI 又叫米柚，是小米旗下基于 Android 系统深度优化、定制、开发的第三方手机操作系统。除了手机，目前小米也将MIUI 系统应用于小米盒子、小米电视。MIUI 不仅面向购买小米硬件产品的用户，也可在其他 Android 手机上安装、使用。MIUI 针对原生 Android 系统有超过100项改进，专为中国人习惯设计。从2010年8月16日首个内测版发布至今，MIUI用户覆盖112个国家，已经拥有国内外超过1亿用户，极受手机发烧友追捧。

与 Android 的原生版相比，MIUI 在很多细微之处都做出了改进。这些改进并不一定具有颠覆性，却能让用户觉得贴心；贴心之处随着版本的升级越来越多，用户对 MIUI 的黏性也会随之加强。那么，小米如何获得做出这些细微改进的灵感的呢？传统公司的方式是依靠内部的设计师、工程师进行优化，而小米采用了独特的方法：小米把用户变成创意设计人员和测试人员，鼓励用户提出意见，并据此做出相应的改善。很多公司都表示会"听取客户意见"，然而小米是真正在战略上重视这一点的。小米公司拥有约600人的客服团队，处理用户通过电话、论坛、微博等渠道提出的意见和建议。MIUI 论坛上，很多针对 MIUI功能提意见、建议的帖子会被标注为"已答复""已收录""处理中""待讨论"等，而用户在 Buglist 板块中的报错更受重视，很多问题当天就得到解决。如果用户在微博上对小米公司或者小米手机提出问题，小米的客服会在半小时内做出回应，这种全面而快速的响应在手机行业中是罕见的。

小米公司开创了在互联网上打造手机品牌的先河，其研发与测试均让发烧友参与，使得一项项符合国人使用习惯的创新应用在小米手机上得以体现。小米先做了 MIUI 软件系统，再发布手机硬件。软硬件都是坚持"为发烧而生"，手机硬件高性能，软件系统可定制可玩性很高，产品特征鲜明，吸引了很多发烧友用户。在最初研发期，小米公司将顾客群体中的"高度发烧友"识别和分离出来，他们大多是极客级玩家，喜欢 DIY 和体验最新功能，约有 1500 人。小米公司邀请这些发烧友加入 MIUI 论坛，并把相关讨论区交给这些顾客自己进行管理。每周二至周五，MIUI 在讨论区里不定期更新内测版/体验版。小米公司还设立了一个"荣誉开发组"，从论坛中选出大概 250 个极其活跃的用户，与小米内部人员同时对新版手机进行测试，一经发现问题则及时修改。体验版中的最新功能获得认可之后，才会进入每周五发布的开发版。开发版用户群体约有150 万人，面向普通发烧用户，他们是科技爱好者，喜欢获得新鲜体验，但是又不想太折腾。然后，推荐度达到 90% 级以上的开发版即可选为推荐版，最终经过开发期（期间重点是新功能和较大的功能修复）和稳定期（期间不开发新功能）后，转为每月发布一次的稳定版。稳定版面向的用户群体约有 3000 万，这些普通用户更注重系统的稳定性，有些甚至不愿意升级。

如上所述，小米公司在创业初期，将手机顾客群体进行细分，集中资源开发目标群体所喜爱的有特点的产品，以发烧友粉丝带动更广泛的消费群体。同时，小米公司还把顾客这种重要的利益相关者进行了角色转变，把产品的购买者使用者转变为产品的测试员和策划师。这种独特的研发模式不仅优化和简化了烦琐的产品测试环节、受到发烧友的狂热追捧，而且通过网络加强了与粉丝的互动，培养了用户的参与感和忠诚度，使得小米手机在网络上迅速蹿红。

3. 以粉丝文化为基础的新媒体整合营销

小米最为人称道的地方是成功地在顾客、员工甚至合作伙伴中建立起一种粉丝文化，并且成功地营销了这种粉丝文化。小米公司的副总裁黎万强介绍说，粉丝文化首先让员工成为产品品牌的粉丝：每一位小米员工入职时，都可以领到一台工程机，要当作日常主机使用；其次，让员工的朋友也成为用户，每位小米员工每月可以申领几个 F 码（F 码，Friend Code，朋友邀请码，在小米网上的优先购买资格），送给亲朋好友，让他们也使用起来；最后，用户做朋友！小米一直在认真维系粉丝用户，通过提供参与感来让用户持续喜爱，成为朋友。在赢得了足够的忠诚度之后，小米才选择通过市场广告投放的营销方式扩大传播。

小米内部不仅要求让员工成为粉丝，甚至还尝试让粉丝成为员工。小米新媒体运营团队，很多都是从粉丝中招聘过来的。不少用户在现场体验过小米之家的服务后，会选择申请来小米工作。他们说小米的服务和别人不一样，像对待朋友一样，用心而且氛围轻松。小米之家杭州站的店长本来就是一名资深米粉，论坛 ID 是著名的"白板啸西风"，后来加入小米，并做到了店长的岗位。

粉丝对小米贡献巨大，小米也投入不少资源维护粉丝社区，比方说，资深发烧用户有产品的优先购买权；小米论坛上推出"酷玩帮"，交流发烧产品的玩法，如将小米 3 手机改造为网络服务器等；举办小米手机摄影大赛；在各地举办小米用户同城会；等等。

小米的电商能力是首屈一指的，米粉节当日的 UV 超过 1500 万人次，而让电商行业惊奇甚至敬畏的是，小米几乎没有花一分钱去购买流量。在小米自己构筑的新媒体营销矩阵中，包括微博、微信、小米论坛、百度贴吧、QQ 空间、小米商城 App 等全部上阵，参与预热，对外部的营销投入几乎为零（除了让利和优惠券），但却能够在米粉节当天带来大量的活跃用户。

小米电商的秘诀在于坚持自己的粉丝文化打法，并借助游戏化的互动方式吸引用户参与。仅以发送米粉节的现金优惠券为例，对小米论坛中符合活动标准的十多万老用户，小米会根据积分系统发送不同的优惠券。同时，小米还推出了一个互动游戏"拳王争霸赛"，让用户一起来玩猜拳，再由用户来送出礼券，结果有超过 1100 万人次的参与，热度极高。

如上所述，小米公司成功地营造了独特的粉丝文化，实际上是赋予了用户产品本身功效之外的精神上的顾客价值，从而丰富了顾客价值实现的价值链。另外，小米公司将员工和顾客培养成粉丝的同时，也将员工和顾客这两个至关重要的利益相关者角色转化成为有效的销售渠道，并且通过互联网将人和人之间的口碑宣传的效果进行放大，既节约了营销成本，又引起了爆炸式的传播效应，实现了传奇式的销售业绩。

3. 做最高性价比的智能手机

与传统的硬件商不同，小米的硬件经营策略独树一帜，其最大特色是高配低价。2012 年小米 M2 全球首发，其配置非常高：28 纳米四核 1.5GHz 处理器、2GB 超大运行内存、16GB 高速闪存、显示精度达 342PPI 的 4.3 英寸大屏、背照式 800 万像素的相机、前置 200 万像素的摄像头等。这种当时的高端配置几乎可以与 4000~6000 元的高端智能手机媲美，而对应的售价却只有 1999 元。如表 7–1 所示。

高配低价的一个显著证明是"黄牛"的大行其道：黄牛通过各种方式设法购入小米手机，随即加价 10%~20% 出售，通常都能够顺利脱手，足见小米手机的报价之低。之所以小米能做到这么低价，主要有以下几个原因。

表 7-1　小米手机的竞品对照表

品牌 零部件	小米 MI 2	三星 GT-I9300	HTC ONE X	苹果 Iphone4s
处理器	高通 8064 四核 1.5G	Exynos4412 四核 1.4G	Tegra3 四核 1.5G	苹果 A5 双核 1.0G
屏幕	4.3 英寸 1280x720 像素	4.8 英寸 1280x720 像素	4.7 英寸 1280x720 像素	4 英寸 960x640 像素
RAM	2GB	1GB	1GB	512MB
摄像头	800 万像素	800 万像素	800 万像素	800 万像素
价格	1999 元	4599 元	4999 元	4799 元

首先，在其推出的产品上，小米坚持做到"精简型号，丰富服务"。硬件型号极少，开发时追求极致，销售时追求规模效应；通过软件、服务来满足多样化的需求。小米手机硬件的生产及组装，一概采用业务外包的方式，而技术和工业设计则交与小米公司内部的硬件设计团队。这样可以很好地将资金与精力集中在产品的技术研发上，提高了资金和管理资源的利用效率。而且，随着原材料价格的不断下降和小米产能规模的提升，采购价格和固定成本都在降低和摊薄。小米公司还采取产品订购在先、发货在后的模式，达到零存货状态。通过与快速便捷的物流公司合作，直接由物流公司将手机送到消费者手中，大大降低了仓储、安保及运输成本。这样计算下来，即使定价如此之低，小米手机的硬件还是可以实现盈利的。

从这里我们可以看出，相比于传统电子制造企业，小米商业模式的创新之处除了成功转变了"生产制造"和"物流运输"这两个传统的企业内部的利益相关者为企业外部的合作伙伴以外，还通过"精简极致"的聚焦方法增强了顾客价值实现的价值链，做到顾客超额满意；并且还通过外包和拉动式管理等方式改变和改良了企业价值实现价值链中的产生经济和管理成本的环节。

其次，小米公司在销售上不走传统的电器电子卖场和专卖店渠道，不设立实体店铺，只走线上渠道和运营商渠道，通过新媒体的传播和粉丝的口碑效应进行宣传，几乎没有在传统媒体进行广告投放（除了2013年、2014年两年的央视春晚广告），省去了传统营销的中间环节，在吸引目标群体的同时，还节约了店铺租金及传统市场营销中的经销商利润，从而在价格竞争中获取了很大的优势。

　　小米公司强大的营销能力和技巧一直为人们称道，但其实归根结底，这些创新的营销模式之所以能够成功实施，还是在于原创性创新——通过对最重要的利益相关者"顾客"和"员工"的深入了解、引导和培养，将他们的角色转化成公司的营销和宣传渠道，并借此优化其顾客价值和企业价值实现的价值链，创造成本竞争优势。

　　4. 生态系统——"羊毛出在猪身上"

　　小米手机成本只有零售价的5到6个点，就有机会按成本价零售。迅速把产品铺开，通过互联网的衍生收益的模式来获取利润。其实这就是小米模式的核心内容。小米在手机行业取得成功之后，他们也在做电视、路由器，这些都是核心业务。除了这些，小米公司已经投资了27家智能硬件公司，做手机各个周边的硬件，怎么把这些硬件全部有效地联结在一起，就是小米最近的"智能家居"战略。怎么以手机为中心连接所有智能设备，把这些设备全部联网，全部手机可控制，这就是小米最近在做的一件事。

　　小米不只是一家手机公司。虽然，截至目前，小米的销售收入绝大部分来自硬件，且其中大部分来自手机，给人"小米是一个手机公司"的感觉。然而，小米将手机硬件卖给用户之后，其软件支持和互联网服务才刚刚开始，有别于以硬件为核心的传统手机公司；如今，小米的产品线已经拓展到电视、机顶盒、路由器……相信随着时间推移，小米的触角还将延伸到更多的品类。

　　小米"软件 + 硬件 + 互联网服务"的组合已经产生了互补效应。其中，软件是小米的最强项，其MIUI系统是目前国内业界公认最好的应用层操作系统；硬件是重要的得分项，高配低价的策略为小米聚集了大量粉丝，是小米抢占互联网入口的重要工具，也是小米现金流的重要来源；而互联网服务是小米目前的弱项，目前为止所做的尝试都还未取得突破。用户并未由于互联网服务差强人意而放弃小米，他们被小米的软件、硬件吸引，因此也包容了小米互联网服务中等的表现。

　　以前的商业模式是"羊毛出在羊身上"，而现在，则有可能是"羊毛出在猪身上"。正如小米公司的最大"秘密"一样：它在看得见的部分可以不挣钱，但却可以用别的方式挣。举例来说，随着MIUI的快速扩张，引起了众多App开发者的重视。2013年12月，MIUI向开发者分成超过了1800万元，雷军宣布小米生态链已初步形成。而在一年多以后的2015年2月3日，小米互娱官方微博发布了《小米游戏生态圈2014年度报告》对外宣布：2014年小米向开发者分成达到6亿人民币！

小米通过其生态系统的建设，一方面以丰富的、超高性价比甚至是免费的软硬件和服务迅速吸引大量的用户，巩固和增强其顾客价值实现的价值链，另一方面从合作厂商和供应链中，创造和发掘更多企业价值实现的价值链，实现赢利和企业价值。然而，小米企业价值实现的前提是顾客价值的实现和由此带来的海量的互联网用户。为了在企业价值尚未实现的情况下更快更大地实现顾客价值，小米跟很多互联网公司一样，采用了融资的方法来确保维持大量的资源消耗。

小米保持着每年完成一次融资的节奏。几乎每一轮融资完成后，它的身价都会"三级跳"。2010年4月，雷军及团队、晨兴创投、启明创投投资创立小米；2010年底完成来自IDG的融资，公司估值2.5亿美元，全年累计融资4100万美元；2011年12月，小米获9000万美元融资，估值10亿美元；2012年6月底，小米宣布融资2.16亿美元，估值40亿美元；2013年8月，小米新一轮融资估值100亿美元。2014年12月融资逾10亿美金，小米的估值超过400亿美元，与2010年时相比增长了160倍。

5. 小米公司的价值网络模型

下面我们以小米公司为例，按照其业务发展的生命周期，分三个阶段（新品研发阶段、批量供应阶段、生态系统阶段）分析其顾客价值和企业价值实现的价值链模型。

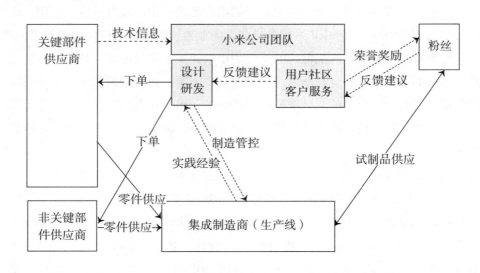

图 7-1　小米公司顾客价值的实现模型（新品研发阶段）

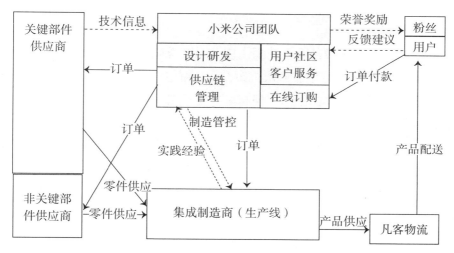

图 7-2　小米公司原创性创新价值的实现模型（批量供应阶段）

　　基于利益相关者和价值链的分析进行价值网络重构有助于企业实施原创性创新。并分立出如下五个具体的假设：其一，转变利益相关者在价值网络中的角色有助于企业实施原创性创新；其二，调整利益相关者的细分群体有助于企业实施原创性创新；其三，改变"顾客价值实现"的主价值链有助于企业实施原创性创新；其四，改变"企业价值实现"的主价值链有助于企业实施原创性创新；其五，改变"顾客价值"和"企业价值"实现的相位有助于企业实施原创性创新。

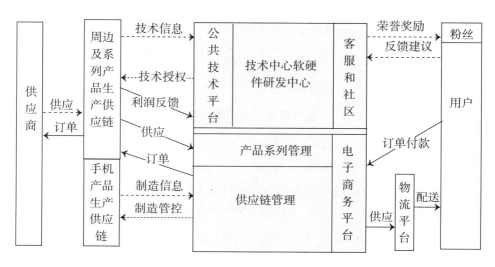

图 7-3　小米公司企业原创性创新价值的实现模型（生态系统阶段）

（二）某汽车企业

上海 Y 汽车电子股份有限公司（应公司要求隐去真名，以下简称"Y 公司"）是一家专注于汽车电子解决方案开发、制造、销售的高新技术企业，公司成立于2005年，总部位于上海浦东。Y 公司在深圳、无锡、武汉均有研发中心，在北京、浙江、重庆、武汉、哈尔滨等8地设有分公司或办事处，致力于胎压监测系统、防抱死系统、电动助力转向系统、车身控制系统等的开发研究。Y 公司秉承"专业成就品质"的理念，与 International Rectifier 、Texas Instrument 、TDK 等国际一流半导体公司在元件和技术方面有着深入的合作，把世界一流的技术和产品应用到开发方案中，为客户提供最新的产品咨询和服务。

随着中国汽车行业的蓬勃发展，与之配套的汽车电子行业成为一个热门的竞争领域。一方面因为汽车行业对配套电子系统的安全性、可靠性要求极高，所以汽车电子产品的研发是高技术高门槛的产业；另一方面，中国汽车电子产品中的很多重要芯片和元件不能完全国产化，仍然需要依靠国际半导体厂商的专业技术和产品支持，因此在技术和供应链上仍然受到限制。

按照 Max 的叙述，一般的汽车电子生产商的价值链拓扑图如图7-4所示。

图7-4　一般汽车电子生产商的价值链拓扑图

而 Y 公司的价值网络如图7-5所示。

Y 公司在这样一种价值网络的运营下，在10年中发展进步很快，逐步建立起了自己的研发中心和多家分支机构，年营业额达到3亿人民币，是多家国际半导体供应商的深度合作伙伴，成为行业里有影响力的核心企业。通过调研与访谈得知，用户、管理员工、研发员工、合作方、国际 IC 芯片供应商等，都是Y 公司重要的利益相关者。这些利益相关者及其组成的价值链网络，形成了 Y公司实施原创性创新的网络框架。

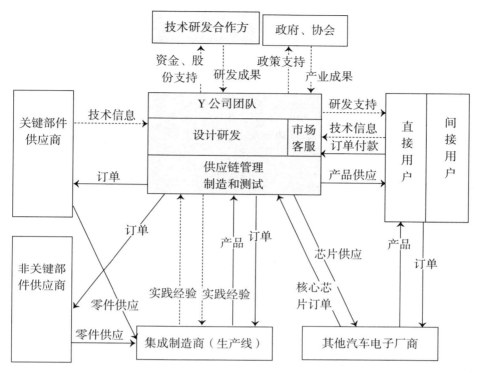

图 7-5 Y公司的价值网络拓扑图

（三）格力公司

综合起来，利益相关者图谱描述这样几个核心问题：其一，企业有哪些细分的利益相关者？他们有什么特征？其二，这些利益相关者和企业有什么关系？他们之间有什么关联？其三，利益相关者可以分为几类？他们对企业实施原创性创新的影响程度如何？网络经济环境下的一般企业利益相关者关系如图7-6所示。

格力公司顾客价值和企业价值的实现模型可表述为：在企业价值网络里错综复杂的价值链中，有两条价值链是最为突出的，分别是：顾客价值实现的价值链和企业价值实现的价值链。一般来说，对一家企业而言，最重要的利益相关方是其顾客和股东，因此满足这两个利益相关方需求的主要经营活动和价值路径也是商业模式研究的重中之重。

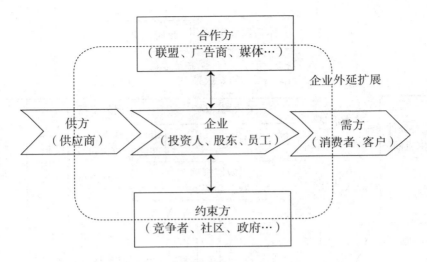

图 7-6　网络经济环境下的企业利益相关者关系

以格力公司为例，可以画出以下价值流动网络拓扑图。

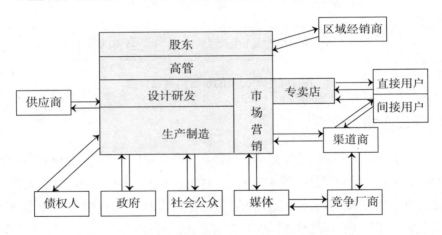

图 7-7　格力公司价值网络图

（四）结论

从上文中案例所显示的证据和分析来看，无论是小米公司还是 Y 公司和格力，分析他们的创新模式都遵循这样的规律。

第一步，对企业的利益相关者进行头脑风暴和分析，列出利益相关者图谱并采用互动度、绑定度、影响力评分法对利益相关者的重要性进行评估。

第二步，根据上一步得出的主要的利益相关者，结合企业具体的业务，画出企业的价值网络拓扑图，或者以价值链为基础的分块的价值链关系图。

第三步，着重详细分析企业价值网络中"顾客价值实现"和"企业价值实现"的价值链和模型。

通过以上三个步骤，可以比较清晰地描述企业的创新模式，能把原创性创新模式作为一个具备全面性、概括性、可复制性、可操作性和长期稳定性特点的概念，与盈利模式、营销模式、运营模式、战略模式等容易相混淆的表述区隔开来。网络经济是一个突破传统时间、空间和产业限制的融合性经济环境，具有外部效应带来的规模倍增和边际效应递增的特点，是去中介化和超级竞争的"透明经济"。网络经济背景下，企业要想获得竞争优势，应充分重视其内外部因素引起的利益相关者和价值网络的变化，并发展与之相适应的创新模式。

企业进行原创性创新模式的思路可以归纳为：其一，转变利益相关者在价值网络中的角色；其二，调整利益相关者的细分群体；其三，改变"顾客价值实现"的主价值链；其四，改变"企业价值实现"的主价值链；其五，改变"顾客价值"和"企业价值"实现的相位。

三、小结

结合前面章节的理论与实践分析，从原创性创新价值网络的三个核心要素：创新生态体系、产业生态体系以及企业价值网络，构建基于产品研发、空间布局、市场体系、产业链分工、全球价值链、制造业与生产性服务业融合以及信息网络等方面，综合构建追赶型产业、弯道超车型产业、转移型产业、领先型产业、战略型产业五类行业的解决方案。在中国网络经济背景下选取的几个企业案例进行分析研究，以期进一步探讨微观层面原创性创新价值网络的构建与企业实施原创性创新路径选择。

第八章 原创性创新网络构建与广东经济增长方式根本转变

1987年党的十三大报告提出了"最终实现从粗放型转移至集约型轨道"的战略。1995年9月，党的十四届五中全会提出了经济增长方式从粗放型向集约型转变。1997年，党的十五大明确提出"经济增长方式转变"。党的十七大进一步提出"加快转变经济发展方式"。党的十八大报告提出，加快形成新的经济发展方式。2015年11月，党的十八届五中全会则强调要"重视颠覆性技术创新"，推动经济发展方式转变，至此，原创性创新与经济增长方式转变问题的研究显得十分重要与迫切。

一、广东经济增长方式转变指数与原创性创新特征测度

（一）评价测度的背景

1. 广东技术创新能力不断攀升，技术交易日趋活跃

近年来广东技术市场规模迅速扩大，技术交易日趋活跃，如图8-1所示，专利申请受理量和授权量也呈逐年上升趋势。

技术市场成交合同数及成交合同金额逐年攀升，如图8-2所示。

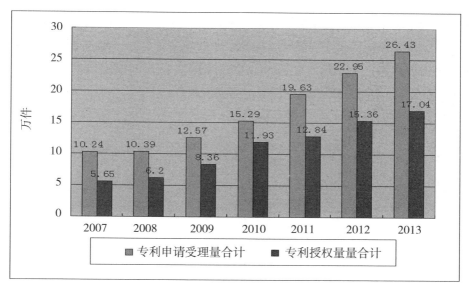

图 8-1 2007—2013 年广东专利申请受理量和授权量

数据来源:《广东统计年鉴（2014年）》）。

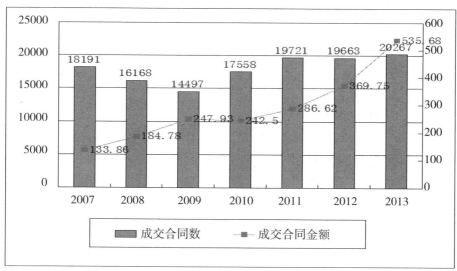

图 8-2 2007—2013 年广东技术市场成交合同数及合同金额

数据来源:《广东统计年鉴（2014年）》）。

技术市场交易形式不断创新，以民营科技企业为主的市场开发能力不断增加、网上科技市场迅猛发展、科技市场辐射力增加，服务水平日益提高，已经成为市场经济体系和创新体系不可缺少的重要组成部分，为优化科技资源配置、加速科技成果向现实生产力转化、提高企业的技术竞争力、促进经济结构调整和经济发展，做出了卓越的贡献。如图8-3所示，广东2013年技术市场成交额为529.39亿元，居全国第三位，仅次于北京和上海。

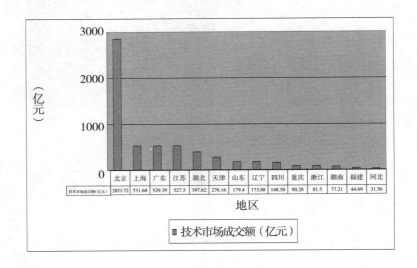

图 8-3　2013 年广东与国内主要省市技术市场成交额比较

数据来源：《广东统计年鉴（2014年）》。

2. 广东创新驱动能力不断增强

以驱动广东经济增长方式转变的核心指标为例，截至2015年10月，广东省有效专利总量为76.08万件，有效发明专利13.19万件，位居全国首位；广东企业拥有有效专利48.3万件，其中华为、中兴有效专利数量超过1万件。广东发明、实用新型专利申请量占比由2010年的57%提高到2015年的67%，发明专利申请量年均增长19%，每万人口发明专利拥有量是全国的2倍多。2015年，广东企业发明专利申请和授权量占全省的70%以上，5家企业跻身世界国际专利申请50强。2016年1—2月，广东共有3338家企业申请了发明专利申请，占全省发明专利申请受理量的72%。2015年，广东近7%的企业研发投入占营业总收入的比例超过10%，新产品依靠自主研发的企业比例超40%，27%的加工贸易企业成长为科技投入型企业，上述数据已充分说明，广东创新驱动的内生动力不断上升，但要辨别广东经济增长方式转变的动力特征还需要系统测度。

（二）评价体系构建与数据来源

1. 评价体系构建

借鉴国内外学者相关研究成果，本书构建评价指标体系，本研究的经济增长方式转变综合指数（$EGPT$）主要涵盖了经济增长方式转变指数（EGP）、两个发展动力指数（SE 和 DA）两大类进行评价，其中，发展动力主要从知识溢出效应与原创性创新效应两个方面进行测度，如图8-4所示。

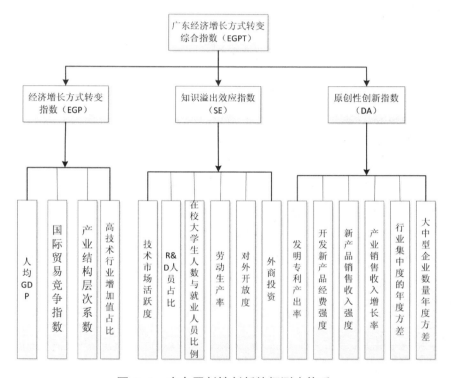

图8-4　广东原创性创新特征测度体系

确立经济增长方式转变（EGP）特征性指标包括人均 GDP（$PGDP$）、国际贸易竞争指数（ER）、产业结构层次系数（LX）、高技术行业增加值占比（HTE）；知识溢出效应（SE）特征指标项为：技术市场活跃度（RMA）、R&D人员占比（RES）、在校大学生人数与就业人员比例（EDU）、劳动生产率（R）、对外开放程度（$OPEN$）和外商投资（FDI）；原创性创新能力（DA）特征指标项为：发明专利产出率（P）、开发新产品经费强度（NPF）、新产品销售收入强度（NPS）、产品销售收入年增长率（PSR）、行业集中度的年度方差（IC）和大中型企业数量年度方差（KME）[1]。结合前面内容，综合出广东经济增长方式、经济增长动力（包括知识溢出效应和原创性创新能力）的特征性指标体系，共16个特征指标，构建广东经济增长方式转变综合指数的测度体系，运用熵值法进行评价。

2. 数据主要来源

数据主要来源于《广东统计年鉴》《广东科技统计年鉴》《广东工业统计年鉴》、广东省知识产权公共信息综合服务平台（数据库）以及1997年、2002年、2005年、2007年、2010年、2012年广东42部门的投入产出表、延长表[2]。中国统计数据应用支持系统、中国行业研究报告库和中国统计年鉴数据库（挖掘版）进行了数据支持。

3. 指标相关性分析

运用SPSS计算得相关系数矩阵（数据列表略），从所得相关系数矩阵的数据来分析：①共有21项变量的相关系数绝对值大于0.5，占整个相关系数总数10.7%，其中最大值为0.863，由此，判断该特征指标体系的独立程度在可接受的范围内；②由于劳动生产率（PR）、专利产出率（IP）等指标与其他指标间的相关系数的绝对值大于0.5，这表明这些指标项与指标体系存在一定的线性相关。但考虑本部分主要是评价，而非进行回归分析，因此在评价体系指标项上，基本保留了原指标体系的设计方案。值得一提的是，在设计特征指标项时，也曾担心过自相关问题，因此，所有的特征性指标尽可能采用结构化的指标（即为比例指标），而非直接数据指标，从相关性分析结果来看，这一考虑还是有

---

① 加工贸易增值率（PTR）为加工贸易出口总额与加工贸易进口总额之比；现代服务业增加值占比（MSI）为现代服务业增加值占服务业增加值比重；高技术行业增加值占比（HTE）为高技术行业增加值占工业增加值比重；技术市场活跃度（RMA）即为技术市场成交额；劳动生产率（PR）是指全员劳动生产率；对放开放度（OPEN）即为对外贸易依存度，指进出口贸易总额与GDP的比值；发明专利产出率（IP）指发明专利授权量占专利授权量的比重；开发新产品经费强度（NPF）即为企业新产品研发经费投入；新产品销售强度（NPF）为企业新产品销售收入占产品销售总额的比重；产品销售收入年增长率（PSR）是指产品销售收入的环比增长率；行业集中度的年度方差（AVI）指各行业排名前4的企业销售收入占该行业产品销售收入比重的方差；大中型企业数量年度方差（NME）是指大中型企业年度数量的方差。

② 考虑数据的可得性，鉴于投入产出表等数据来源的非连续性以及由于统计口径等原因，个别数据缺失等，所有数据进行了处理，对于非连续性数据进行了平均增速补充，由于数据量较多，因此，上述处理不会影响实证的效果。

成效的。

4.测度和评价

根据上述指标体系，选择广东省产业数据进行比较研究，收集相关数据并进行无量纲化，熵值法是一种客观赋值法，能较好地克服主观因素的影响。采用这一指标，可以较客观地计算各项指标的权重，对多指标评价提供依据，评价指标权重体系如表8-1所示。

表8-1　广东原创性创新特征综合指数权重体系（熵值法）

变量分类	变量名称	经济含义	权重
经济增长方式转变指数（EGP）	PGDP	人均 GDP	0.146
	ER	国际贸易竞争指数	0.052
	IX	产业结构层次系数	0.708
	HTE	高技术行业增加值占比	0.094
知识溢出指数（SE）	RMA	技术市场活跃度	0.255
	RES	R&D 人员占比	0.329
	EDU	在校大学生人数与就业人员比例	0.073
	PR	劳动生产率	0.059
	OPEN	对外开放度（进出口总额占 GDP 比重）	0.095
	FDI	外商投资	0.189
原创性创新指数（DA）	NPS	新产品销售收入强度	0.101
	PSR	产品销售收入年增长率	0.012
	IC	行业集中度的年度方差	0.035
	NPF	开发新产品经费强度	0.015
	IP	发明专利产出率	0.818
	LME	大中型企业数量年度方差	0.019

收集相关数据并进行无量纲化。熵值法是一种客观赋值法，能较好地克服主观因素的影响，采用这一指标，可以较客观地计算各项指标的权重，对多指标评价提供依据。依据上述权重体系，计算广东省经济增长方式转变指数、原创性创新以及知识溢出效应指数。根据广东省经济增长方式转变特征指标，按

熵值法进行计算出的广东省经济增长方式转变指数如图8-5所示。

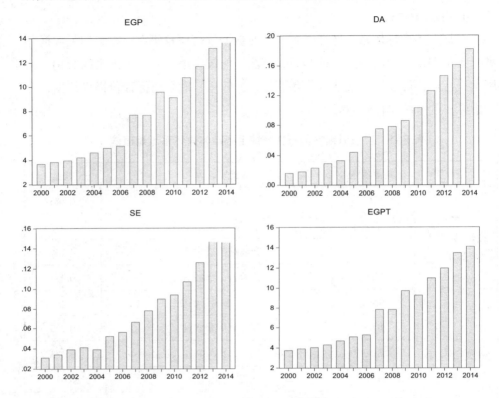

图8-5　2000—2014年广东原创性创新特征综合指数趋势图

广东虽然经受了国际金融危机的冲击，但除2008年和2010年两年的指数有些反复，其整体趋势呈现出逐年上升趋势。同理，我们计算出2000年至2014年广东知识溢出效应指数与原创性创新指数，广东省这两个指数均呈现明显的上升趋势。

（三）特征测度结果

1. 测度方法设计

基于上节的变量设置与数据采集，对广东省知识溢出效应特征指标项与原创性创新效应指数的灰色关联系数进行实证，其中，灰色关联分析法的定量分析过程如下。

第一步，选取参照数列和研究数列，本书中参照数列分别是知识溢出效应特征值与原创性创新效应特征值，考察对象分别为原创性创新效应指数与知识溢出效应指数。

第二步，对所选取的2000—2014年的相关变量序列进行无量纲化处理，采用初值法（公式8-1）处理。

$$X_{ij} = \frac{v_{ik}}{\frac{1}{n}\sum_{k=1}^{p} v_{ik}}, X_{ij} = \frac{v_{ik}}{v_{i0}} (i=1,2,...,m, k=1,2,...,n) \tag{8-1}$$

其含义是分别以最初年份（在本书中指2000年）的广东原创性创新效应指数以及知识溢出效应指数数据为基准，求得随后各年份的相应指数是最初年份相应产业增加值的倍数。

第三步，根据公式（8-2）计算灰色关联系数。其中 ρ 取值0.5，$\Delta(\max) = 2.331$，$\Delta(\min) = 0$。

$$\xi_{ik} = \frac{\Delta(\min) + \rho\Delta(\max)}{\Delta_j(k) + \rho\Delta(\max)} = \frac{\min\limits_i \min\limits_k \left| X_{ok} - X_{ik} \right| + \rho \max\limits_i \max\limits_k \left| X_{ok} - X_{ik} \right|}{\left| X_{ok} - X_{ik} \right| + \rho \max\limits_i \max\limits_k \left| X_{ok} - X_{ik} \right|} \tag{8-2}$$

$(i=1,2,...,m, k=1,2,...,n)$

第四步，对相关数据的关联系数取平均值。

2. 数据的灰色关联度分析与综合评价

求得2000—2014年广东省经济增长方式转变耦合动力关联度排名，将计算结果从高到低排序如表8-2所示，实证结论表明：①广东的知识溢出效应各特征指标项总体来说与原创性创新效应的关联度不高，均低于0.4，其中知识溢出效应特征指标中的技术市场活跃度与原创性创新效应指数的关联系数最高，为0.392，为弱关联；②广东的原创性创新效应各特征指标项总体来说与知识溢出效应的关联度也不高，均低于0.4，其中原创性创新效应特征指标中的新产品销售收入与知识溢出效应指数的关联系数最高，为0.369，属于弱关联。综合上述结果表明：对于整个经济增长方式转变的总体效应来看，知识溢出与原创性创新的内生互动性还欠缺，是未来政策制定部门和政府决策部门所要关注的问题。

结合第五章第二小节的实证结果，以珠三角为代表的广东在经济增长方式转型方面主要以模仿性创新为动力，而实证中本书采用的是各种指标的年均增长率为计量数据而得出的结论，而特征评价的数据是以绝对数为依据进行的。

不难得出，两种实证结论共同推演出一个事实：广东以知识溢出和原创性创新的各项特征指标逐年上升，这是一种势头，只是这种势头还不够大，知识溢出与原创性创新的互动性还不够强，以至于对经济增长方式转变的各项表现指标的贡献率还十分有限，模仿性创新的贡献率仍为主。这给我们带来的政策内涵是：提升广东知识溢出效应与原创性创新能力内生耦合性应引起有关部门的关注。

表 8-2　2000—2014 年广东省经济增长方式转变耦合动力关联度排名

知识溢出与原创性创新关联度排名		
知识溢出效应特征指标项	原创性创新效应指数	排序
技术市场活跃度	0.392	1
R&D 人员占比	0.302	2
在校大学生人数与就业人员比例	0.298	3
劳动生产率	0.253	4
对外开放度	0.146	5
外商投资	0.023	6
原创性创新与知识溢出关联度排名		
原创性创新效应特征指标项	知识溢出效应指数	排序
新产品销售收入强度	0.369	1
产品销售收入年增长率	0.302	2
行业集中度的年度方差	0.253	3
开发新产品经费强度	0.217	4
发明专利产出率	0.106	5
大中型企业数量年度方差	0.032	6

数据来源：用灰色关联度分析法分析熵值法赋权后的特征指标值。

二、原创性创新驱动经济增长方式转变的经验借鉴

（一）从模仿性创新到原创性创新：日本案例

至于此，前面的理论分析、模型推演表明，当一个地区的技术水平与技术发达地区的技术水平靠近时，原创性创新战略的选择是唯一路径，这使得该地区不会陷入经济非收敛的陷阱。而此种境遇，早在日本从 20 世纪 50 年代开始到90 年代的发展历程有着类似的抉择过程。日本在 20 世纪 50 年代还仍是一个发展中国家，人均收入只有美国的五分之一，但到 70 年代，就已经达到了美国收入的 63%，并一举成为世界第二大经济体。日本的崛起源于 20 世纪五六十年代令人瞩目的年均 9.6% 的经济增长率，而如此高的增长速率是由农业经济向工业经济的转型和关键制造业部门的持续升级驱动成就的。但这样的转变仍然只是特例，而没有普遍，多数发展中国家遭遇过长期持续的增长乏力（Reddy & Minoui，2009）。因此，从日本成功案例中吸取经验，探索经济增长方式转变的本质和决定因素，向政策制定者提供释放地区增长潜力的政策工具显得尤为迫切。

1. 日本产业发展历程

日本 20 世纪 50 年代，主要着力发展劳动密集型，如纺织品等，同时跟踪资本密集型产业，进入 60 年代，日本重点发展资本密集型产业，如钢铁、化工、汽车等，对于劳动密集型和部分资本密集型产业也维系发展，而此时，模仿性创新使得日本的产品有一定的提升，但与目前中国或是广东的情况类似，质量伪劣、技术含量低、产品附加值低和竞争力弱的情况同时存在。进入 70 年代后期，日本着重发展技术密集型产业和资本密集型，如钢铁、汽车等，此时，日本已开始全力推进原创性创新战略，直至进入 90 年代，以此战略为主导，使日本整个经济增长方式得以根本性的改变。仔细分析日本经济增长方式转变所走过和历程，不难发现，日本的经济增长方式转变体现为：从内向粗放型增长模式向劳动密集型工业发展，过渡至资本密集型工业发展，再向服务型和知识技术密集型模式转变，并最终进入服务业和知识密集型增长模式，这些模式转变，创新，特别是原创性创新是关键因素（周文莲，2007）。日本政府投资于社会效益最明显的领域就是知识技术进步领域，这一领域存在着十分明显的知识技术外溢效应，因此，这些方面是不适合个人企业去做的，通过政府主导的创新投入以及原创性创新战略的实施，综合产业结构服务化、知识技术创新、教育投

入、市场配置、政府干预等几方面的举措实施，成功实现各个发展阶段的经济增长方式转变。

2. 日本原创性创新发展的"S曲线"

从日本经济发展经验上看，R&D/GDP一般与原创性创新实施呈S曲线变化，并历经三个较为明显的阶段：第一阶段为原创性创新实施的幼稚期，R&D/GDP提升缓慢，主要为知识技术引进与吸收阶段，产业的劳动、资源密集程度较高。第二阶段是原创性创新生长期，R&D/GDP提升速度较快，主要为二次创新与自主创新阶段，经济发展开始走向创新驱动，原创性创新开始萌发。第三阶段是原创性创新成熟期，R&D/GDP趋于平稳，主要为原创性创新成功实施阶段，原创性创新战略全面实施。其中，第一、二阶段的拐点是0.7%~1%，第二、三阶段的拐点是2%~2.2%（详见图8-6）。

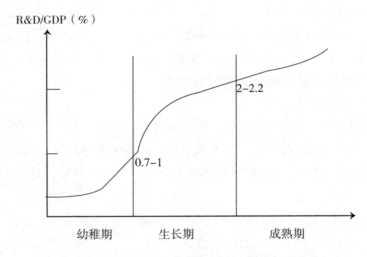

图8-6　日本R&D/GDP与原创性创新发展S曲线图

3. 日本案例经验借鉴

日本经济转型的经验再次提醒我们，一定的发展阶段对应着一定的创新战略，当模仿性创新进入到一个发展瓶颈时，原创性创新战略的选择便成为解决困境问题的关键。而实际上，关于如何促进广东经济增长方式转变，国内学者们也竞相发表了自己的观点，其中，张建武（1998）指出，人力资本、收入分配、技术进步贡献率等是推动广东经济增长方式的转变的主要因素。刘国军（2010）从文化创意产业发展的角度，认为加大以文化创意产业为代表的产业结构调整，是转变广东经济发展方式、构建现代产业体系的有力抓手。此外，王学力（2007）指出，传统创新力推动广东传统经济增长方式的"路径依赖"难以维系，科技原创力是广东转变经济增长模式的路径选择。李超（1997）指出，广东企业转换经营机制，建立现代企业管理制度，关键是加快以技术创新为核心的原创性创新步伐，促进企业转型升级，从而实现广东经济增长方式转变。

综合上述分析，回过头来看广东，2015年，广东R&D经费支出占GDP比重已达2.5%，按国际上通用的称量标准，可以说，已步入创新型国家或地区行列，创新驱动经济增长已进入关键期，需更加注重创新发展模式，重视原创性创新的实施，提高原创性创新能力，推动经济增长方式的转变正当时。从跨越和进入"中等收入陷阱"国家的经验和教训来看，广东应打破了现有的发展模式，自主创新，转换经济增长动力，为了跨越"中等收入陷阱"，这些问题促使我们继续探索从比较优势至超比较优势直至竞争优势的转变，在经济新常态下新的开放模式中，广东转变经济增长方式已势在必行。

（二）原创性创新战略选择：华为经验

1. 创新战略的选择历程

（1）初始期的模仿性创新

20世纪80年代，当时有一句说法，国内有大量的进口交换机，"七国八制"。由于当时的技术力量还比较薄弱，华为早期主要对国外和香港地区使用的交换机进行仿制、知识吸收与转化的行为，成功研制了JK1000，ISDN全数字排除机等，从代理香港的HAX交换机转向仿制有一定技术含量的单一交换机。1992年，华为开始针对农村市场开发数字交换机，对万门级交换机进行了工艺创新，用光纤替代了电缆，满足了国内广大农村地区的需求；在这一阶段形成了稳定的生产体系，基本上实现了国产化。这一期间，华为的模式主要为模仿创新，即核心技术利用、互补技术利用、裁剪和重组型裂变式创新。

（2）吸收与二次创新

华为1996年推出接入网和光网络SDH等，并于2004年开始跟踪采纳SDH和GSM网络标准，这些举措均是扩大对知识溢出效应的吸收，是实施原创性创新的前奏，是开发新产品实施市场破坏的关键步骤。通过与多家终端制造商合作，华为自此把自己的海外业务从此前单纯的销售进一步扩展到了生产环节，其在全球的通信设备制造知识网络中的位置又大大跨进了一步。通过一系列的合作活动，华为集团和众多国外厂商建立起了联系，使得华为在全球制造知识网络中的关系嵌入性得到了更大的提升。同时，随着海外生产活动的开始，合作带来的更全面的产品线，使得华为在全球制造知识网络中对通信制造设备的零部件供应环节的掌控程度更加集中，也使得其知识网络结构嵌入性也得到较大的提升。在这时期，华为利用生产制造的知识网络，成功地进行了知识吸收，并开发新产品，在国际细分市场成功地进行了销售，抢占了部分国际市场。华为这一阶段的发展模式为自主创新模式，即核心技术利用、互补技术探索、有价值创造的裂变式创新。

（3）原创性创新的实施

华为从1992年起，坚持每年至少拿出销售的10%进行研发，4G商用网2014年才在中国出现，华为已着手在5G技术领域提前布局，以期抢占市场先机。华为的竞争对手也曾试图模仿，但均未成功，因为华为的产品并不是一个简单的组装积木，而是一种实质上的飞跃，它是一种革命性的、破坏性的产品，在过去的几年里，欧洲等世界市场为华为带来了巨大的收益。华为的原创性创新阶段特征为技术与市场的探索，知识创造与市场破坏性很高。例如在华为成功研发了移动模式WLAN后，就为相应的顾客建立网络系统和服务，这些网络系统和服务需要大量不同以往的互补技术。华为的典型模式是针对一个项目进行核心技术和互补技术的共同研发，不断创造"示范工程"，引领技术和需求的发展趋势，将创新资源聚焦在一点上集中突破，无须等待市场成熟和合作伙伴的配合，这恰恰是原创性创新的实质所在。

2. 华为经验

华为基于知识吸收的原创性创新战略的国际化阶段实施可以划分为模仿创新、二次创新和原创性创新三个阶段，华为案例归纳所揭示的演化模型体现了知识吸收与原创性创新能力的互动动态能力，其经验可归纳如下。

（1）制造业知识网络的嵌入性

在通信设备制造业的全球制造网络中，如图8-7所示，位居最上层的是大型跨国公司，这些厂商在生产过程中一般控制着最后的技术以及关键的设备生产等环节，其网络中心度越高，即关系嵌入性和结构嵌入性越高；反之，越是最下层的企业，其在全球制造网络中的关系嵌入性和结构嵌入性就越低。以生产初级通信设备起家的华为集团，一开始只能处于这一网络的外围。但自开始向美国出口通信设备零部件产品开始，华为集团渐进式国际化，既是在通信制造业全球制造网络中不断加强嵌入性的过程，也是知识吸收能力增加的过程，更是不断提升企业自身竞争优势的过程。

华为十分重视人力资源的开发与研发投入，华为目前员工的40%以上是研发技术人员，85%以上人员为本科以上学历，并且每年拿出至少10%的销售额作为企业的研发投入。为了更好地发挥人力资源优势，华为在国内外成立了多家研究所，这使得华为在激烈的市场竞争中，有着以人力资本为投入的知识吸收能力，这使得华为能更有效地进行原创性创新，提升创新的投入产出能力。

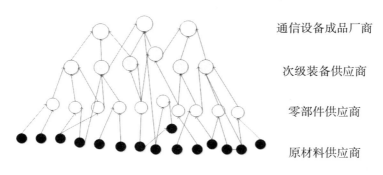

通信设备成品厂商

次级装备供应商

零部件供应商

原材料供应商

图 8-7　通信设备制造业网络示意图

（2）原创性商业模式创新的选择

通过华为案例分析，破坏性商业模式创新是基于新概念或新技术的应用，颠覆传统产业的商业准则，通过重构价值链，引起销售渠道、收益方式、消费习惯等彻底地改变，由此改变产业格局，引领产业创新，进而引发本行业甚至其他相关行业产业生态系统的巨变。

华为经验告诉我们，企业在面临巨大的竞争与生存压力时，嬗变发展与适应环境十分重要，以知识和人力资本的积累为基础，加强知识吸收能力，促进企业不断地进行原创性创新，并将创新成果产业化，生产出新产品，在低端市场、新兴市场或混合市场中进行突破，以最终实现对主流市场的"破坏"，原创性创新是企业转型升级和竞争力提升的路径选择。

三、实现广东经济增长方式根本转变的出路

（一）原创性创新实现企业突破性、跨越式创新发展

如果我们假定市场上某种产品只有两家企业竞争，两个企业追求利润最大

化，生产成本为零，企业的唯一投入是知识，前人理论推导研究告诉我们结论：知识吸收能力和知识创新能力的提升会导致知识要素生产率的提高，造成技术创新能力的提升，也会直接突变跨越式提升企业生产效率，这意味着，企业的知识吸收和知识创新能力能够提高企业的产出水平。不难得知，知识吸收能力和知识创新能力的提升会导致知识要素生产率的提高，造成技术创新能力的提升，也会直接突变跨越式提升企业生产效率，知识吸收与企业生产效率关系密切，而企业生产效率来源于技术创新的能力，而更简单、更便宜、更方便的技术创新是破坏性技术形成的初始特征（Christensen，1997）。由此，不难求解，正是这种知识吸收与破坏性技术创新存在着内在的关联性，使得原创性创新的特征和运行得以体现与实施。通过实施破坏性创新战略，离开维持性创新的轨道，脱离在位者制定的游戏规则的制约，通过创造新规则获得突破。破坏性创新战略的选择能促使市场中处于弱势的参与者不是选择与领先者进行直接正面交锋，而是选择从强大的竞争对手过于忽略的领域中寻求立足点。通过增加自身的知识吸收能力，提升创新水平，并生产出破坏性创新产品，在竞争对手有所认识之前发起对方无法抗拒的进攻，一举夺得市场优势地位，而知识吸收与破坏性创新的互动正是满足上述要求的合适选择。由于企业知识吸收能力的增强，破坏性技术创新能力随之增加，原创性技术的原始性以及原创性商业模式创新的实施，使得企业从渐进性、维持性增长到突变性、跨越式创新发展。

（二）从比较优势向竞争优势转变，驱动产业国际竞争力提升

发达地区和发展中地区贸易竞争力差距较大，两地在知识完全溢出条件下实施破坏性创新可使两地获得巨大的收益，针对模型中的判断，欠发达地区受益非常明显，而作为目前主流市场占有者的发达地区则效应较弱，通过上述模型分析表明，在知识完全溢出条件下，加快后发地区原创性创新能力必定可以使欠发达地区的产业国际竞争力增加。经济发展实践中，广东根据劳动力、土地等要素禀赋的比较优势，在低水平的生产力水平下，一定能在一定程度上获得相应的比较优势，实现资本积累和经济增长，但不可持续。竞争优势是国家在某些方面比其他国家更能带来利润或效益的优势，相比较于比较优势，竞争优势所产生的经济效益当然更为可观。对于发展中国家而言，竞争优势无疑是在国际贸易中的追求对象，发展中国家立足自身具有比较优势和创新发展，可以创造自己的竞争优势，但过程是缓慢而艰巨的。从斯密的分工理论到熊彼特

的创新理论，直至波特的竞争优势理论和克里斯滕森的破坏性创新理论可以看作是互相呼应的。与主流经济学强调基于禀赋的比较优势不同的经济学理论体系。从理论分析及各国的经验看，原创性创新可以驱动广东产业竞争力由比较优势向竞争优势转变。

（三）从仿制向原创发展，驱动产业结构优化

一般而言，模仿者市场风险和市场开发成本相对较小，然而模仿不能获得市场的领导权，但可以通过自己的某些垄断市场的发展条件，以获得更大的利益和竞争优势。例如，模仿可以率先采取主动的策略，从而达到时间优势；或者采用市场割据策略、低成本策略，从而获得价格竞争优势，仿创有利于推动创新的扩散，因而也具有十分重要的意义。因此，如果一个行业众多企业进行模仿性创新，则在该行业的起步阶段，这一行业较其他行业将迅速增长。另一方面，任何企业，无论多么强大，都不能在一个相对较短的时间内占据所有的市场，因此，一旦首创或仿创获得成功，一大批仿创者出现就成为必然，这会造成这些企业所在行业整体陷入比较利益的陷阱，发展滞后，从而影响整个产业结构的优化。

但从长远来看，模仿创新不能作为创新的主导战略，长期使用这种策略，不仅会使组织完全丧失了创新能力，更使其在市场中处于被动地位，而且产业结构也将趋于不合理的状态。基于模型性创新的局限性以及自主创新的高成本性，我们应立足广东省的省情，找到技术与市场的结合点，既要克服仿制性创新的局限性，从仿制向原创发展，又要实施市场破坏，原创性创新正是这样一种创新模式。不彻底改变这样一种仿制性的创新取向，不实施创造性的原创性创新，广东产业发展之路会非常艰难，产业结构也难以优化。

原创性创新首先要有创意，然后把创意变成创造，并用创业来赋予制造业以文化力和生命力，提高其附加值；原创性创新就是把制造的科研成果应用到企业创办或技术开发、产品开发上，再推广到市场上去，实现商业化和产业化，原创性创新是产业结构优化的关键因素。实施原创性创新战略，更具有技术创新的动力、活力和能力，是从仿制向原创发展，驱动产业发展，从而优化产业结构，是实现经济增长方式转变的基本条件。

（四）由高投入、低产出到知识溢出与内生增长

广东高投入与低产出的创新模式已出现不适应性，当前，为了降低成本和风险，国内大多数企业倾向于选择以技术引进为主的维持性创新战略。此举使我国多数企业被纳入发达国家跨国企业提高自身竞争力的价值链体系中，处于其产品供销价值链中的低端环节，在运用领先企业核心技术生产产品的同时，需要向拥有核心技术专利所有权的企业支付高额专利费。缺乏关键技术和核心技术使我国企业不得不承受昂贵代价，在实施技术引进时，总是受到技术转让企业的牵制，运行中必须遵循其标准和要求，因而只能获取产品利润中的非常小的部分。

可见，采用模仿性创新需要为其所依托的核心技术付出巨额专利使用费的代价，是一种高投入、低产出的维持性创新模式，这种模式已陷入了困境。而原创性创新是一种创造性、颠覆性的创新，是不同于主流技术轨迹的一种创新模式，它是知识与经济结合的产物，是创意物化于生产中的实现，是一种高效率、低投入、高产出创新模式。当一个地区或国家发展到一定阶段时，必然要改变已有的模仿性创新的模式，而质变到原创性创新，完成由高投入、低产出到知识溢出与内生增长的"华丽转身"。

（五）构建粤港澳大湾区产业和协同创新生态体系，聚合形成原创性创新价值网络核心

2017年两会期间，第十二届全国政协副秘书长朱永新提交了《关于发展中国与全球联合创新的提案》，至此，"全球联合创新"这一创新理念也得到了广泛共识。全球联合创新是一个高效的创新方法论。2017年国务院《政府工作报告》指出："要推动内地与港澳深化合作，研究制定粤港澳大湾区城市群发展规划，发挥港澳独特优势，提升在国家经济发展和对外开放中的地位与功能。"《珠江三角洲改革发展规划纲要（2008-2020）》中明确提出，珠三角地区要构建现代产业体系，加快发展先进制造业。当前，广东珠三角制造业集群发展主要集中于传统产业，大多处于全球价值链低端；传统制造业集群内企业离散化，专业化层次较低，研发创新能力不强，产品同质化程度较高，企业间竞争大于协作，配套功能不强，黏合度不高。

国外经验表明，地区间的分工与协作进行协同创新是充分利用高端生产要

素实现产业发展突破的一个有效手段。例如，美国的硅谷之所以会形成，在某种程度上是因为美国的其他地方也形成了分工明确的中心。又如，纽约是金融中心，波士顿是生物产业中心，得克萨斯州以能源和石化工业著称，洛杉矶地区有以好莱坞为代表的文化娱乐产业中心。先分工，再集聚，是这些地区成功的秘诀。再如美国的旧金山湾区更像一个去中心化的城市群，那里没有龙头和中心，只有一条"轴线"，即著名的"101公路"，所有的高端行业、产业、企业都沿着这条公路布局，这使得许多高端的生产要素资源能以这种方式为沿线地区共同使用，从而带动这一地区整体的产业提升。在网络时代和智能时代，无论是"中国制造2025"，还是"工业4.0"，都离不开服务创新。在互联网时代，项目软孵化、多重职业、协同办公、众包、远程服务等新概念层出不穷。这意味着"知识的溢出"是很容易做到的事情，一个地区的高校数量、科研人员的数量也不再那么重要。当下的创新是跨国界、跨学科、跨人才的竞争与合作。美国硅谷有约一半的工程师不是在美国出生的，空中客车公司是由欧洲四国联合创建的，中国的改革开放是用市场与全球的资本与技术置换的成果，所有这些都是跨国界合作的成功案例。创新不同于发明、研发，创新是一个新技术成为新产品、新产业的实现过程，是一根完整的链条，产业创新需要一个完整的生态系统。2004年，美国竞争力委员会提交的《创新美国》研究报告指出，21世纪初的创新，出现了一些不同于20世纪创新的新变化，创新本身性质的变化和创新者之间关系的变化，需要新的构想、新的方法，"企业、政府、教育家和工人之间需要建立一种新的关系，形成一个21世纪的创新生态系统（Innovation Ecosystem）"。

相较而言，粤港澳地区的制造成本更低，更有利于发挥创新政策的影响力和创造更多的对话"机会"。在科技高速发展的时代，未来的竞争不再只是资产、货币、资源的竞争，更是建立在创新基础上的知识产权与创新科技的竞争。全球联合创新是全球合作的一个新尝试，它在知识产权、境内外联合投资以及跨境共赢等方面挑战着我们的传统思维。全球联合创新的前提条件是，粤港澳大湾区必须尽快建立联合创新的生态系统。

经过改革开放40年的探索和积累，我国已充分认识到，如何围绕完善创新链来构建良好的创新生态系统是提高产业集群创新能力的重要路径。下一步，我们可能要推进第二次改革开放，从社会制度、金融制度、教育制度、经济制度的层面进行深度创新，并在粤港澳地区先行先试。粤港澳大湾区已经具备了

"全球联合创新"的五大优势：人才素质、市场规模、快速制造、资本充足、政策稳定。

　　理论与实践表明，企业创新往往不是单个企业可以完成的功绩，而是要通过它与一系列伙伴的互补性合作，才能打造出一个真正为顾客创造价值的产品。一项好的创新项目如果没有其它企业配套知识的支持，创新就会被延迟以至于丧失竞争优势，这就创新生态系统的内涵。可以看出，与自然界的生态系统相类似，创新生态系统是在一定区域范围内，创新种群之间相互作用以及创新种群与创新环境之间相互影响所形成的有机整体。创新种群主要由各类企业、中介、科研机构等组织构成，而创新环境则主要由经济、技术、文化等要素构成。各种创新种群与其创新环境互相依存和促进，形成一种良性的生态循环系统，贯穿于创新的整个动态过程之中。而在这个过程中的各个环节都有可能成为制约创新效率的瓶颈，因此，如何围绕完善创新链来构建良好的创新生态是打造一个地区原创性创新网络价值体系核心过程中无法回避的一个问题。

四、小结

　　本章是基于前面章节理论与实证分析的结论，延伸出的广东传统经济增长方式的维持性特征总结，实现广东经济增长方式根本转变，原创性创新是关键，主要结论如下。

　　第一，通过本书构建测度模型的测算表明，广东经济增长方式转变的两个内生耦合动力因素：知识溢出与原创性创新的内生驱动的耦合动力均不断上升，其表征的广东经济增长方式转变综合指数上升趋势明显。对于驱动整个经济增长方式转变的总体效应来看，广东的原创性创新知识溢出效应的关联度不高，各项特征指标的关联度均低于0.4，知识溢出与原创性创新的内生互动性还欠缺，这是未来政策制定部门和政府决策部门所要关注的问题。

　　第二，连接前面的实证结论，综合本章的实证结论共同推演出一个事实：广东以知识溢出和原创性创新的各项特征指标逐年上升，这是一种势头，只是这种势头还不够大，知识溢出与原创性创新的互动性还不够强，以至于对经济增长方式转变的各项表现指标的贡献率还十分有限，模仿性创新的贡献仍为主。

　　第三，以日本案例为例再行讨论发现，日本经历了一个从模仿、吸收二次创新到原创性创新的过程，产品也经历了从高投入、低产出、低质量和低竞争力过渡到知识溢出、技术跨越和高品质、高竞争力的质的飞跃。日本经验告诉我们，当一个地区进入创新驱动时期（R&D/GDP>2.2%）时，原创性创新是广东经济增长方式根本转变的战略抉择，广东实施原创性创新战略正当时。华为企业的发展经验告诉我们：从追随式创新到自主性创新，从模仿性创新到原创性创新，是欠发达地区企业的生存之道，是后发崛起的有效路径。

第四，基于前面章节的理论与模型分析，结合广东的经验分析以及国外经验借鉴，不难得出：原创性创新遵循着实现企业突破性、跨越式发展，从比较优势向竞争优势转变，从仿制向原创发展，由高投入、低产出到知识溢出与内生增长，驱动着企业转型升级，产业国际竞争力提升，产业结构不断优化，经济增长持续内生，原创性创新是广东实现经济增长方式根本转变的出路所在。

第九章　实现广东经济增长方式根本转变的政策启示

研究结果表明，一方面，知识溢出与原创性创新互动耦合，构成了广东经济增长方式转变分析范式中的核心，长期而言，知识溢出与原创性创新的互动耦合、需求、相关产业和支持产业间的联动、生产要素、政府作用等共同构成了广东经济增长的可持续动力；另一方面，以粤港澳大湾区原创性创新生态为核心的，以产业间整合发展，以企业实施原创性创新和转型升级为内容的，以市场网络、产业链、全球价值链、知识体系以及信息网络为联结融入，并围绕该扩展范式，结合企业原创性创新的实施，再从较为宏观的角度提出相关策略与政策建议。

一、原创性创新实现企业突破性、跨越式创新发展

如果我们假定市场上某种产品只有两家企业竞争，两个企业追求利润最大化，生产成本为零，企业的唯一投入是知识，前人理论推导研究告诉我们结论：知识吸收能力和知识创新能力的提升会导致知识要素生产率的提高，造成技术创新能力的提升，也会直接突变跨越式提升企业生产效率，这意味着，企业的知识吸收和知识创新能力能够提高企业的产出水平。不难得知，知识吸收与企业生产效率关系密切，而企业生产效率来源于技术创新的能力，而更简单、更便宜、更方便的技术创新是破坏性技术形成的初始特征（Christensen，1997）。由此，不难求解，正是这种知识吸收与破坏性技术创新存在着内在的关联性，使得原创性创新的特征和运行得以体现与实施。通过实施原创性创新战略，离开维持性创新的轨道，脱离在位者制定的游戏规则的制约，通过创造新规则获

得突破。原创性创新战略的选择能促使市场中处于弱势的参与者不是选择与领先者进行直接正面交锋，而是选择从强大的竞争对手过于忽略的领域中寻求立足点。通过增加自身的知识吸收能力，提升创新水平，并生产出原创性创新产品，在竞争对手有所认识之前发起对方无法抗拒的进攻，一举夺得市场优势地位，而知识吸收与原创性创新的互动正是满足上述要求的合适选择。由于企业知识吸收能力的增强，破坏性技术创新能力随之增加，原创性技术的原始性以及原创性商业模式创新的实施，使得企业从渐进性、维持性增长到突变性、跨越式创新发展。

二、从比较优势向竞争优势转变，驱动产业国际竞争力提升

发达地区和发展中地区贸易竞争力差距较大，两地在知识完全溢出条件下实施原创性创新可使两地获得巨大的收益，针对模型中的判断，欠发达地区受益非常明显，而作为目前主流市场占有者的发达地区则效应较弱，通过上述模型分析表明，在知识完全溢出条件下，加快后发地区原创性创新能力必定可以使发展到一定阶段的欠发达地区的产业国际竞争力增加。经济发展实践中，广东根据劳动力、土地等要素禀赋的比较优势，在低水平的生产力水平下，一定能在一定程度上获得相应的比较优势，实现资本积累和经济增长，但不可持续。竞争优势是国家在某些方面比其他国家更能带来利润或效益的优势，相比较于比较优势，竞争优势所产生的经济效益当然更为可观。对于发展中国家而言，竞争优势无疑是在国际贸易中的追求对象，发展中国家立足自身具有比较优势和创新发展，可以创造自己的竞争优势，但过程是缓慢而艰巨的。从斯密的分工理论到熊彼特的创新理论，直至波特的竞争优势理论和克里斯滕森的破坏性创新理论可以看作是互相呼应。与主流经济学强调基于禀赋的比较优势不同的经济学理论体系，从理论分析及各国的经验看，原创性创新可以驱动广东产业竞争力由比较优势向竞争优势转变。

三、从仿制向原创发展，驱动产业结构优化

一般而言，模仿者市场风险和市场开发成本相对较小，然而模仿不能获得市场的领导权，但可以通过自己的某些垄断市场的发展条件，以获得更大的利益和比较优势。例如，模仿可以率先采取主动的策略，从而达到时间优势；或者采用市场割据策略、低成本策略，从而获得价格比较优势，仿创有利于推动创新的扩散，因而也具有十分重要的意义。因此，如果一个行业众多企业进行模仿性创新，则在该行业的起步阶段，这一行业较其他行业将迅速增长。另一方面，任何企业，无论多么强大，都不能在一个相对较短的时间内占据所有的市场，因此，一旦首创或仿创获得成功，一大批仿创者出现就成为必然，这会造成这些企业所在行业整体陷入比较利益的陷阱，发展滞后，从而影响整个产业结构的优化。

但从长远来看，模仿创新不能作为创新的主导战略。长期使用这种策略，不仅会使组织完全丧失了创新能力，更使其在市场中处于被动地位，而且产业结构也将趋于不合理的状态。基于模型性创新的局限性以及自主创新的高成本性，我们应立足广东省情，找到技术与市场的结合点，既要克服仿制性创新的局限性，从仿制向原创发展，又要实施市场破坏，原创性创新正这样一种创新模式。不彻底改变这样一种仿制性的创新取向，不实施创造性的原创性创新，广东产业发展之路会非常艰难，产业结构也难以优化。

原创性创新首先要有创意，然后把创意变成创造，并用创业来赋予制造业以文化力和生命力，提高其附加值；原创性创新就是把制造的科研成果应用到企业创办或技术开发、产品开发上，再推广到市场上去，实现商业化和产业化，原创性创新是产业结构优化的关键因素。实施原创性创新战略，更具有技术创新的动力、活力和能力，是从仿制向原创发展，驱动产业发展，从而优化产业结构，是实现经济增长方式转变的基本条件。

四、由高投入、低产出到知识溢出与内生增长

广东高投入与低产出的创新模式已出现不适应性，当前，为了降低成本和风险，国内大多数企业倾向于选择以技术引进为主的维持性创新战略。此举使

我国多数企业被纳入发达国家跨国企业提高自身竞争力的价值链体系中，处于其产品供销价值链中的低端环节，在运用领先企业核心技术生产产品的同时，需要向拥有核心技术专利所有权的企业支付高额专利费。缺乏关键技术和核心技术使我国企业不得不承受昂贵代价，在实施技术引进时，总是受到技术转让企业的牵制，运行中必须遵循其标准和要求，因而只能获取产品利润中的非常小的部分。

可见，采用模仿性创新需要为其所依托的核心技术付出巨额专利使用费的代价，是一种高投入、低产出的维持性创新模式，这种模式已陷入了困境。而原创性创新是一种创造性、颠覆性的创新，是不同于主流技术轨迹的一种创新模式，它是知识与经济结合的产物，是创意物化于生产中的实现，是一种高效率、低投入、高产出创新模式。当一个地区或国家发展到一定阶段时，必然要改变已有的模仿性创新的模式，而质变到原创性创新，完成由高投入、低产出到知识溢出与内生增长的"华丽转身"。

五、政府与企业

"治理"应用到不同交易层级的研究文献中，包括团队、资源、政策、市场和国家等，这里被定义为控制、影响和设定交互作用的模式和规则的权力（Balgobin，2008）。从20世纪60年代开始，"治理Balgobin"一词通过"公司治理"概念进入管理科学的研究视野。综合国内外关于政府与企业"共治"的相关研究，可归纳为五种治理模式，如图9-1所示，不难看出，不同的组合有不同的效应。

广东政府必须强化自己特色的公共治理能力。与成熟工业国家或地区的完善市场治理相比，广东对治理市场只拥有有限能力，在全球化面前，广东必须构建自己特色的治理能力，特别是自身的公共治理能力。因此，有效界定市场与政府的作用边界，明晰政府的作为范围，提供企业一个更好的创业创新环境，让他们能有所作为，而企业要把自己和广东经济发展的未来结合起来，这也是企业的责任。政府是广东产业发展的规划师、产业的引导者，实际上，政府对产业的引导远非局限在转型升级的关键节点上，而是贯穿整个发展过程。Won-SikHwang 和 Jeong-DongLee（2014）曾指出，行业之间相互依赖的模式是不同的，因此，政策制定者也应该考虑到行业之间的相互依赖关系。广东可试点建立独立产业发展政策制订法定机构，加强对新兴技术的公共补贴、配套产业发展的基础设施建设等。此外，更强的专利保护将增加做研究与发展（R&D）的动力，并产生新知识的激励，这种新的知识对创业和原创性创新产生影响，并驱动产业国际竞争力提升①，广东有必要在知识产权保护方面有所作为。

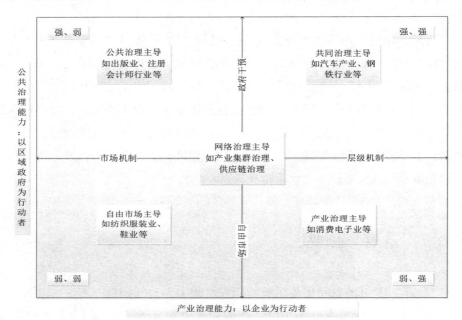

图 9-1　助推原创性创新的五种治理模式

在人才培养方面，广东政府应大胆尝试在市场经济的大环境下，对突出贡献的高层次人才列出清单，并对其在住房、医疗等待遇方面实施国家配给制，充分保障其专心从事科研的时间与精力。大胆突破现有人才培养模式，向国家建议试点建设国家级的专、精、尖人才挖掘与培养管理平台，从本科层次入手，通过该平台从国家和广东的各重点科研院所，挖掘和培育各专业极具潜力、稀缺、高端和极具培养价值的人才，动用国家资源进行培养与塑造，打造全省范围内的人才培养"十、百、千"工程。

另一方面，广东企业应嬗变发展实施原创性创新。世界进入知识经济时代，中国步入"互联网+"时代，广东企业应确立"原创性创新"的思维，提高企

---

① Samaniego，Roberto M.（2013）和 Zoltan J.Acs，Mark Sanders.Patents（2012）均指出知识产权对于创业和创新的重要影响，并建议要加强知识产权保护。

业所处知识网络的规模、位置中心度，提高与知识网络内其他企业的联结强度，着力提升自身创造新知识的能力，提升应变能力，积极开展商业模式创新，特别是原创性商业模式创新。具体体现为：一是企业应着力提高企业所处知识网络的规模、位置中心度；二是企业应该提高与知识网络内其他企业的联结强度；三是企业应着力提升自身创造新知识的能力；四是企业应着力提升应变能力，主动地提升自身知识网络的中心度，以获得更多有效的资源，进行合理的利用；五是为应对内外环境的变化，企业应围绕日益复杂和个性化的市场需求，整合内外资源，改变创造价值的逻辑和方法，积极开展商业模式创新。

六、广东市场需求结构的适宜性调整

外需固然重要，但内需也十分关键，原创性创新对于低端市场和新兴市场十分重视 Alan M.Rugman（2008），广东工业市场结构预测如表9-1所示。

表 9-1　广东全部产业市场和工业市场需求结构预测（％）

全部产业	市场结构		2011-2020 年	
	2010 年	2020 年	贸易增长	经济增长
本省需求	44.1	50.6	9	9
外省需求	21.4	26.9	11	10
国际需求	34.5	22.6	4	2.5
合计	100	100	8	——
工业	市场结构		2011-2020 年	
	2010 年	2020 年	贸易增长	经济增长
本省需求	21.4	24.3	10.0	9
外省需求	30.2	41.2	11.0	10
国际需求	48.4	34.4	4.0	2.5
合计	100	100	7.8	——

数据来源：现实数据来源于广东省投入产出表，预测数据来源于作者的实证预测。

若按照2010年的广东市场结构，未来一个时期三个部分市场需求按照以上分析增速合计形成的市场总需求增速只有8%，这与广东增长潜力8.9%不匹配^①，从全部产业市场需求结构看，国内市场的比重需要提高，国外市场比重下降。

从广东工业市场需求结构预测分析来看，本省需求与外省需求将增加，而国际需求下降^②，预计国际经济长期低迷，长期外需不足导致市场总需求不足，广东的增长潜力将在未来10年内被市场需求不足束缚而不能充分发挥。而解决这一问题的关键是，在不断拓展外需的基础上，要十分注重内需拉动的力量，要运用国内外两个市场的拉动效应来培育广东企业的原创性创新能力。

七、分行业设立指导原则进行政策指导

正如2014年诺贝尔经济学奖获得者让·梯若尔指出的那样，2008年金融危机主要源于监管失败，他认为，一些经济学家无限相信市场效率，而这一观点已经"落后时代30年"，他还指出："政府应该做更多，尤其要重视涉及银行业流通性的法规政策"。依靠"有效市场"来形成能够反映要素稀缺性的价格体系以诱导企业按比较优势来选择产业、技术，实施原创性创新，从而形成竞争优势的同时，也要强化"有为政府"来解决产业发展过程中必然出现的外部性问题和软硬基础设施完善的协调问题。在经济新常态下，广东仍然处于可以大有作为的重要战略机遇期。根据各种产业的特性，发挥好有效市场和有为政府"两只手"的作用，对广东产业按追赶型产业、领先型产业、转移型产业、弯道超车型产业、战略型产业进行分类，设计政策指导目录。如表9-2所示，不同的行业有着不同的发展特点，追赶型产业强调原创性创新能力的培育，加快原创性创新在该行业发展中的带头作用，加速该行业在世界同类行业发展中的地位提升；领先型产业则体现对原有企业原创性创新能力的支持与加固，帮助其形成稳定的领先优势，彻底实现由比较优势向竞争优势的转变；转移型产业则强调促进企业从模仿性创新向原创性创新过渡，完成创新模式的转换，从而实现部分传统优势转移型产业的华丽转身；弯道超车型产业则应在目前现有的创

---

① 此表格上的预测数据是根据广东省各要素增长率对GDP增长率的贡献历史数据，依据柯布－道格拉斯产生函数进行预测以及系统数计算法综合得到的结果，相关预测数据还根据经济发展形势进行了适当调整。

② 结论引自广东省发改委2014年重点课题《广东省发展重要战略机遇期内涵和条件变化及对策研究报告》，相关预测过程和方法详见报告内容。

新基础上，加大投入与指引，促进企业原创性创新能力的提升，顺利助推企业完成超越的任务；而战略型产业则更为侧重原创性创新能力长期、稳定的扶持，促进其形成稳定的原创性创新能力，完成向竞争优势的彻底转变。总之，要打好政策的"组合拳"，因地制宜地进行财政、税制、金融、科技、人才与土地的政策配套，促进各行业原创性创新战略的有效实施。

表9-2　广东分行业政策指导目录

产业类别	包含产业目录示例	政策指导
追赶型产业	汽车、高端装备制造、高端材料等	一是，在企业没有适合并购机会的情况下，广东政府可以支持企业到海外建立研发中心，进行技术创新活动；二是，鼓励政府相关部门走出去招商，在基础设施、人才培养、营商环境营造等方面发力，吸引每年从海外大量进口高端制造业产品的生产企业入驻广东
领先型产业	白色家电、核电设备、造船等	一是广东政府可设立科技专项基金对产学研一体化进行扶持；二是政府可对相关发展成熟的行业的企业进行组织，建立相关行业的公共研发或检验平台，对共性技术组织企业和科研院所共同进行攻关；三是对于企业研发的新产品，可进行政府采购进行扶持，送其产品生产形成一定的规模，或帮助企业打通国际市场的营销渠道；四是政府推动领先型产业的企业到国外建立销售、研发、售后服务等网络，在领事保护、法律咨询等方面提供帮助
转移型产业	钢筋、水泥、平板玻璃、电解铝等建材行业、造纸、印染、制革、化纤、炼铁、炼钢等	一是对于转移型产业的相关企业，广东政府可以组织构建销售、设计、人才培训、产品展销等平台，以及因势利导地制定相关政策使这些企业能转型升级，向产业链两端延伸发展；二是针对南亚、非洲、中亚等欠发达国家此类产业欠缺，且劳动力资源丰富的特点，支持这类型企业集聚赴海外发展直接投资或办厂，在金融便利、投资保护等方面予以支持
弯道超车型产业	信息、通讯产业的软件、手机等	广东这类型产业相关企业如中兴、华为等，在国内拥有众多的科技人才，具备相当的研发实力和生产能力，能迅速地将国际上的新技术较快转化为新产品投放到市场，广东政府针对此类企业可紧紧围绕这类企业的需求，支持建立产业孵化基地、风投基金，配套吸引相关人才和优秀团队的政策以及税收优惠等

产业类别	包含产业目录示例	政策指导
战略型产业	飞机、智能装备、新能源汽车、船舶重工、机器人等	一是积极配套好相关基础设施建设、吸引人才政策以及配套相关生活环境、子女入学等优惠政策，积极吸引战略型产业项目落户广东，从而带动相关产业的发展；二是对战略型产业，广东政策应支持予以财政资金支持，进行保护性补贴其发展

资料来源：作者根据第五和第六章相关实证结论，针对广东各行业发展现状设计制定而得。

八、构建基于粤港澳大湾区协同创性的原创新性创新生态体系

粤港澳大湾区治理与合作已进入关键期，同体制度异质性是大湾区合作的一个关键问题，当前，珠三角工业发展的总体格局已由工业化后期开始向后工业和知识经济时代过渡。具有后工业经济特征的制造业生态体系乃是一个复杂且融合度很高的全球价值网络。基于创新生态体系视角分析粤港澳大湾区产业集群目前低效的分工体系和协同创新效率对产业升级以及高端生产要素集聚的制约因素，探讨粤港澳大湾区传统制造业向先进制造业生态体系跃迁为代表的产业集群升级的可行路径；提出粤港澳大湾区创新生态体系建设与产业集群协同创新的运行机制及企业融入创新生态网络的架构；构建针对粤港澳大湾区优势传统制造行业集群协同创新的创新生态体系实施方案，发挥创新生态体系对粤港澳大湾区以制造业集群为代表的产业集群升级的"拉动"作用，继而实现创新型产业集群。采用创新生态系统视角来系统研究粤港澳大湾区产业集群协同创新的相关问题，为将粤港澳大湾区传统制造业集群打造成创新型产业集群，提供其可行路径、创新模式及实施方案，并致力于成果转化应用。政策研究重点应包括以下五个方面。

第一，在同体制度异质性条件下，从合作内容、动因分析、差异化机制分析出发，以"互融共兴"为理论核心，从合作前提、联动机理、执行机理以及监督、评估、反馈四个方面，构建粤港澳大湾区跨界合作的理念，从法律、市

场、政府和社会四个方面创新协调机制，以结构式强制、契约式和互动式三种方式配套相关政策。

第二，采用创新生态系系统理论分析粤港澳大湾区（珠三角地区）传统产业集群低效的分工体系和协同创新效率对产业升级以及高端生产性要素稀缺的制约因素，揭示协同创新能有效集聚高端要素，构建协同创新的大平台，从而促进珠三角地区传统制产业集群转型升级这一难点问题的解决，探讨粤港澳大湾区传统产业向高端产业生态体系跃迁的可行路径。

第三，探讨粤港澳大湾区产业集群协同创新的相关机制，以及协同创新的动因和在粤港澳大湾区的培育创新生态体系的发展环境，通过对发达国家产业集群协同创新发展的经验研究，提出粤港澳大湾区创新生态体系促进产业集群转型升级的协同创新运行机制和集群企业间协同创新网络架构。

第四，研究构建针对粤港澳大湾区（珠三角地区）优势传统制造行业集群（如机械制造、建筑材料、纺织服装、五金家具等）如何通过大湾区创新生态体系开展协同创新的实施方案，发挥协同创新对制造业集群升级的"拉动"作用，继而实现将传统产业集群打造成创新型产业集群。

第五，重点做出基于创新生态体系构建的粤港澳大湾区产业集群协同创新的实证研究，并研究构建粤港澳大湾区产业集群协同创新的评价体系，继而提出政府、行业组织在推动创新生态体系建设，有效利用高端生产要素，促进产业集群协同创新，从而促进传统制造业向先进制造业生态体系跃迁、实现创新型产业集群的政策建议及相关措施。

九、抢抓"数字经济"建设，推进广东产业数字化进程

当前，全球出现了全球化的数字经济发展浪潮。2016年，全球数字经济规模为17万亿美元，约占全球 GDP 总量的23%，预测到2021年全球数字经济规模将达21万亿美元，年平均增长率约为4.3%。数字经济是继农业经济、工业经济之后的更高级经济阶段，它以数字化的知识和信息为关键生产要素，以数字技术创新为核心驱动力，以现代信息网络为重要载体，通过数字技术与实体经济深度融合，不断提高传统产业数字化、智能化水平，加速重构经济发展与政府治理模式的新型经济形态。数字经济已经成为引领科技革命和产业变革的核

心力量，人类社会正在进入以数字化生产力为主要标志的新阶段，为世界各国、产业各界、社会各方广泛关注。

数字经济覆盖医疗、旅游等产业元素和云计算、企业等创新元素，体现云计算、大数据、移动互联与各个传统行业和其他经济部门的融合发展。数字经济包括数字产业化和产业数字化两大部分：一是数字产业化，也称为数字经济基础部分，即信息产业，具体业态包括电子信息制造业、信息通信业、软件服务业等。二是产业数字化，即使用部门因此而带来的产出增加和效率提升，也称为数字经济融合部分，包括传统产业由于应用数字技术所带来的生产数量和生产效率提升，其新增产出构成数字经济的重要组成部分。

国务院总理李克强早在2017年7月就曾强调指出：信息通信业是国民经济中最具成长性的关键性、基础性产业。近年来我国信息消费、移动支付交易、电子商务规模呈现快速增长态势，数字经济发展潜力巨大。据《中国数字经济发展与就业白皮书（2019年）》显示，我国数字经济持续快速发展，2018年我国数字经济规模达到31.3万亿元，增长20.9%，占GDP比重为34.8%；从2002年到2018年的16年间实现了208倍的历史跨越，成为中国经济新引擎。从结构上看，我国在电子商务、移动支付等领域已位居世界第一。2018年，广东省数字经济发展规模最大，超过4万亿元；当前，我省和浙江等数字经济发达地区都已建成数字经济产业园区，也是各地政府工作报告重点支持的项目。同时，数字经济智库、研究院也在我省各个大学、研究机构挂牌，进一步引进高端人才并加强智库建设，为数字经济的腾飞提供强大智力支持。目前来看，数字经济是广东经济模式转型的一个重要突破口，已进入到国家和省一级的战略层面，各类布局深入到更加细分的产业。数字经济从中央到地方都已作为战略发展重点，在新旧动能转换的背景下，给传统产业注入新动力。数字经济是新一代信息技术与经济社会深度融合的产物，是未来全球经济增长的重要引擎之一，数字经济作为一项发展战略也已经写入十九大报告。

相比于发达国家，广东数字经济起步相对较晚，在生产领域、实体经济的拓展尚处于初级阶段。但是乘着移动互联网和工程师红利的浪潮，广东数字经济领域已经迎头赶上，部分领域甚至实现了"弯道超车"。在这一大环境下，未来，肇庆更要顺应"互联网+"发展潮流，积极培育壮大云计算、物联网、智能终端等新兴信息技术产业，并向各行各业广泛渗透，不断催生新产业新业态新模式，加快传统产业向数字化、智能化、绿色化转型。大力发展智能交通、远程教育、智慧养老、智能医疗等新兴服务业，增加服务新供给，运用数字经济提高基本公共服务水平，推动"互联网＋政务公开"。站在数字经济的时代风口，广东应率先部署数字经济发展，以"数字产业化、产业数字化"为主线，持续加力推进广东数字经济发展。

（一）广东数字建设的主要难点

难点1：近年来，中央政府倡导供给侧改革，推动优化产业结构，促进经济发展模式的转型升级。信息化和数字化是产业升级、提升经济发展质量的关键因素，而云计算和存储则是信息化、数字化的重要推动力，是数字时代重要的基础设施。如何加快广东的追赶步伐，加快发展云计算，夯实作为数字经济基础设施的云计算产业对于数字产业的发展的推动作用。

难点2：如何深度培育广东数字经济产业链，引领传统行业加速转型，并积极引进国际人才，和国际领先的数字经济企业、公司进行战略合作。此外，如何加强广东知识产权保护以及进一步完善专利制度改革，以确保数字经济自主创新。

难点3：广东如何顺应数字经济发展大潮，依托自身独特的平台优势、区位优势、空间优势和综合环境优势，聚焦新能源汽车、电子信息、家电制造、节能环保、机器人应用以及特色资源加工业六大中高端产业以及人工智能、云计算等互联网产业，加大财政扶持资金，加大对数字经济的培育力度，加快完善与粤港澳大湾区对接的数字经济产业链和生态链，成为粤港澳大湾区辐射大西南的最具影响力的数字经济产业集聚地。

难点4：广东如何围绕"汽车终端、家庭终端和移动终端"三大终端融合发展，坚持"整车要引龙头品牌、产业链要关注稀缺资源、企业端要引进微笑曲线两端"的引进原则，打造粤港澳大湾区辐射大西南地区的新能源智能网联汽车智造中心、智能家电产业链的关键节点和最具影响力的智能终端产业集聚地，打造千亿级产业集群。

难点5：研究如何聚焦集成电路、显示面板、自动数据处理设备等中高端产业以及人工智能、云计算等互联网产业，在新区、高新湾新区、端州和高要区等地方建设数字经济产业园，形成完善的数字经济产业链和生态链，打造辐射大西南地区最具影响力的数字经济产业集聚地。要成为广东数字经济成果的展示平台、引领广东行业发展的信息平台、具有区域影响力的智库平台、行业间协作发展的交流平台、各级政府及企业的服务平台，为广东数字经济发展营造良好的舆论氛围。

难点6：广东如何实现数字平台经济减少社会搜寻和匹配的成本，促进和创造就业，产生较低资源消耗的健康税收。如何借鉴淘宝村带来电商生意的同时，还带来了物流、包装集群，增加了服务业就业，解决了很多"草根"就业的经验。如何推进广东数字经济在创造就业、财政税收和乡村振兴中发挥的巨大作用，并且建设面向所有消费者和小微企业构建信用、效率和普惠的成长环境。

难点7：广东如何顺应新一轮科技革命和产业变革大势，聚焦智慧城市、智能制造、智慧政务等重点领域，推动实体经济与互联网、大数据、人工智能深度融合，通过经济结构的转型、公共服务的提升、社会治理的创新，全力打造"数字广东"。

（二）战略与主要策略

1. 战略

广东经济发展正处于新旧动能接续转换的关键时期，推动数字经济与实体经济深度融合，通过发展数字经济链接未来，成为农业现代化的助推器、制造业变革的驱动器、服务业新模式的孵化器，是广东社会经济发展的必然需要。基于对数字经济的认识和多年的城市产业投资建设实践，我们认为，聚焦广东特色主导产业，积极布局数字经济引领下的新平台、新经济、新模式，注入运动科技、美丽健康、智慧物流、人工智能等创新产业集群，通过科技、产业、资本、生态、土地等要素的叠加，促进广东经济存量变革和增量快速崛起，重构广东产业生态、再创广东经济新的增长极，打造区域性新旧动能转换示范区。用数字新经济手段实现区域增长方式转变的新载体，为广东创新发展有效叠加生态文明建设、乡村振兴与新旧动能转换三大战略，打造区域新旧动能转换的创新载体，在此机遇下发展以数据为关键要素的数字经济，将成为广东培育发展新动能、促进新旧动能转换的必由之路和战略抉择。

2. 主要策略

第一，推动广东数字产业化发展，依靠信息技术创新驱动，不断催生新产业、新业态、新模式。建设数字经济集聚发展平台，推进大数据的采集、加工、存储、分析、交易、安全、服务和云平台建设运营。发挥互联网的优势，搭建数字设备共享、数字科技孵化平台共享、创新创业基础条件共享、人力资源共享等，形成以数字经济为基础的技术共享平台，依靠信息技术创新驱动，鼓励产业链各环节市场主体进行数据交换和交易，有利于持续激发数据资源活力和红利价值，不断催生广东的新产业新业态新模式。

第二，加快推动广东产业数字化，释放数字对经济发展的放大、叠加、倍增作用。紧扣"大数据+""互联网+""人工智能+"，搭建数字经济融合创新平台，利用互联网新技术新应用对农业、制造、健康、教育、旅游、物流、能源、交通、环保等产业进行全方位、全角度、全链条的改造，推动大数据与各行各业的深度融合发展，提高全要素生产率，从而改造提升传统产业，推动传统产业向网络化、数字化和智能化方向发展。

第三，整合广东产业资源，打造数字经济"生态群落"，推动服务型数字经济升级。发力产业应用创新，跨界整合广东产业资源，围绕产业交易、服务供给、要素支撑等重点方向，结合广东产业发展特色和平台经济发展基础，通过建设数字经济平台的生态群落，营造"数字+产业"发展环境，培育特色鲜明、竞争力强的平台经济品牌企业，形成一批分工明确、协同发展的平台经济产业链和具有区域影响力的数字型交易中心，支持传统企业与大数据或互联网企业实现跨界融合。

第四，加快广东数字、科技、产业与市场的结合，打造广东综合要素市场。随着新产业、新业态、新动能的不断培育和壮大，数字、科技、产业与市场的结合日益迫切，通过数字化打通科技创新交易，激活科技创新要素，有力提升广东科技创新竞争力，推动科技成果转化和转移，凸显其应用场景价值。所以，要瞄准国际尖端技术研发领域，着重将科技创新发展与资本市场创新结合，为科学家、资本方、企业家提供完整生态，推动实现数字、科技、产业、市场的融合，解决科技创新要素交易结算、构建线上线下贯通一体的要素市场与服务市场。

第五，加快广东数字、科技、产业与资本的结合，重塑广东科技孵化器、产业孵化器与项目孵化器。通过数字、科技、产业与资本的结合，可以形成交易平台、贸易平台、技术转化平台、孵化平台、科技资本平台，加快实现类型多元、服务高效、资源共享、机制灵活、区域协同的新型科研机构。数字、科技、产业与资本的结合可以不断完善资本市场，依靠自身敏锐的洞察力投资于数字经济、智能制造、高新技术等诸多新兴产业，再通过新型科研机头实现重大突破，最终把科技成果转化为生产力。

第六，加快广东数字、科技、产业与人才的结合，打造广东人才高地。围绕广东产业发展需求及人才短板，以培养面向企业应用人才为目标，打通人才"集聚——教育——实训——孵化——服务"全过程，通过为人才创造环境，助力人才实现价值，打造国际国内互通、线上线下互动，汇聚创新创业各领域高端人才的人才高地。通过数字、科技、产业与人才的结合，打造人才高地，推动科技、人才、资本资源向新兴产业集聚。以人才的聚集承接相关产业更高水平的技术，促进产业向高水平发展，为提升区域创新发展提供强有力的基础支撑。打造"学以致用"型人才输出平台，实现"人在哪儿、产业在哪儿"，支撑广东实现产业升级。

第七，加快广东数字、科技、产业与空间结合，构建广东发展新增长极。新旧动能转换必要有载体的支撑，数字、科技、产业只有和空间结合，着重将产业与城市功能相融合，与资本市场创新结合，与产业空间、营商环境相整合，才能不断构建科技创新集群效应，搭建创新产业生态。同时，推动新业态、新模式、新技术与地方主导产业的结合，塑造以科技创新引领的为产业生态环境，形成既能集成技术，还具备赋能能力的平台，实现广东创新驱动，内生增长。

第八，借力数据经济发展，打造广东数字产业发展平台。通过数字经济引领数字产业化和产业数字化，以5G、"人工智能＋新零售"打通要素流通、生产和销售全方位、全角度、全产业链的提升，把地方产业大数据、行业大数据与消费互联网高度融合，培育产品线上线下销售新业态、应用新场景与创造新市场，催生新产品新产业新业态新模式，构建地方产品销售平台、结算平台，创造辐射大西南地区的区域性产品销售博览总部经济。以销定产，带动区域性产业创意化、定制化提升。

第九，借力数据经济发展，以粤港澳大湾区发展为背景，谋划打造广东大设计产业平台。集聚创意资源，构建智库与设计产业联盟平台，提供内容创意、产品设计、时尚创意、包装设计、工业设计、虚拟设计等，加速引领科技成果转化与应用，促进产品价值再造和产业升级，提高消费能级，复兴广东区域性产业价值与品牌价值。

第十，以广东特色主导产业为应用场景，以科技成果转化及创新应用为核心，服务于中小微科技企业的应用研发、产品孵化，打造服务地方产业转型升级的新型科研机构。实现科技创新要素集聚，构建要素交易结算平台，打造创新产业孵化育成平台，推进广东经济快速形成创新生产力，最终形成广东科技加工场和产业加速器。

第十一，围绕广东产业链部署创新链、围绕创新链完善资金链，推动"三链"融合。形成融合"开发性金融＋产业金融＋科技金融"，发挥各类融资渠道优势，为智库建设、科创发展、人才引进和培养、产业生态培育、空间载体和平台建设等持续赋能。

第十二，借力数据经济发展，塑造广东产城融合的自然生态，构建未来广东城市发展全新范式，以智慧应用体系提升营商环境、优化资源配置、创造动力源、打造经济创新的增长点和产业发展引擎；促进线上平台和场景载体高度融合、智能互动，荟萃最新最炫科技成果和科技应用展示，打造权威的多基地支撑体系和领先的智慧新生活服务体验，为广东和整个粤港澳大湾区发展注入科技之光和创新之力。

（三）政策建议

建议1：加强组织领导。设全省的工业互联网专项工作组，由省政府分管领导担任组长，专项工作组下设办公室（设在省经信局），统筹协调工作推进，重大政策与问题提请工作组召集有关部门协调解决。各市、县（市、区）人民政府，新区管委会要建立相应工作机制，因地制宜制定本地区重点任务和项目清单，明确责任分工，强化政策措施，形成推进合力。

建议2：加大财政扶持。加大对广东数字经济发展的扶持力度，制定配套扶持政策，通过积极向上争取、吸引社会资本投入等方式，多渠道筹集资金推进数字经济发展工作；通过专项扶持、政府购买服务等方式推动数字经济发展和企业上云上平台。

建议3：完善政策支持。梳理现行扶持实体经济的相关政策，将发展数字经济的项目纳入现行政策优先支持范围，充分调动企业和相关组织参与推动广东企业上云用云、发展数字经济的积极性。在高新技术企业认定中，加强对工业互联网领域初创型企业的支持。

建议4：加强金融服务。支持工业互联网平台商与银行、保险、融资租赁等机构对接合作，基于平台采集的设备联网实时数据或供应链企业数据等工业大数据，创新金融风控手段，精准提升对实体经济企业的信用评估能力，开展新型金融服务试点示范，精准降低中小企业融资成本，有效控制供应链配套企业长期资金风险。

建议5：加快人才培养。坚持引进和培养相结合，以数字经济平台企业、龙头企业为主体，发挥高校、科研机构、产业集聚区等各方作用，培育和引进一批数字经济高水平研究型人才和具备产业经验的高层次、复合型科技领军人才，纳入"数字经济"发展专项人才。鼓励高校、职业院校开设工业互联网相关学科和专业，定期开展工业互联网教育培训活动，大力培育相关技术人才和应用创新型人才，不断壮大工业互联网人才队伍，鼓励人才积极参与工业互联网创业创新。支持企业、院校专业人才进入广东省数字经济专家委员会。

建议6：营造良好氛围。建立部门间协同监管机制，放宽融合性产品和服务准入限制，实施包容审慎监管，充分激发各类市场主体创新活力。实施企业家培训计划，积极组织企业家参加国家组织的数字经济专题培训、现场观摩和系列对接活动，激发企业内生动力。依托各类媒体对数字经济进行全面宣传，利用各级政府（管委会）、行业协会、产业联盟的网站、微博、微信等各种渠道，宣传"上云上平台"的知识、数字经济典型案例和成功经验等，营造良好的发展氛围。

第十章　基本结论与进一步研究的方向

一、研究结论

以广东模仿性创新驱动传统经济增长方式陷入困境的分析为起始点，遵循着理论综述与模型建立的逻辑预期，对广东进行实际观察与经验分析，进一步，结合案例分析将逻辑预期与现实观察结合起来，最终确立广东经济增长方式根本转变的路径选择这一总体思路，本研究主要结论呈现如下。

西方的经济内生增长理论偏重于将知识外溢、人力资本与技术进步等因素内生于经济增长的分析框架，这使得经济增长的驱动方式得以呈现出不同的模式，但在西方经济增长理论中却一直没有提出经济增长方式这一概念。从经济增长方式的概念渊源来看，经济增长的方式实际上是一个经济实现内生增长的过程，它不仅是一个经济速度的问题，而且是选择什么发展战略和经济增长的模式问题，它与西方经济学提出的经济内生增长有十分合意性。西方的内生增长理论是我国经济增长方式理论的理论渊源，内生增长也是经济增长方式根本转变的实质所在。

鉴于对理论与相关研究的综述，本书认为，经济增长方式是各种影响经济增长因素的组合效应，也是一系列相互关联、相互影响的组合表现。进一步，本书认为：原来经济增长方式的集约边际（intensive margin）是指一个地区或国家经济快速增长的规模与数量，将这一范畴进行广延至拓展边际（extensive margin），即指实现经济增长的手段、路径和方法，把关注拓展到经济结构、质量、效益等诸多方面的内容。其表现形式、范畴可衍生为如下四个边际：其一，持续、协调的经济增长；其二，产业与企业国际竞争力的提升；其三，产业结构优化；其四，企业转型升级。但这些边际之间并非孤立、对立，往往是重叠交叉、主辅互补，这种交叉互补的效应共同衍生成了经济增长方式转变范畴边际的"五环模型"。

结合经济增长理论、竞争优势理论、破坏性创新理论，归纳分析相关研究综述，我们发现：转变经济增长方式创新是关键，而不同的创新模式，其概念、特征、机理、影响因素和驱动因素各不相同。模仿性创新是基于模仿与维持的创新，主要依托于已有的主流市场，而原创性创新是基于原创与创造的创新，具有技术跨越性和突破性、市场颠覆性、与知识溢出互动性以及非竞争性等重要特征。在理论渊源上，原创性创新理论是基于熊彼特"创造性破坏"，延伸至克里斯坦森对技术轨道理论的批判中而产生的。西方的破坏性创新是我国原创性创新的实质所在，原创性创新在概念内涵、驱动因素、运行机理等方面与模仿性创新存在较大差异，原创性创新更重视技术与市场两个方面的驱动，而模仿性创新则相对动力缺乏。

以内生增长理论中的知识溢出（宏观）模型中"干中学"模型、知识溢出模型和人力资本模型以及企业 R&D 模型（微观）、Adner–Zemsky 模型和 Nault–Vandenbosch 模型为基础，利用一个熊彼特内生经济增长模型进一步讨论"原创性创新"对欠发达地区经济内生增长路径的影响，从企业的技术升级决策，最优化增长路径与非收敛陷阱，生产要素扭曲与企业创新模式决策三个方面构建企业选择适应性创新模式的决策与经济最优增长模型。理论模型分析表明：原创性创新驱动经济内生增长在理论模型分析中是成立的，如果欠发达国家技术水平接近发达国家技术水平，而仍采用模仿性创新，则会陷入"非收敛陷阱"，欠发达地区的企业选择原创性创新战略驱动经济内生增长是必然选择，最终归结到原创性创新战略的选择会使得欠发达地区的经济收益避免递减或递增。

基于原创性创新的"创造性""破坏性""非竞争性"和"与知识溢出内生耦合"的四大内在特征机理，并通过低成本、高质量、产品多样化和市场拓展四个方面作用于企业产品竞争优势的形成，进而在资源配置、环境适应和创新投入产出效率方面较模仿性创新明显占优。结合广东制造业31个大类成长性数据与相关定义，将制造业分为领先型、追赶型、转移型、弯道超车型和战略型五类，实证表明：原创性创新驱动特征较为明显的领先型产业的创新投入产出效率明显优于模仿性创新驱动特征较明显的弯道超车型、追赶型、转移型和战略型产业。

通过对广东经济增长方式的描述性事实以及特征性事实的阐述，本书认为：广东长期处于模仿性技术的较低层次，创新性技术和产品很少，产业技术创新能力薄弱，面对着劳动力短缺、土地资源稀缺、要素成本快速上升的不利因素，这些问题都促使我们不断探寻由比较优势转换为"超比较优势"，最终实现"竞争优势"的改革之路。广东经济增长阶段的经验也提醒我们，在经济新常态下新的开放模式中，有效的创新模式的选择，对于破解广东经济增长中出现的瓶颈问题十分关键。进一步的实证表明：模仿性创新与劳动力、资本等生产要素投入仍为广东经济增长方式转变的主要驱动力，企业知识吸收与原创性创新互动性不显著，广东企业转型升级仍主要为模仿性创新。

基于测度发现，广东知识溢出、原创性创新经济增长方式转变指数均不断上升，而原创性创新与知识溢出效应的关联度不高，各项特征指标的关联度均低于0.4，这表明广东知识溢出与原创性创新的内生互动性还欠缺。进一步，综合全文的实证结论共同推演出一个事实：广东以知识溢出和原创性创新的各项特征指标逐年上升，但微观企业的原创性创新行为也没有成势，这是一种好趋势，只是这种趋势还不够大，知识溢出与原创性创新的互动性还不够强，以至于对经济增长方式转变的各项表现指标的贡献率还十分有限，模仿性创新的贡献率仍为主。

日本和华为发展经验告诉我们：从追随式、引进吸收的模仿性创新到技术突破与颠覆式的原创性创新，是欠发达地区和中小企业的生存之道，是后发崛起的有效路径。进一步的研究表明：当一个地区进入创新驱动时期（R&D/GDP>2.2%）时，原创性创新是该地区经济增长方式根本转变的战略抉择。鉴于2015年广东R&D/GDP已达2.5%，理论的逻辑预期与实际观察表明，这一阶段，为实现广东经济增长方式根本转变，原创性创新是十分重要的战略选择。

从企业价值网络以及企业相关利益者来分析，构建基于粤港澳大湾区的核心创新生态，产业融合以及企业实施原创性创新和转型升级，并以市场网络、知识体系、产业链、全球价值链以及信息网络为联结融入，构建基于原创性创新的企业价值网络体系，促进广东经济可持续高质量增长，产业结构优化调整，产业国际竞争力提升以及企业转型升级，从而实现广东经济增长方式的根本转变。

综上，在国际经济形势日趋严峻和中国经济进入新常态下的新的开放模式前景下，不仅要重视传统的资本、劳动力以及技术要素的投入，也要重视二次吸收创新、模仿性创新等创新模式的运用，但更要重视和发挥知识溢出、知识吸收与原创性创新的内生互动的作用，应将原创性创新战略纳入国家和地方的区域决策领域中。当前，我国各地区普遍实施的模仿性创新对经济增长、产业国际竞争力、产业结构调整优化与企业转型升级等方面带来了有益的促进，但从长远来看，创新战略的选择直接关系到创新投入产出的效率，直接关系到企业的技术、商业模式、管理以及资源配置效率，原创性创新对于经济增长方式转变的作用尚未引进足够的重视，对此，企业决策者及各地方领导需要给予关注。

构建基于原创性创新的创新生态，以制造业与生产性服务业融合以及企业实施原创性创新为基础，以知识网络融入、市场体系融入、产业链融入、全球价值链融入以及信息网络融入为机理，全面实施原创性创新，从而驱动知识溢出、知识吸收与企业实施原创性创新充分耦合的原创性创新价值网络体系建设，此种模式下所表现出的产业与创新生态的建立，包括数字产业化与产业数字化、智慧型、创新型城市的建设等为平台的现实实施载体建设，应为未来政策制定部门和政府决策部门所要关注的重点问题。

二、研究进行的新尝试

与已有研究相比，本书在如下几方面进行了新的尝试。

第一，我国经济增长有着具体的发展"情境"，本着要探求有自身特色的经济理论这一理念，本书基于熊彼特的"创造性破坏"和克里斯滕森的破坏性创新理论，从技术、市场和制度三个维度，对我国学术界提出的原创性创新进行重新界定，对这一概念进行了理论边界的描述，并将我国的原创性创新从概念上拓展至与西方的破坏性创新边界趋同，提出原创性创新是技术上的突破与跨越，是对市场的颠覆，是制度上的跃升与创新，从而将国内关于原创性创新的概念和理论内涵进行了扩展与挖掘，丰富了国内已有的原创性创新理论。与此同时，将原创性创新与模仿性创新在资源配置、环境适应性、驱动机理和创新投入产出效率四个方面从理论和经验上分别进行比较研究，使原创性创新的概念、模型与机理的理论解析逻辑更为清晰，进一步集成、完善与延伸国内外类似的研究成果。

第二，西方经济学并没有明确提出经济增长方式这一概念，但西方的内生增长理论，将技术进步、人力资本、知识溢出等内生于经济增长的分析框架中，使得"经济增长方式"这一议题脱颖而出。本书基于西方内生增长理论，对经济增长方式表现形式进行了系统归纳，并对其衍生边界进行阐述。国内对于经济增长方式的研究视角较为单一，本书对国内经济增长方式的相关研究进行梳理、总结，将经济增长方式转变的表现形式衍生拓展为四个方面，即经济增长、产业国际竞争力提升、产业结构优化和企业转型升级。这些边际之间并非孤立、对立，往往是重叠交叉、主辅互补互促，这种交叉互补的效应共同衍生成了经济增长方式转变边界范畴的"五环模型"，成为本书理论与实证分析的基础，丰富和创新了国内经济增长方式方面的研究成果。

第三，国内大多数研究只是沿着西方增长理论或破坏性创新理论的路径进行拓展，分别从经济增长、产业国际竞争力、产业结构升级以及企业转型升级四个方面，对经济增长方式转变驱动因素进行了较为丰富的论证，并得出有益的结论。而本研究基于对广东经济增长的基本事实观察，基于西方理论关于创新与经济内生增长、破坏性创新的驱动作用方面的已有较为成熟的研究，将原创性创新纳入经济增长方式转变的分析框架。尝试从原创性创新驱动经济内生增长这一理念出发，基于原创性创新的"创造性""破坏性""非竞争性"以及"与知识溢出内生耦合"的机理，结合原创性创新的投入产出效率较模仿性创新占优的理论与经验分析，从宏观和微观两个层面，对理论模型进行推演与论证，从而补充国内外这方面系统研究的不足。

第四，本研究基于对原创性创新的概念界定，对相关变量进行量化处理，进一步研究广东原创性创新的基本特征与经济增长方式的演变趋势，完成了一个影响广东经济增长方式转变因素实证分析的科学推理过程。系统分析广东经济增长方式转变过程中的创新驱动模式，以及原创性创新的影响与作用，包括由此引致的广东经济增长、产业国际竞争力、产业结构优化和企业转型升级驱动模式的差异性，考察的对象与方法更全面、更具体、更深入，所得的结论更富有宏微观基础。特别是对产业实证中一些不易量化的变量运用多种方法进行了适当的量化处理，且通过 Nvivo7.0软件等定性研究工具以及 Lisrel8.0软件等定量研究工具，从社会科学研究方法上进行尝试。

三、研究不足与下一步研究方向

原创性创新是一个中国学术界理应给予更多关注的社会科学领域，因为原创性创新不仅会转变我国几十年来（或者更长时间以来）的模仿性创新的发展轨迹，还是一项在转轨时期对产业经济、企业转型升级以及区域经济增长等诸多问题均产生重大影响的应用型特色理论，本书仅为引玉之砖，在今后的研究中，以下几个方面有待拓展。

第一，对数据的处理的能力有待进一步提高。在相关变量的测算上，由于缺乏相关数据，经验研究很大程度上不够丰富。本书作者也曾查找多个数据库，但其他省份和地区的数据难以收集齐全，这对于广东与其他地区的横向比较造成了困难，也为结论的普世性打了折扣。应找到更合理的代表变量，或找到分时段、分行业、分地区的更为完善的产业面板数据，其说服力应更上一层楼。有鉴于此，搜集翔实的统计数据仍是今后关于这一论题研究的一个突破口，这方面有待加强。

第二，加大对空间结构因素的考量。经济增长方式是一个时空的概念，不仅包含经济结构优化，还包括空间结构优化。具体来说，地理距离在原创性创新、知识溢出以及经济增长中的空间作用还有待进一步加强研究，空间联系产生的相关效应在研究中没能很好地体现。虽然空间因素影响创新战略的选择以及知识溢出效应的产生这些观点已达到了共识，但实证文献的支持证据在很大程度上是间接的，无论是大学的研究到企业的溢出，还是专利引用方面的分析。在今天全球化的条件下，地理距离在企业与企业间、企业与供应商及客户间知识溢出中的作用有多大，对原创性创新实施的影响是怎样的？这些仍是个"黑箱"。

第三，加强理论模型的建设。对理论模型的建设是今后理论研究方面的主要突破口。由于本书和作者的技术水平有限，并没有利用最优反应函数组成的非线性方程组建立系统模型，并置于 MATLAB 下进行仿真模拟，这也对本研究的理论模型建设方面打了折扣。

第四，加强 RPV 框架定量化与对比研究，对在位者仍能成功解释的理论进行修正。克里斯滕森用 RPV（Resonrce-Process-Value）框架解释在位者失败，那么解释在位者成功同样行得通（在一定条件约束下）。例如，一个较优的资源分配机制可以成就在位者，但这仅仅是定性分析，进一步的研究需要跟踪一段时期内资源在模仿性技术和原创性技术间的分配，并能详细阐述决策过程，更重要的是，研究目的是能提供数据使 RPV 框架定量化，能够将成功和失败在位者的 RPV 进行对比，这是学术界普遍希望得到的结果，也是未来很具前景的研究方向。

第五，原创性创新的扩散问题。创新的扩散是创新研究的重要领域，由于原创性创新理论刚刚兴起，因此有关原创性创新在产业中的扩散问题目前尚没有相关的研究。因此，这是原创性创新理论研究亟待弥补的理论空白点。鉴于原创性创新影响了产业竞争的规则，因此可预见，原创性创新在扩散方式、扩散速度、影响扩散的因素以及扩散轨迹等方面与模仿性创新相比应该有所差异，而知识溢出或许会对原创性创新的扩散有所解译，识别和研究这些问题对于深入了解地区经济增长方式转变的形成机理具有很大的帮助。

第六，制度的原创性创新问题。本研究侧重于从技术与市场两个层面研究原创性创新的概念、机理与模型，但这只反映了其中的两个维度，更多的在制度维度上，原创性创新同样具有生命力。处于我国加速推进各项改革的繁荣期，期待制度红利的时代中，制度的原创性创新研究也显得十分紧迫和必要，鉴于这方面的提法与研究较少，制度的原创性创新与经济增长方式转变之间的内在机理与驱动方式值得我下一步进行更为有效和深入的探索。

参考文献

[1] 保罗·克鲁格曼，茅瑞斯·奥伯斯法尔德. 国际经济学 [M]. 北京：中国人民大学出版社，2001.

[2] 陈子凤，官建成. 国际专利合作和引用对创新绩效的影响研究 [J]. 科研管理，2014（3）：35-42.

[3] 陈凤仙，王琛伟. 从模仿到创新——中国创新型国家建设中的最优知识产权保护 [J]. 财贸经济，2015（1）：143-156.

[4] 陈仕华，卢昌崇. 企业间高管联结与并购溢价决策——基于组织间模仿理论的实证研究 [J]. 管理世界，2013（5）：144-156.

[5] 陈莹. 中国造机器人：一直在模仿，还未有超越 [J]. 科技创业，2012（11）：24-25.

[6] 蔡琼华，司春林，赵明剑等. 基于突破性技术创新的企业技术跨越机会窗口研究 [J]. 科学管理研究，2005（2）：54-55.

[7] 陈恩. 经济新常态下的新开放模式 [N/OL]. 南方网"南方理论·理论粤军"，（2015-04-27）[2015-04-27]. HTTP：//theory.South.com/c/2015-04-27/content_123072231.htm.

[8] 陈宇学. 创新驱动发展战略 [M]. 北京：新华出版社，2014：54-58.

[9] 杜震，秦旭. 高技术产业创新投入配置对创新效率影响分析 [J]. 工业技术经济，2013（4）：102-108.

[10] 郑玉歆. 全要素生产率的测度及经济增长方式的"阶段性"规律——由东亚经济增长方式的争论谈起 [J]. 经济研究，1999（5）：57-62.

[11] 杜传忠，曹艳乔. 中国经济增长方式的实证分析——基于28个省市1990-2007年的面板数据 [J]. 经济科学，2010（2）：29-41.

[12] 代中强.实际知识产权保护、模仿创新与自主创新 [J].经济评论，2010（6）：85-97.

[13] 封思贤，李政军，谢静远.经济增长方式转变中的金融支持——来自长三角的实证分析 [J].中国软科学，2011（5）：74-82.

[14] 傅元海，王展祥.模仿效应、非模仿效应与经济增长方式转变——基于我国高技术行业动态面板的检验 [J].国际贸易问题，2013（10）：34-42.

[15] 傅家骥.面对知识经济的挑战，该抓什么？——再论技术创新 [J].中国软科学，1998（7）：64-68.

[16] 郭金龙.经济增长方式转变的国际比较 [M].北京：中国发展出版社，2000：75-76.

[17] 郭美轩，徐波.区域内企业创新投入产出效率测度研究 [J].工业技术经济，2010（02）：135-137.

[18] 郭小东，吴宗书.创意产品出口、模仿威胁与知识产权保护 [J].经济学（季刊），2014（3）：1239-1260.

[19] 郭熙保，胡汉昌.技术模仿还是制度模仿——评杨小凯、林毅夫关于后发优势与劣势之争 [J].学术月刊，2004（4）：29-36.

[20] 国家大型企业集团创新能力研究南开清华课题组.模仿者岂能占据未来产业高端？ [N].科技日报，（4）.

[21] 辜胜阻.创新驱动战略与经济转型 [M].北京：人民出版社，2013：23-56.

[22] 黄贤凤，武博，王建华.中国制造业技术创新投入产出效率的 DEA 聚类分析 [J].工业技术经济，2013（3）：90-96.

[23] 黄超，龚惠群，刘琼泽，等.我国重大原创技术突破的主要路径和政策措施研究 [J].科技进步与对策，2012（20）：105-109.

[24] 韩忠亮.中国经济增长：一个“破坏性创造”的内生增长模型 [M].北京：经济管理出版社，2013：77-121.

[25] 侯广辉，张键国.国外知识吸收能力研究脉络梳理：理论演进与分析框架 [J].情报理论与实践，2013（3）：122-128.

[26] 黄海洋，陈继祥.破坏性创新的扩散过程与中小企业的竞争策略 [J].工业工程与管理，2011（1）：123-129.

[27] 江彩霞，朱名宏，郭艳华.探索与创新：转变经济发展方式的实现路

径 [M].北京：中国经济出版社，2013：156-178.

[28] 蒋昭侠.服务业理论与实践——产业结构调整、区域性、阶段性 [M].北京：中国经济出版社，2015：87.

[29] 江彩霞，朱名宏，郭艳华.探索与创新：转变经济发展方式的实现路径 [M].北京：中国经济出版社，2013：144.

[30] 金碚，胥和平，谢晓霞.中国工业国际竞争力报告 [J].管理世界，1997（4）：66-69.

[31] 金碚.产业国际竞争力研究 [J].经济研究，1996（11）：78-82.

[32] 金碚.科学发展观与经济增长方式转变 [J].中国工业经济，2006（5）：58.

[33] 孔伟杰.制造业企业转型升级影响因素研究——基于浙江省制造业企业大样本问卷调查的实证研究 [J].管理世界，2012（9）：120-131.

[34] 林毅夫等.比较优势与发展战略——对"东亚奇迹"的再解释 [J].中国社会科学，1999（5）：2-5.

[35] 刘世锦.关于我国增长模式转型的若干问题 [J].管理世界，2006（2）：24-26.

[36] 刘年康，曹国华，汪云桥.企业家职能促进经济增长方式转变了吗——来自中国1993-2008省级面板数据的新证据 [J].南方经济，2013（7）：1-13.

[37] 罗辑，张其春.区域产业竞争力研究：理论与实践 [M].北京：科学出版社，2008：80-82.

[38] 刘常勇，谢洪明.企业知识吸收能力的主要影响因素 [Z].2003：56-59.

[39] 李东茂，钟慧玲.广东经济增长方式转变的战略定位与模式选择 [J].管理科学文摘，2002（3）：26-27.

[40] 李超.加大企业技术创新力度实现广东经济增长方式转变 [J].科技进步与对策，1997（4）：32-33.

[41] 刘国军.文化产业发展与推进广东经济增长方式转变 [J].广东经济，2010（8）：16-21.

[42] 厉无畏，王慧敏.创意产业促进经济增长方式转变——机理·模式·路径 [J].中国工业经济，2006（11）：5-13.

[43] 李平，宫旭红，张庆昌.工资上涨助推经济增长方式转变——基于技术进步及人力资本视角的研究 [J].经济评论，2011（3）：69-76.

[44] 吕明元，尤萌萌.韩国产业结构变迁对经济增长方式转型的影响——基于能耗碳排放的实证分析 [J].世界经济研究，2013（7）：73-80.

[45] 林毅夫，苏剑.论我国经济增长方式的转换 [J].管理世界，2007（11）：5-13.

[46] 林毅夫.新结构经济学：反思经济发展与政策的理论框架 [M].北京：北京大学出版社，2014：4-7.

[47] 林毅夫.新常态下政府如何推动转型升级 [N].人民日报，2015.

[48] 林跃勤.新兴经济体经济增长方式评价——基于金砖国家的分析 [J].经济社会体制比较，2011（5）：126-133.

[49] 刘佳，李新春.模仿还是创新：创业机会开发与创业绩效的实证研究 [J].南方经济，2013（10）：20-32.

[50] 廖日坤，韦宇，周辉.基础性研究和原创性研究的重大应用——以诺贝尔奖信息领域应用为例 [J].科研管理，2015（S1）：518-522.

[51] 陆敏，胡梅娜.原创性——学术研究的基本准则 [J].政法论坛，2002（1）：116-122.

[52] 刘和东，陈程.中国原创性高新技术产业技术效率测度研究——基于创新链视角的两阶段分析 [J].科技进步与对策，2011（12）：119-124.

[53] 李娜，李瑞雪，王春梅.基于破坏性创新的企业竞争力提升研究 [J].价值工程，2012，31（2）：127.

[54] 林春培，张振刚，薛捷.破坏性创新的概念、类型、内在动力及事前识别 [J].中国科技论坛，2012（2）：35-41.

[55] 迈克尔.波特.国家竞争优势 [M].北京：华夏出版社，2002：245-246.

[56] 马章良.中国进出口贸易对经济增长方式转变的影响分析 [J].国际贸易问题，2012（4）：30-38.

[57] 莫韬，董华斌.从模仿到消化吸收到自主创新 [Z].杭州：[出版社不详]，2006：6.

[58] 孟庆伟，刘铁忠.从共享到原创：自主性技术创新中的知识演化 [J].科学学研究，2004，22（1）：104-107.

[59] 马歇尔.经济学原理 [M].北京：商务印书馆，1981.

[60] 迈克尔 A.希特，R.杜安.爱尔兰，罗伯特 E.霍斯基森.战略管理：

竞争与全球化 [M]. 北京：机械工业出版社，2012：305-306.

[61] 欧卫东. 加快广东经济增长方式转变的新思考 [J]. 中国国情国力，1997（6）：44-45.

[62] 欧阳峣，易先忠，生延超. 技术差距、资源分配与后发大国经济增长方式转换 [J]. 中国工业经济，2012（6）：18-30.

[63] 彭宜钟，童健，吴敏. 究竟是什么推动了我国经济增长方式转变 ?[J]. 数量经济技术经济研究，2014（6）：20-35.

[64] 钱纳里等. 工业化和经济增长的比较研究（中译本）[M]. 上海：上海三联书店，1989：126-135.

[65] 芮明杰，方统法. 知识与企业持续竞争优势 [J]. 复旦学报：自然科学版，2003，42（5）：721-727.

[66] 芮明杰. 产业竞争力的"新钻石模型" [J]. 社会科学，2006（4）：68-73.

[67] 芮明杰. 中国产业发展的挑战与思路 [J]. 复旦学报（社会科学版），2004（1）：56-63.

[68] 孙亚云. 广东经济增长方式转变问题探讨 [J]. 经济论坛，2011（2）：128-131.

[69] 盛亚，蒋瑶. 吉利汽车从模仿到自主的创新路径 [J]. 科研管理，2010（1）：86-92.

[70] 沈洪涛，苏亮德. 企业信息披露中的模仿行为研究——基于制度理论的分析 [J]. 南开管理评论，2012（3）：82-90.

[71] 苏启林，胡军. 破坏性创新、技术跨越与中国产业成长 [M]. 北京：经济科学出版社，2009：57-69.

[72] 宋志红，陈澍，范黎波. 知识特性、知识共享与企业创新能力关系的实证研究 [J]. 科学学研究，2010（3）：55-59.

[73] 宋建元. 企业隐性知识共享的效率分析 [J]. 科学学与科学技术管理，2005（2）：58-61.

[74] 托马斯·皮凯蒂（Thomas Piketty）.21世纪资本论 [M]. 北京：中信出版社，2014：398.

[75] 唐龙. 体制改革视角下转变经济发展方式研究述评 [J]. 中共中央党校学报，2009（2）：29.

[76] 唐未兵，傅元海，王展祥.技术创新、技术引进与经济增长方式转变[J].经济研究，2014（7）：31-43.

[77] 田红云.破坏性创新与我国制造业国际竞争优势的构建[D].上海：上海交通大学，2007：126-137.

[78] 托马斯·皮凯蒂（法）.21世纪资本论[M].北京：中信出版社，2014：387-399.

[79] 魏后凯等.中国区域政策：评价与展望[M].北京：经济管理出版社，2011：53.

[80] 魏后凯.现代区域经济学[M].北京：经济管理出版社，2006（2）：59-263.

[81] 吴信平.中部地区经济增长方式及其收敛性分析[J].统计与决策，2012（18）：126-130.

[82] 魏义俊.广东经济增长方式的研究[J].广东商学院学报，1999（2）：41-44.

[83] 吴振球，王建军.地方政府竞争与经济增长方式转变：1998—2010——基于中国省级面板数据的经验研究[J].经济学家，2013（1）：38-47.

[84] 吴振球，王建军，李华磊.改革开放以来经济增长方式渐进式转换：测度、源泉及其差异[J].数量经济技术经济研究，2014（6）：3-19.

[85] 魏杰，施成杰.建立市场起决定性作用的经济增长方式——十八届三中全会关于经济体制改革的若干问题[J].经济学家，2014（2）：5-13.

[86] 闵维方.教育在转变经济增长方式中的作用[J].北京大学教育评论，2013（2）：17-26.

[87] 卫兴华，侯为民.中国经济增长方式的选择与转换途径[J].经济研究，2007（7）：15-22.

[88] 王小鲁，樊纲，刘鹏.中国经济增长方式转换和增长可持续性[J].经济研究，2009（1）：4-16.

[89] 吴延兵，米增渝.创新、模仿与企业效率——来自制造业非国有企业的经验证据[J].中国社会科学，2011（4）：77-94.

[90] 王砚羽，谢伟.电子商务模式模仿者与创新者竞争动态研究——当当网和亚马逊中国竞争演变分析[J].科学学与科学技术管理，2013（6）：44-51.

[91] 魏枫.模仿陷阱、自主创新与经济赶超[J].中国软科学.2014（5）：

182-192.

[92] 汪晓波. 中国的"山寨"如何走向创造性模仿 [N]. 上海证券报，2015-01-13.

[93] 王亮，孙绍荣，李世珣. 科技原创力评价方法研究 [J]. 科学学与科学技术管理，2005（3）：49-52.

[94] 王学力. 科技原创力与广东经济增长模式的转型 [J]. 经济纵横，2007（24）：96-99.

[95] 吴海江. 科学原创与科学积累 [J]. 自然辩证法研究，2002（5）：47-50.

[96] 吴炫. 原创的涵义与方法 [J]. 学术月刊，2000（3）：3-7.

[97] 万东升. 原创性学术研究方法的两维度 [J]. 四川理工学院学报（社会科学版），2009（3）：137-140.

[98] 王真. 战略逆转：破坏性创新新浪潮下的企业抉择 [M]. 北京：经济科学出版社，2011：54-67.

[99] 吴家曦，李华燊. 浙江省中小企业转型升级调查报告 [J]. 管理世界，2009（8）：1-3.

[100] 吴敬琏. 中国增长模式抉择 [M]. 上海：上海远东出版社，2008：129-143.

[101] 薛白. 基于产业结构优化的经济增长方式转变——作用机理及其测度 [J]. 管理科学，2009（5）：112-120.

[102] 熊彼特. 经济发展理论 [M]. 北京：杜贞旭，郑丽萍，刘昱岗译，中国商业出版社，2009：112-134.

[103] 夏清华. 从资源到能力：竞争优势战略的一个理论综述 [J]. 管理世界，2002（4）：109-111.

[104] 于津平，赵文军. 经济全球化变化中长三角经济增长方式转型研究 [M]. 北京：经济科学出版社，2015：25.

[105] 云利珍. 对广东经济增长方式转变的思考 [J]. 广东经济，1997（5）：21-23.

[106] 于津平，许小雨. 长三角经济增长方式与外资利用效应研究 [J]. 国际贸易问题，2011（1）：72-81.

[107] 杨俊，田莉，张玉利，等. 创新还是模仿：创业团队经验异质性与

冲突特征的角色 [J]. 管理世界, 2010 (3): 84-96.

[108] 杨俊, 李晓羽, 杨尘. 技术模仿、人力资本积累与自主创新——基于中国省际面板数据的实证分析 [J]. 财经研究, 2007 (5): 18-28.

[109] 易先忠, 张亚斌, 刘智勇. 自主创新、国外模仿与后发国知识产权保护 [J]. 世界经济, 2007 (3): 31-40.

[110] 杨中楷, 黄颖, 梁永霞, 等. 原创性指数值的测度及其变动趋势分析——基于美国经济发展局的数据 [J]. 图书情报工作, 2012 (18): 34-37.

[111] 张建武. 广东经济增长方式转变的障碍: 人力资本短缺 [J]. 岭南学刊, 1998 (5): 42-44.

[112] 张家茂, 杨永华. 试论经济转型期广东经济增长方式的转变 [J]. 华南师范大学学报 (社会科学版), 1999 (4): 59-63.

[113] 张璟, 沈坤荣. 地方政府干预、区域金融发展与中国经济增长方式转型——基于财政分权背景的实证研究 [J]. 南开经济研究, 2008 (6): 122-141.

[114] 赵晓霞. 金融集聚视角下的中国大城市经济增长方式探究 [J]. 管理世界, 2014 (5): 174-175.

[115] 赵文军, 于津平. 贸易开放、FDI 与中国工业经济增长方式——基于30个工业行业数据的实证研究 [J]. 经济研究, 2012 (8): 18-31.

[116] 赵文军. 实际汇率升值与经济增长方式转变——基于我国省际面板数据的实证研究 [J]. 国际贸易问题, 2014 (3): 131-143.

[117] 张留建, 李明星, 汤萱. 自主创新与转变经济增长方式之研究 [J]. 特区经济, 2007 (3): 135-136.

[118] 支晓强, 孙健, 王永妍等. 高管权力、行业竞争对股权激励方案模仿行为的影响 [J]. 中国软科学, 2014 (4): 111-125.

[119] 邹薇, 代谦. 技术模仿、人力资本积累与经济赶超 [J]. 中国社会科学, 2003 (5): 26-38.

[120] 张杰, 李勇, 刘志彪. 外包与技术转移: 基于发展中国家异质性模仿的分析 [J]. 经济学 (季刊), 2010 (4): 1261-1286.

[121] 庄子银. 知识产权、市场结构、模仿和创新 [J]. 经济研究, 2009 (11): 95-104.

[122] 庄子银, 丁文君. 知识产权保护、模仿与南方自主创新 [J]. 经济评论, 2013 (3): 5-18.

[123] 赵弘，谢倩 . 提升我国动漫产业原创力的对策建议 [J]. 管理现代化，2008（2）：56-58.

[124] 张琳，甘翠云 . 原创科研成果产出与人才培养的关系 [J]. 研究与发展管理，2014（3）：135-138.

[125] 郑琳琳，陈雅兰 . 原创人才人格特质研究 [J]. 科技管理研究 .2015（3）：245-250.

[126] 张建宇 . 破坏性创新与在位企业执行困境的突破 [M]. 北京：经济科学出版社，2010：133-156.

[127] 张军 . 企业破坏性创新与关联者的反应策略 [J]. 经济管理,2007（18）：69-74.

[128] 钟阳胜 . 追赶型经济增长理论：一种组织经济增长的新思路（第六版）[M]. 北京：中共中央党校出版社，2012：231-267.

[129] 周文莲，周群英 . 试析日本国家创新体系的现状和特点 [J]. 日本研究，2007（3）：42-46.

[130] 中国经济增长与宏观稳定课题组 . 劳动力供给与中国经济增长的路径选择转换 [J]. 经济研究，2007（10）：4-6.

[131] 张军 . 企业破坏性创新与关联者的反应策略 [J]. 经济管理,2007（18）：69-74.

[132] 赵彦云、刘思明 . 中国专利对经济增长方式影响的实证研究：1988 ~ 2008 年 [J]. 数量经济技术经济研究，2011（4）：34-46.

[133] 赵海均 . 现代发展经济学 [M]. 北京：中国经济出版社，2013：156-158.

[134] 张培刚 . 新发展经济学 [M]. 郑州：河南人民出版社，1992：216.

[135] Andersson M，Karlsson C.Regional innovation systems in small & medium-sized regions：a critical review & assessment[C].JIBS Working Paper，2002（2）：157-159.

[136] Aw B，Alfons-Palang K.Local Knowledge Spillovers in the Indonesian Manufacturing Industry[R].Working Paper，2003：2145.

[137] Acemoglu D，Zilibotti F.Productivity Difference[J].The Quarterly Journal of Economics，2001，116（2）：563-606.

[138] Acklin，C.Design Management Absorption Model：A Framework to Describe and Measure the Absorption Process of Design Knowledge by SMEs with

Little or no Prior Design Experiences[J].Quarterly Journal of Economics，2013（6）：1-15.

[139] Aghion P，Howitt P.A model of Growth through Creative Destruction[J]. Journal of Econometric，1992，60（2）：321-351.

[140] Aghion　P，Howitt P.Endogenous Growth Theory[M].Cambridge：MIT Press，1998：672-689.

[141] Aghion P，Harris C，Howitt P，Vickers J.Competition，Imitation，and Growth with Step-by-Step Innovation[M].London：University College Press，2000.

[142] Alan M，Rugman　C.The international competitiveness of Asian firms[J]. Strategy and Management.2008：201-204.

[143] Armin W，Karsten S & Frank F.Knowledge convergence in collaborative learning：Concepts and assessment[J].Learning and Instruction，2007，17（4）：416-426.

[144] Arrow，K.The Economic Implications of Learning by Doing[J].Review of Economic Studies，1962：155-173.

[145] Asheim B，Coenen L，Svensson-Henning N M.SMEs and regional innovation systems[M].Olso：Nordisk Industrifond，2003.

[146] Adner R，Zemsky P.Disruptive Technologies and the Emergence of Competition[J].RAND Journal of Economics，2005，36（2）：229-254.

[147] Barras R.Towards a Theory of Innovation in Services[J].Research Policy，1986，15（4）：161-173.

[148] Badinger H，Tondl G.Trade，human capital and innovation：the engines of European regional growth in the 1990s[R].IEF Working Paper，2002.

[149] Balgobin R N.Global governance practice：The impact of measure taken to restore trust in corporate governance practice internationally[J].Journal of Governance，2008，7（1）：769-805.

[150] Balzat M.The Theoretical Basis and the Empirical Treatment of National Innovation Systems[R].Germany：Institute for Economics，Economics Department，University of Augsburg，2002，232（12）：165-168.

[151] Bottazzi L，Peri G.Innovation and spillovers in regions：Evidence from

European patent data[J].Eurpoean Economic Review，2003（47）：687-710.

[152] Clark W.Human Migration[M].California：Beverly Hills，1986.

[153] Christensen C M，Rosenbloom，R.Explaining the Attacker's Advantage：Technological Paradigms，Organizational Dynamics and the Value Network[J].Research Policy，1995（24）：233-257.

[154] Christensen C M，Bower J L.Customer Power，Strategic Investment, and the Failure of Leading Firms[J].Strategic Management Journal.1996，17（3）：197-218.

[155] Christensen C M.The Innovator's Dilemma：When New Technologies Cause Great Firms to Fail[M].Boston：Harvard Business School Press，1997.

[156] Christensen C M, Overdorf M.Meeting the Challenge of Disruptive Change[J].Harvard Business Review，2000（2）：66-76.

[157] Christensen C M，Mark W，Johnson D K.Rigby.Foundation for Growth：How to Identity and Build Disruptive New Businesses[J].MIT Sloan Management Review，2002，43（2）：22-31.

[158] Cohen L.Innovation and learning：the two faces of R&D[J].Economic Journal，1989，99（12）：569-596.

[159] Cook P，Boekholt P，Tödtling F.The governance of innovation in Europe[M].London：Pinter，2000.

[160] Davelaar，E.J.Regional Economic Analysis of Innovation and Incubation[M].UK：Avebury Aldershort，1991.

[161] Douglass C.North.Big-Bang Transformations of Economic Systems-An Introductory Note[J].Institutional and Theoretical Economics（JITE），2000,156（1）：3.

[162] Das A，Kumbhakar S C.Productivity and efficiency dynamics in Indian industry：An input distance function approach incorporating quality of inputs and outputs[J].Applied Econometrics，2012，27（2）：205-234.

[163] David B，Audretsch E L.Entrepreneurial Access and Absorption of Knowledge Spillovers：Strategic Board and Managerial Composition for Competitive Advantage[J].Small Business Management，2006：21-45.

[164] David B.The missing pillar: the creativity theory of knowledge spillover entrepreneurship[J].Small Business Economics, 2013: 414.

[165] Dixit A,Norman V.Theory of International Trade[M].Cambridge: Cambridge University Press, 1980.

[166] Erwin Danneels.Disruptive Technology Reconsidered: a Critique and Research Agenda[J].Product Innovation Management, 2004（21）: 246-258.

[167] Feldman M, Audretsch D.Innovation in cities: science-based diversity, specialization and localized competition[J].European Economic Review,1999（43）: 409-429.

[168] Freeman C.Japan: a new national system of innovation? in Societal, Technical Change and Economic Theory[M].Londres: Pinter Publishers, 1988.

[169] Friedmann J R P A.Growth Centers in Regional Economic Development[M], New York: The Free Press.1972.

[170] Fischer, M.Innovation, knowledge creation and system of innovation[J]. Analysis of Regional science, 2001（35）: 199-216.

[171] Frank Fischer H M.Knowledge Convergence in Computer-Supported Collaborative Learning: The Role of External Representation Tools[J].Learning Sciences, 2005, 14（3）: 11-16.

[172] Gereffi G.International Trade and Industrial Upgrading in the Apparel Commodity China[J].International Economics.1999, 48（3）: 37-70.

[173] Gary H C K P.The core competence of corporation[J].Harvard Business Review, 1990: 56.

[174] Grossman G M H.Innovation and Growth in the Global Economy[M]. Cambridge: MIT Press, 1992.

[175] Heisawn J, Michelene & Thchi.Knowledge convergence and collaborative learning[J].Instructional Science, 2007, 35（4）: 287-315.

[176] Ingo L, Christian B & Gang Z.Knowledge absorption of optical technology companies in Shanghai, Pu-dong: Successes, barriers and structural impediments[J].Applied Geography.2011（4）: 171-184.

[177] Jaffe A.Technological opportunity and spillovers of R&D: Evidence from firms' patents,Profits and market value[J].American Economic Review,1986（76）:

984-1000.

[178] Jaffe A.Trajtenberg M & Henderson R.Geographic localization of knowledge spillovers asevidenced by patent citations[J].Quarterly Journal of Economics.1993，108（3）：577-598.

[179] John W，Kenagy A.Brief Commentary on Disruptive Innovation in Health care[EB/OL].http：//commerce.senate.gov/hearings/072301Kenagy.pdf.2001-07-20/2006-03-20.

[180] Klenow P，Rodriguez-Clare A.The Neoclassical Revival in Growth Economics：Has it Gone Too Far?[J].NBER Macroeconomics Annual，1997，12：73-103.

[181] Krugman P R.The age of diminished expectations：US economic policy in the 1990s[M].Cambridge：MIT press，1997.

[182] Krugman P.What's new about the new economic geography?[J].Oxford Review of Economic Policy，1998（14）：7-17.

[183] Lasuén J R.Urbanization and Development，the Temporal Interaction between Geographical and Sect-oral Cluster[J].Urban Studies，1973，10：123-126.

[184] Lance E D.Invention and Economic Growth[M].Cambridge：Harvard University Press，1996.

[185] Lucas R.On the Mechanics of Economic Development[J].Journal of Monetary Economics，1988，22（7）：3-42.

[186] Lucass R.Making a Miracle[J].Journal of Econometric，1993，61（3）：251-272.

[187] Michael L,Tushman & Jonathan A.Technological Discontinuities and Organizational Environments[J].Administrative Science Quarterly，1986（31）：439-465.

[188] Maillat D,Territorial D.Innovative milieus and regional policy[J].Entrepreneurship & Regional Development，1995（7）：157-165.

[189] Markus B.The Theoretical Basis and the Empirical Treatment of National Innovation Systems[R].Institute for Economics，Universality Augsburg，2002（6）：232.

[190] Myers S，Marquis D G eta.Successful Industrial Innovations：A Study

of Factors Underlying Innovation in Selected Firms[M].US：National Science Foundation，1969.

[191] Myrdal G.Economic Theory and Underdeveloped Region[M].London：Duck worth，1957.

[192] Marshall A.Principle of Economics[M].London：Macmillan.1890.

[193] Michael E P.The Competitive Advantage of Nations[M].New York：Basic Books，1990.

[194] Michael A，Stanko X O.Industry growth and the knowledge spillover regime：Does outsourcing harm innovation but help profit？［J].Journal of Business Research，2013：26-52.

[195] Mihail C，Roco W.The new world of discovery，invention，and innovation：convergence of knowledge，technology，and society[J].Journal of Nanoparticle Research，2013，15（9）：1-17.

[196] Nault B R & Vandenbosch M B.Disruptive technologies-Explaining entry in next generation information technology markets[J].Information system Research，2000（3）：304-319.

[197] Nemet G F.Inter-technology knowledge spillovers for energy technologies[J].Energy Economics.2012：345.

[198] Oakey R P.Innovation and regional growth in small high technology firms：evidence from Britain and the USA[J].Regional Studies，1984（18）：237–251.

[199] Pavitt K.Sectoral Patterns of Technical Change：Towards a Taxonomy and a Theory[J].Research Policy，1984，13（6）：343-373.

[200] Pagotto M.& Halog A.Towards a Circular Economy in Australian Agri-food Industry：An Application of Input-Output Oriented Approaches for Analyzing Resource Efficiency and Competitiveness Potential[J].Journal of Industrial Ecology，2015：196-198.

[201] Thomond P，Lettice F.Disruptive Innovation Explored[J].Research and Applications，2002（6）：156-158.

[202] Porter M.Cluster and the new economics of competition[J].Harvard Business Review，1998（11）：77-99.

[203] Rivera B，Romer L A.Economic Integration and Endogenous Growth[J].

Quarterly Journal of Economics, 1991, 106（2）: 531-555.

[204] Redding S.The Love-skill.Low-quality: Strategic Compartmentalize Between Human Captial and R&D[J].The Economic Journal, 1996, 106（3）: 458-470.

[205] Reddy S, Camelia M.Real Income Stagnation of Countries 1960-2001[J]. Journal of Development Studies, 2009, 45（1）: 1-23.

[206] Romer P M.Increasing returns and long-run growth[J].The Journal of Political Economy, 1986: 1002--1037.

[207] Romer P.Endogenous Technological Change[J].Journal of Political Economy, 1990（98）: 71-102.

[208] Romer P.Idea gaps and object gaps in economic development[J].Journal of Monetary Economics, 1993（32）: 543-573.

[209] Schumpeter J A.The Theory of Economic Development: An Inquiry into Profits, Capital, Credit, Interest, and the Business Cycle[R].Entrepreneurial Leadership, Historical Research Reference in Entrepreneurship, Urbana-Champaign's Academy, University of Illinois, 1934.

[210] Schumpeter J A.Capitalism, Socialism and Democracy[M].New York: Harperand Brothers, 1942.

[211] Schumpeter J A.The Economics Sociology of Capitalism, Princeton[M]. New Jersey: Princeton University Press, 1991.

[212] Schumpeter J.Capitalism, Socialism and Democracy[M].London; New York: Rout ledge Press, 1994.

[213] Solow R M.A Contribution to the Theory of Economic Growth[J]. Quarterly Journal of Economics, 1956: 86-94.

[214] Spence A M.Product Selection, Fixed Cost, and Monopolistic Competition[J].Review of Economic Studies, 1976, 43（2）: 675-696.

[215] Storper M.The resurgence of regional economies, ten years later: the region as a nexus of ungraded interdependent[J].European Urban and Regional Studies, 1995（2）: 91-215.

[216] Storper M.The Regional World[M].New York: The Guilford Press, 1997.

[217] Tsvetoslava K V.Disruptive Innovations as a Driving Force for the Change of Wireless Telecommunication Infrastructures[J].Wireless Personal Communications, 2014（8）：783.

[218] Turkcan B.Knowledge Externalizations and Knowledge Spillovers in Social Networks：The Case of Izmir Metalwork Industrial District[J].European Planning Studies，2014（7）：227.

[219] Uzawa H.Optimal Technical Change in an Aggregate Model of Economic Growth[J].Review of International Economics，1965，6（1）：18.

[220] Utterback J M.Innovation in Industry and the Diffusion of Technology[J]. Science，1974，183（4125）：620.

[221] Xiao K Y & Jeff B.A Microeconomics Mechanism for Economic Growth[J].Journal of Political Economy，1991，99（3）：214-223.

[222] Zheng Y.Knowledge complement，knowledge absorption effectiveness, and new product performance：The exploration of international joint ventures in China[J].Journal of International Economics，2013（3）：316-321.

附录 1：原创性创新与广东企业转型升级调查问卷

尊敬的＿＿＿＿＿＿企业：

您好！感谢您百忙之中填写这份调查问卷！

本问卷旨在调查企业国际竞争力的影响因素，从知识吸收、知识共享、破坏性创新等方面进行了解，本文定义的破坏性创新为引入市场从未有过的产品或服务，改变现有的市场结构，或者创造出新的细分市场和商业模式。本调查主要面向企业管理层或科研管理人员，敬请各企业认真填妥下面各项问卷调查内容，于11月20日之前以传真或电邮的方式交寄暨南大学经纬粤港澳经济研究中心（地址：广东省广州市天河区黄埔大道西601号暨南大学港澳特区研究所 刘璟，传真：020-83484416）。调查所得资料将绝对保密，并仅用于理论学术研究。如有查询，请与暨南大学经纬粤港澳经济研究中心刘璟（电话：020-83484070）联系。

请在 □ 处画上"√"号或在空白处填写有关资料，并完成问卷问题作答，谢谢合作！

公司名称（盖印）：_____
联络人：_____
电话：_____
传真：_____
填表日期：____年____月____日

一、公司情况（请在□处打"√"或在空白处填写有关资料）

01 公司员工数	在中国内地的员工数	在广东省的员工数		在海外地区的员工数	
02 企业控股情况	国有控股□	集体控股□	私人控股□	港澳商控股□	外商控股□ 其他（请注明）
03 企业资产	____万元	1大型□	2中型□	3小型□	
04 从事的行业（只需注明最重要的三项）					
05 主要的业务活动或主要产品（只需注明最重要的三项）					
06 产品的销售市场分布（请选择地区并标注其占总营业额的比重）	港澳地区 ____%	中国内地 ____%	欧洲 ____%	美国 ____%	其他地区（请注明）____%
07 业务营运模式（可选择多于一项并标注其占营业额的比重）	OEM（原设备生产）	ODM（原创设计生产）		OBM（原创品牌生产）	

一、知识溢出的调查问卷

（一）外部知识源

K1. 贵公司是否与大学／科研机构有深入的合作（ ）

A. 没有　　B. 很少　　C. 较少　　D. 一般　　E. 较深入　　F. 很深入

G. 极深入

K2. 贵公司是否与国内外同行业企业有着技术联盟或技术合作（ ）

A. 没有　　B. 很少　　C. 较少　　D. 一般　　E. 较多　　F. 很多　　G. 极多

K3. 贵公司参加行业协会以收集行业信息或获取本行业最新动态的频率高不高（ ）

A. 没有　　B. 很低　　C. 较低　　D. 一般

E. 较高　　F. 非常高　　G. 极高

K4. 贵公司是否与供应商的合作非常密切（ ）

A. 没有　　　B. 很少　　　C. 较少　　D. 一般

E. 较密切　　F. 很密切　　G. 极密切

K5. 贵公司是否与用户的合作非常密切（ ）

A. 没有　　B. 很少　　C. 较少　　D. 一般　　E. 较密切

F. 很密切　　G. 极密切

K6. 贵公司是否与竞争对手的合作非常密切（ ）

A. 没有　　B. 很少　　C. 较少　　D. 一般　　E. 较密切

F. 很密切　　G. 极密切

（二）企业社会资本

K7. 贵公司是否与合作伙伴具有密切的信任关系（ ）

A. 没有　　　B. 很少　　C. 较少　　D. 一般　　E. 较密切

F. 很密切　　G. 极密切

K8. 贵公司是否与政府部门有着良好的关系（ ）

A. 没有　　B. 很差　　C. 较差　　D. 一般　　E. 较好　　F. 很好　　G. 极好

K9. 贵公司是否与合作伙伴具有一致的利益（ ）

A. 完全不一致　　B. 很不一致　　C. 较不一致　　D. 一般

E. 较一致　　　　F. 很一致　　G. 完全一致

K10. 贵公司是否具备良好的公关能力（ ）

A. 没有　　B. 很差　　C. 较差　　D. 一般　　E. 较好　　F. 很好　　G. 极好

K11. 贵公司企业关系网络中的成员之间是否常常进行相互的扶持（　　）

A. 没有　　B. 很少　　C. 较少　　D. 一般　　E. 较多　　F. 很多　　G. 极多

（三）企业人力资本水平

K12. 贵公司是否十分重视引进高端人才，并较同行企业较多地聘用高端人才（　　）

A. 极不可能　　B. 可能性非常小　　C. 可能性较小　　D. 一般

E. 较有可能　　F. 非常有可能　　G. 极有可能

K13. 贵公司是否对科研人员的工作绩效密切与工资和福利挂钩，平均水平要较普通人员高（　　）

A. 极不可能　　B. 可能性非常小　　C. 可能性较小　　D. 一般

E. 较有可能　　F. 非常有可能　　G. 极有可能

K14. 贵公司的科研人员数量是否较本地区同行业企业较多（　　）

A. 极不可能　　B. 可能性非常小　　C. 可能性较小　　D. 一般

E. 较有可能　　F. 非常有可能　　G. 极有可能

K15. 贵公司是否十分重视对员工在工作中的工作技能的培养以及科研能力的提高（　　）

A. 极少　　B. 很少　　C. 较少　　D. 一般　　E. 较多　　F. 很多　　G. 极多

K16. 贵公司科研人员科研能力是否较同行业企业高，是否经常参加行业内的科技成果评比，专利和科研成果能取得行业内领先（　　）

A. 极少　　B. 很少　　C. 较少　　D. 一般　　E. 较多　　F. 很多　　G. 极多

（四）企业研究活动强度

K17. 贵公司能否模仿、领悟和消化区域内知名企业的管理、生产、设计技术等（　　）

A. 极少　　B. 很少　　C. 较少　　D. 一般　　E. 较多　　F. 很多　　G. 极多

K18. 贵公司能否有效地采取研究活动，吸收和采用区域内的先进的管理、技术、营销经验（　　）

A. 没有 B. 非常不完善 C. 较不完善 D. 一般 E. 较完善 F. 非常完善 G. 十分完善

K19. 贵公司是否与区域内企业之间不断地进行经验、技能、信息的交流和研发合作（　　）

A. 极少　　B. 很少　　C. 较少　　D. 一般　　E. 较多　　F. 很多　　G. 极多

K20.贵公司能否快速收集和钻研本专业方面前沿技术等（　）

A.极少　B.很少　C.较少　D.一般　E.较多　F.很多　G.极多

K21.贵公司是否经常保持对内部研究结果以及创新会议进行详细记录（　）

A.极少　B.很少　C.较少　D.一般　E.较多　F.很多　G.极多

（五）企业学习能力

K22.贵公司是否收集有价值的经验、技能等，并能够被内部的各个部门有效的领悟和执行（　）

A.极少部门　　B.很少部门　　C.较少部门　　D.一般

E.较多部门　　F.很多部门　　G.极多部门

K23.贵公司是否能够经常对广本地区先进的生产技术、经验等进行及时的总结和归纳（　）

A.极少　B.很少　C.较少　D.一般　E.较多　F.很多　G.极多

K24.贵公司能否经常将本行业各类企业的新鲜创意、诀窍和技能，并及时地归类收集和制定有效方案执行（　）

A.极少　B.很少　C.较少　D.一般　E.较多　F.很多　G.极多

K25.贵公司是否经常总结和归纳员工个人经验，并以正式文本方式确认下来（　）

A.极少　B.很少　C.较少　D.一般　E.较多　F.很多　G.极多

K26.贵公司是否经常将市场反馈意见应用到产品改进中（　）

A.极少　B.很少　C.较少　D.一般　E.较多　F.很多　G.极多

K27.贵公司是否经常参加行业会展，并能获取有益的信息（　）

A.极少　B.很少　C.较少　D.一般　E.较多　F.很多　G.极多

K28.当贵公司发现商业机会时，能迅速地运用本公司储备的知识（　）

A.极少　B.很少　C.较少　D.一般　E.较多　F.很多　G.极多

二、企业破坏性创新的调查问卷

（一）企业技术开拓能力

D1.贵公司是否主动对外部环境和新机会进行扫描、识别，寻找新的技术变革信息（　）

A.极不愿意　B.非常不愿意　C.较不愿意　D.一般

E.较愿意　F.非常愿意　G.完全愿意

D2. 贵公司是否善于以自主研发创新为主，经常根据市场变化进行产品创新技术改进（　）

A. 极少　　B. 很少　　C. 较少　　D. 一般　　E. 较多　　F. 很多　　G. 极多

D3. 贵公司是否能够在行业中最先感测到可能影响现有业务的技术发展（　）

A. 极少　　B. 很少　　C. 较少　　D. 一般　　E. 较多　　F. 很多　　G. 极多

D4. 贵公司是否能够在行业中最先对新技术做出响应（　）

A. 极少　　B. 很少　　C. 较少　　D. 一般　　E. 较多　　F. 很多　　G. 极多

D5. 贵公司产品是否更新速度很快（　）

A. 不更新　　B. 非常慢　　C. 较慢　　D. 一般

E. 较快　　F. 非常快　　G. 极快

D6. 贵公司在推出新产品时，竞争者是否很难进行快速模仿（　）

A 极不可能　　B. 不可能性很大　　C. 不可能性较小　　D. 一般

E. 较有可能　　F. 非常有可能　　G. 极有可能

D7. 贵公司是否经常鼓励员工进行国际前沿的技术研（　）

A. 极少　　B. 很少　　C. 较少　　D. 一般　　E. 较多　　F. 很多　　G. 极多

D8. 贵公司新产品技术是否突破性很大（　）

A. 没有　　B. 十分小　　C. 较小　　D. 一般　　E. 较大

F. 非常大　　G. 极大

（二）企业市场定位识别能力

D9. 市场中的消费者是否愿意接受贵公司的新产品或新服务（　）

A. 极少　　B. 很少　　C. 较少　　D. 一般　　E. 较多　　F. 很多　　G. 极多

D10. 贵公司所处市场中的消费者需求偏好是否变化大（　）

A. 没有　　B. 很少　　C. 较少　　D. 一般　　E. 较大　　F. 很大　　G. 极大

D11. 贵公司所处市场中的新消费者需求偏好是否和老消费者不同（　）

A. 没有　　B. 很少　　C. 较少　　D. 一般　　E. 较大　　F. 很大　　G. 极大

D12. 贵公司现在主要针对的消费群是否和过去一致（　）

A. 没有　　B. 很少　　C. 较少　　D. 一般　　E. 较大　　F. 很大　　G. 极大

（四）企业家创新意愿

D13. 贵公司的高层领导是否经常要求企业成员必须跟踪和适应正在变革的技术潮流（　）

A. 极少　　B. 很少　　C. 较少　　D. 一般　　E. 较多　　F. 很多　　G. 极多

D14. 贵公司高层管理者是否经常通过战略意图鼓励员工发展新业务（　）

A. 极少　　B. 很少　　C. 较少　　D. 一般　　E. 较多　　F. 很多　　G. 极多

D15. 贵公司总裁／总经理是否非常喜欢冒险（　）

A. 极不喜欢　　B. 很不喜欢　　C. 较不喜欢　　D. 一般

E. 较喜欢　　　F. 很喜欢　　　G. 极喜欢

（五）创新资源配置

D16. 贵公司研发部门能否从其他部门获取资源用于支持意义重大的创新活动（　）

A. 极少　　B. 很少　　C. 较少　　D. 一般　　E. 较多　　F. 很多　　G. 极多

D17. 贵公司是否有充足的资金用于支持创新活动（　）

A. 极少　　B. 很少　　C. 较少　　D. 一般　　E. 较多　　F. 很多　　G. 极多

D18. 贵公司是否有良好的实验设备和研制平台用于支持创新活动（　）

A. 极少　　B. 很少　　C. 较少　　D. 一般　　E. 较多　　F. 很多　　G. 极多

D19. 贵公司是否配备有大量高素质技术人员从事一线科研活动（　）

A. 极少　　B. 很少　　C. 较少　　D. 一般　　E. 较多　　F. 很多　　G. 极多

（六）创新激励制度

D20. 贵公司是否对研发产出进行奖励（　）

A. 极少　　B. 很少　　C. 较少　　D. 一般　　E. 较多　　F. 很多　　G. 极多

D21. 贵公司是否经常根据增长速度进行分红（　）

A. 极少　　B. 很少　　C. 较少　　D. 一般　　E. 较多　　F. 很多　　G. 极多

D22. 贵公司对核心员工是否采用一定水平的期权激励（　）

A. 极少　　B. 很少　　C. 较少　　D. 一般　　E. 较多　　F. 很多　　G. 极多

D23. 贵公司对核心员工进行职业发展是否密切关注并承诺（　）

A. 极少　　B. 很少　　C. 较少　　D. 一般　　E. 较多　　F. 很多　　G. 极多

（七）组织战略柔性

D24. 贵公司的技术创新项目是否都是由新建的业务部门进行市场化动作的（　）

A. 极少　　　B. 很少　　　C. 较少　　　D. 一般

E. 较看重　F. 很看重　G. 极看重

D25. 贵公司的技术创新项目是否都有专项资金支持（　）

A. 极少　　B. 很少　　C. 较少　　D. 一般　　E. 较多　　F. 很多　　G. 极多

D29. 贵公司的管理手段和方法相当灵活（　）

A. 极少　　B. 很少　　C. 较少　　D. 一般　　E. 较多　　F. 很多　　G. 极多

D30. 贵公司组织结构是分权的扁平网络结构，各部门间经常进行沟通和协调（　）

A. 极少　　B. 很少　　C. 较少　　D. 一般　　E. 较多　　F. 很多　　G. 极多

D31. 贵公司能够根据业务目的不同，及时调整组织结构（　）

A. 极少　　B. 很少　　C. 较少　　D. 一般　　E. 较多　　F. 很多　　G. 极多

三、转型升级调查问卷

（一）技术机会能力

C1. 贵公司能否捕捉到本行业最先感测到可能影响现有业务的技术发展（　）

A. 极不可能　　B. 可能性非常小　　C. 可能性较小　　D. 一般

E. 较有可能　　F. 非常有可能　　G. 极有可能

C2. 贵公司能否对行业的技术变革趋势进行合理评价（　）

A. 极不可能　　B. 可能性非常小　　C. 可能性较小　　D. 一般

E. 较有可能　　F. 非常有可能　　G. 极有可能

C3. 贵公司能否主动搜寻可能影响现有业务的技术变革情报（　）

A. 极少　　B. 很少　　C. 较少　　D. 一般　E. 较主动　F. 很主动　G. 极主动

C4. 贵公司能否迅速对环境中的技术变革做出响应（　）

A. 极慢　　B. 很慢　　C. 较慢　　D. 一般　　E. 较快　　F. 很快　　G. 极快

C5. 贵公司能否在行业中对破坏性创新进行快速响应（　）

A. 极慢　　B. 很慢　　C. 较慢　　D. 一般　　E. 较快　　F. 很快　　G. 极快

（二）知识创造能力升级

C6. 贵企业能否经常利用已获取的经验、技能信息进行有效的技术改造与革新（　）

A. 极少　　B. 很少　　C. 较少　　D. 一般　　E. 较多　　F. 很多　　G. 极多

C7. 贵企业能否经常利用获取的新知识进行新产品的开发、研制与生产（　）

A. 极少　　B. 很少　　C. 较少　　D. 一般　　E. 较多　　F. 很多　　G. 极多

C8. 贵企业能否经常利用获取的新知识改善现有的生产流程、工艺并优化创新（　）

A. 极少　　B. 很少　　C. 较少　　D. 一般　　E. 较多　　F. 很多　　G. 极多

C9. 贵企业是否经常善于运用获取的新知识进行专利的研发与申请（　）

A. 极少　　B. 很少　　C. 较少　　D. 一般　　E. 较多　　F. 很多　　G. 极多

（三）资源整合能力升级

C10. 贵公司是否有顺畅的融资渠道，必要时可以获得足够的资金支持破坏性创新项目（　）

A. 极不顺畅　　　B. 很不顺畅　　　C. 较不顺畅　　　D. 一般

E. 较顺畅　　　F. 很顺畅　　　G. 极顺畅

C11. 贵公司是否具有顺畅的人才引进通道，能够快速的寻找并引进创新项目需要的人才（　）

A. 极不顺畅　　　B. 很不顺畅　　　C. 较不顺畅　　　D. 一般

E. 较顺畅　　　F. 很顺畅　　　G. 极顺畅

C12. 贵公司是否具有顺畅的信息获取渠道，在创新遇到瓶颈时，能够得到及时的智力支持（　）

A. 极不顺畅　　　B. 很不顺畅　　　C. 较不顺畅　　　D. 一般

E. 较顺畅　　　F. 很顺畅　　　G. 极顺畅

C13. 贵公司是否经常使用租赁、借用等形式获取专用设备（　）

A. 极少　　B. 很少　　C. 较少　　D. 一般　　E. 较多　　F. 很多　　G. 极多

C14. 贵公司能够迅速动员内外资源进行创新项目开发（　）

A. 极慢　　B. 很慢　　C. 较慢　　D. 一般　　E. 较快　　F. 很快　　G. 极快

（四）技术创新能力升级

C15. 贵公司是否经常引入市场上从未有过的新产品服务（　）

A. 极少　　B. 很少　　C. 较少　　D. 一般　　E. 较多　　F. 很多　　G. 极多

C16. 贵公司产品是否只是市场上同类产品的技术简化（　）

A. 全部是　　B. 很大部分是　　C. 部分是　　D. 一般

E. 部分不是　　F. 很大部分不是　　G. 全都不是

C17. 贵公司通过重大技术创新能否使产品性能远高于市场同类产品（　）

A. 极不可能　　B. 可能性非常小　　C. 可能性较小　　D. 一般

E. 较有可能　　F. 非常有可能　　G. 极有可能

C18. 贵公司生产中所采用的技术在国际上处于什么层次（　）

A. 极低　　B. 很低　　C. 较低　　D. 一般

E. 较高　　F. 很高　　G. 极高

C19. 贵公司在过去5年内开展破坏性创新的成功层次（　）

A. 极低　　B. 很低　　C. 较低　　　D. 一般

E. 较高　　F. 很高　　G. 极高

（五）国际市场吸引力升级

C20. 贵公司的产品在同类产品中的市场占有率（　）

A. 非常低　　B. 比较低　　C. 稍微低　　　D. 一般

E. 稍微高　　F. 比较高　　G. 非常高

C21. 贵公司的产品在同类产品中的产品利润率（　）

A. 非常低　　B. 比较低　　C. 稍微低　　　D. 一般

E. 稍微高　　F. 比较高　　G. 非常高

C22. 贵公司的产品在同类产品中的销售增长率（　）

A. 非常低　　B. 比较低　　C. 稍微低　　　D. 一般

E. 稍微高　　F. 比较高　　G. 非常高

C23 企业推出的新产品可以进一步开发大量非消费群体（　）

A. 非常不符合　　　B. 比较不符合　　　C. 稍微不符合　　D. 一般

E. 稍微符合　　　　F. 比较符合　　　　G. 非常符合

附录 2：部分相关实证数据

表 1　广东分区域 GDP 占比比较

单位：%

区域	年份	地区 GDP 占比
珠三角核心区合计	2011	63.16
	2010	63.64
	2009	64.25
	2008	64.30
	2007	64.44
	2006	64.50
珠三角边缘区合计	2011	13.62
	2010	13.39
	2009	13.29
	2008	13.39
	2007	13.59
	2006	13.53
粤东合计	2011	6.70
	2010	6.83
	2009	6.75
	2008	6.55
	2007	6.45
	2006	6.48

	2011	7.63
	2010	7.45
粤西合计	2009	7.23
	2008	7.34
	2007	7.22
	2006	7.46
	2011	8.90
	2010	8.69
粤北合计	2009	8.49
	2008	8.43
	2007	8.30
	2006	8.03
	2011	23.23
	2010	22.97
粤东西北合计	2009	22.47
	2008	22.32
	2007	21.97
	2006	21.97

数据来源：广东历年统计年鉴。

表2　珠三角9市的因变量和解释变量系数矩阵

城市		因变量和解释变量系数矩阵														
		RND	RES	EDU	FDI	PROD	NP	PSG	NPR	NPS	IC	NME	LAB	CP	RAW	EGRD
广州市	RND	1.000														
	RES	0.372	1.000													
	EDU	-0.042	0.443	1.000												
	FDI	0.545	0.642	0.591	1.000											
	PROD	0.732	0.426	0.562	-0.654	1.000										
	NP	0.639	0.554	0.853	0.919	0.634	1.000									
	PSG	0.274	0.365	0.084	-0.376	0.987	-0.025	1.000								
	NPR	0.276	0.265	0.543	-0.254	0.786	-0.117	0.030	1.000							
	NPS	0.343	0.398	0.654	-0.243	-0.867	-0.400	0.153	0.463	1.000						
	IC	0.356	0.176	0.345	0.674	-0.432	-0.112	-0.456	0.324	0.395	1.000					
	NME	0.234	-0.143	0.543	0.487	-0.486	0.157	-0.348	0.225	-0.058	0.469	1.000				
	LAB	0.132	-0.148	-0.765	-0.143	-0.243	0.280	-0.005	0.357	0.289	0.390	-0.068	1.000			
	CP	0.321	0.432	0.685	-0.073	-0.145	0.395	-0.556	-0.465	-0.144	0.044	0.153	0.010	1.000		
	RAW	0.298	-0.354	-0.723	-0.265	0.534	0.375	0.277	0.120	-0.112	-0.070	-0.023	0.389	0.397	1.000	
	EGRD	0.498	0.576	-0.634	-0.446	0.587	0.469	0.782	0.644	0.538	0.815	0.682	0.558	0.543	0.881	1.000
		RND	RES	EDU	FDI	PROD	NP	PSG	NPR	NPS	IC	NME	LAB	CP	RAW	EGRD

续表

因变量和解释变量系数矩阵

城市		TIR	NPR	RND	CR	HHL	SLI	RES	EDU	FDI	OPEN	LAB	CP	RAW	PROD	EGRD
	RND	1.000														
	RES	-0.172	1.000													
	EDU	-0.236	0.334	1.000												
	FDI	0.476	-0.871	0.634	1.000											
	PROD	0.653	0.587	-0.854	0.532	1.000										
	NP	-0.876	-0.632	0.687	-0.876	0.634	1.000									
	PSG	0.345	0.465	-0.123	-0.342	0.452	-0.243	1.000								
	NPR	0.254	0.127	0.367	0.456	0.125	0.352	0.016	1.000							
深圳市	NPS	0.187	0.654	0.234	-0.432	-0.265	-0.014	0.278	0.463	1.000						
	IC	0.176	-0.432	-0.224	0.345	0.143	0.438	0.342	0.165	0.452	1.000					
	NME	0.176	0.352	0.163	0.287	0.543	0.276	-0.452	-0.165	-0.452	0.352	1.000				
	LAB	0.276	-0.253	0.176	0.452	0.265	0.673	-0.005	0.246	0.137	0.539	-0.476	1.000			
	CP	0.421	-0.217	0.465	-0.176	-0.342	-0.198	0.436	0.248	0.378	0.176	0.237	0.482	1.000		
	RAW	-0.158	0.387	0.287	0.365	0.258	0.165	0.287	0.298	-0.463	-0.021	0.264	0.267	0.445	1.000	
	EGRD	0.534	0.798	0.889	-0.774	0.587	0.876	-0.745	-0.663	0.759	0.487	-0.563	0.698	0.875	0.981	1.000

续表

因变量和解释变量系数矩阵

城市		RND	RES	EDU	FDI	PROD	NP	PSG	NPR	NPS	IC	NME	LAB	CP	RAW	EGRD
东莞市	RND	1.000														
	RES	0.227	1.000													
	EDU	0.276	0.187	1.000												
	FDI	0.517	0.783	-0.771	1.000											
	PROD	0.935	0.673	0.856	-0.745	1.000										
	NP	0.784	0.639	0.739	0.648	0.729	1.000									
	PSG	0.187	0.027	0.387	-0.418	0.294	-0.018	1.000								
	NPR	0.146	0.398	-0.119	-0.372	0.362	-0.217	-0.187	1.000							
	NPS	-0.219	0.287	0.381	-0.419	-0.228	-0.018	0.329	0.592	1.000						
	IC	0.492	0.319	-0.178	0.015	-0.007	-0.361	-0.226	0.108	0.472	1.000					
	NME	-0.186	-0.048	0.291	0.017	-0.104	0.187	-0.183	0.302	-0.421	0.204	1.000				
	LAB	-0.432	-0.372	-0.387	-0.109	0.653	0.321	-0.372	0.271	0.274	0.381	-0.197	1.000			
	CP	0.201	0.287	0.329	-0.203	-0.442	0.209	-0.302	-0.119	-0.387	-0.473	-0.274	0.632	1.000		
	RAW	0.287	0.187	0.382	0.483	0.118	0.274	-0.332	-0.017	-0.003	0.392	-0.392	0.294	0.496	1.000	
	EGRD	0.734	0.754	-0583	-0.884	0.864	0.663	0.773	0.987	0.498	0.740	0.598	0.894	0.698	0.884	1.000

292

续表

因变量和解释变量系数矩阵

城市		TIR	NPR	RND	CR	HHL	SLI	RES	EDU	FDI	OPEN	LAB	CP	RAW	PROD	EGRD
	RND	1.000														
	RES	0.012	1.000													
	EDU	0.244	0.371	1.000												
	FDI	0.864	-0.675	0.873	1.000											
	PROD	0.638	0.593	0.789	-0.734	1.000										
	NP	0.893	0.620	0.691	0.839	0.732	1.000									
	PSG	-0.023	0.234	0.543	-0.221	0.387	0.326	1.000								
	NPR	0.345	-0.678	0.239	0.357	0.287	0.453	0.013	1.000							
佛山市	NPS	0.287	0.398	0.654	-0.243	-0.867	-0.400	0.153	0.463	1.000						
	IC	0.356	0.176	0.345	0.674	-0.432	-0.112	-0.456	0.324	0.395	1.000					
	NME	0.234	-0.143	0.543	0.487	-0.486	0.157	-0.348	0.225	-0.058	0.469	1.000				
	LAB	0.132	-0.148	-0.765	-0.143	-0.243	0.280	-0.005	0.357	0.289	0.390	-0.068	1.000			
	CP	0.321	0.432	0.685	-0.073	-0.145	0.395	-0.556	-0.465	-0.144	0.044	0.153	0.010	1.000		
	RAW	0.167	0.329	0.073	-0.434	0.281	0.275	0.542	0.018	-0.105	-0.006	-0.091	0.248	0.523	1.000	
	EGRD	0.587	0.843	0.775	-0.659	0.985	0.883	0.739	0.603	0.673	0.983	0.819	0.692	0.574	0.738	1.000

续表

因变量和解释变量系数矩阵

城市		RND	RES	EDU	FDI	PROD	NP	PSG	NPR	NPS	IC	NME	LAB	CP	RAW	EGRD
中山市	RND	1.000														
	RES	0.017	1.000													
	EDU	0.372	0.228	1.000												
	FDI	0.764	0.720	0.559	1.000											
	PROD	0.684	0.594	0.783	0.876	1.000										
	NP	0.873	0.669	0.734	0.892	0.853	1.000									
	PSG	-0.238	-0.036	0.493	-0.295	0.391	-0.198	1.000								
	NPR	0.483	0.174	0.382	0.375	-0.174	-0.362	0.374	1.000							
	NPS	0.367	-0.273	-0.473	0.462	0.472	0.184	0.013	0.372	1.000						
	IC	0.273	0.272	0.183	0.482	0.283	-0.382	-0.183	0.284	0.492	1.000					
	NME	-0.392	-0.204	0.397	-0.284	-0.382	0.264	0.472	0.173	0.382	0.284	1.000				
	LAB	0.384	0.273	0.364	-0.374	-0.274	-0.382	-0.482	0.118	-0.271	0.472	0.019	1.000			
	CP	0.183	0.294	0.381	0.018	-0.482	-0.371	-0.401	-0.387	-0.298	0.104	0.289	0.391	1.000		
	RAW	-0.174	-0.301	0.208	0.391	0.391	-0.028	-0.029	-0.118	0.203	-0.432	-0.298	0.345	0.823	1.000	
	EGRD	0.391	0.283	0.391	0.284	0.673	0.587	0.878	-0902	0.682	0.834	0.693	0.784	0.892	0.915	1.000
		RND	RES	EDU	FDI	PROD	NP	PSG	NPR	NPS	IC	NME	LAB	CP	RAW	EGRD

因变量和解释变量系数矩阵

城市		RND	RES	EDU	FDI	PROD	NP	PSG	NPR	NPS	IC	NME	LAB	CP	RAW	EGRD
珠海市	RND	1.000														
	RES	0.482	1.000													
	EDU	0.294	0.391	1.000												
	FDI	-0.564	0.684	0.678	1.000											
	PROD	0.748	0.672	0.598	0.873	1.000										
	NP	0.683	0.576	0.769	0.782	0.984	1.000									
	PSG	0.384	0.102	-0.382	-0.297	0.402	0.092	1.000								
	NPR	0.472	0.281	0.392	0.384	0.298	0.395	0.302	1.000							
	NPS	0.520	-0.419	0.403	-0.293	0.093	0.017	0.294	0.403	1.000						
	IC	0.482	-0.183	-0.387	0.385	-0.295	0.184	0.392	0.295	0.104	1.000					
	NME	0.374	-0.143	0.543	0.487	-0.486	0.157	-0.348	0.225	-0.058	0.469	1.000				
	LAB	0.132	-0.148	-0.765	-0.143	-0.243	0.280	-0.005	0.357	0.289	0.390	-0.068	1.000			
	CP	0.321	0.432	0.562	0.028	0.227	0.491	0.382	-0.204	-0.023	0.392	0.201	0.491	1.000		
	RAW	0.391	0.281	-0.231	-0.492	0.394	0.381	0.394	0.204	0.029	-0.732	-0.372	0.093	0.127	1.000	
	EGRD	0.448	0.674	0.782	0.829	0.647	0.783	0.892	0.582	0.984	0.882	0.772	0.687	0.983	0.991	1.000

续表

因变量和解释变量系数矩阵

城市		RND	RES	EDU	FDI	PROD	NP	PSG	NPR	NPS	IC	NME	LAB	CP	RAW	EGRD
惠州市	RND	1.000														
	RES	0.291	1.000													
	EDU	0.287	0.382	1.000												
	FDI	0.783	0.592	0.682	1.000											
	PROD	0.980	0.598	0.673	0.748	1.000										
	NP	-0.764	0.743	0.684	0.786	0.674	1.000									
	PSG	0.271	0.183	0298	0.173	0.281	0.012	1.000								
	NPR	0.381	0.271	0.492	-0.284	0.384	-0.281	-0.371	1.000							
	NPS	0.018	0.261	0.391	0.481	0.391	-0.281	0.381	0.109	1.000						
	IC	0.173	-0.281	-0.372	-0.412	-0.762	-0.381	-0.012	0.294	0.423	1.000					
	NME	-0.184	-0.391	0.483	0.391	-0.284	0.512	0.281	0.381	0.012	0.389	1.000				
	LAB	0.213	-0.293	-0.392	-0.843	-0.389	0.392	-0.823	0.385	0.491	0.392	-0.321	1.000			
	CP	0.482	0.091	0.392	0.232	-0.283	0.193	0.397	0.287	0.017	0.173	0.493	0.208	1.000		
	RAW	-0.371	-0.213	-0.482	-0.382	0.283	0.109	0.209	0.103	0.183	0.382	0.684	0.593	0.632	1.000	
	EGRD	0.764	0.632	0.973	0.863	0.753	0.865	0.673	0.987	0.734	0.603	0.872	0772	0.809	0.962	1.000

续表

因变量和解释变量系数矩阵

城市		TIR	NPR	RND	CR	HHL	SLI	RES	EDU	FDI	OPEN	LAB	CP	RAW	EGRD	
	RND	1.000														
	RES	0.287	1.000													
	EDU	0.014	0.392	1.000												
	FDI	0.764	0.873	0.693	1.000											
	PROD	0.582	0.486	0.783	0.744	1.000										
	NP	0876	0.672	0.593	0.876	0.982	1.000									
	PSG	-0.124	-0184	0382	-0.281	0.482	0.391	1.000								
	NPR	0.281	0.391	0.492	0.284	0.402	-0.094	0.284	1.000							
江门市	NPS	-0.251	-0.322	0.423	0.245	0.423	0.431	0.173	0.287	1.000						
	IC	-0.271	0.345	0.274	-0.534	-0.432	-0.112	-0.372	0.274	0.183	1.000					
	NME	0.451	-0.284	0.543	0.487	-0.486	0.157	-0.348	0.225	-0.058	0.469	1.000				
	LAB	0.132	-0.148	-0.563	0.342	0.183	0.281	0.193	0.243	0.483	0.281	-0.192	1.000			
	CP	0.284	0.284	0491	0.281	-0.452	0.748	0.742	0.225	-0.284	0.304	0.213	0.193	1.000		
	RAW	-0.381	-0.198	-0.084	-0.265	0.534	0.375	0.277	0.120	-0.112	-0.070	-0.023	0.389	0.397	1.000	
	EGRD	0.498	0.576	-0.634	0.783	0.872	0.688	0.876	0.594	0.873	0.915	0.722	0.698	0.873	0.691	1.000
		TIR	NPR	RND	CR	HHL	SLI	RES	EDU	FDI	OPEN	LAB	CP	RAW	EGRD	

续表

因变量和解释变量系数矩阵

城市		RND	RES	EDU	FDI	PROD	NP	PSG	NPR	NPS	IC	NME	LAB	CP	RAW	EGRD
肇庆市	RND	1.000														
	RES	0.071	1.000													
	EDU	-0.274	0.375	1.000												
	FDI	0.672	0.492	0.764	1.000											
	PROD	0.873	0.567	0.870	0.954	1.000										
	NP	0.783	0.685	0.983	0.867	0.593	1.000									
	PSG	0.193	0.247	0281	-0323	-0.182	0.562	1.000								
	NPR	-0.452	-0.134	0.483	0.362	0.472	-0.452	0.283	1.000							
	NPS	-0.271	0.376	0.186	-0.387	-0.382	-0.562	0.573	0.283	1.000						
	IC	-0.361	0.277	0.183	0.482	-0.284	-0.284	-0.283	0.382	0.674	1.000					
	NME	-0.562	-0.382	0.274	0.386	0.376	0.275	0.174	0.382	0.723	0.862	1.000				
	LAB	0.372	0.452	0.345	-0.263	-0.472	0.372	-0.123	-0.462	0.672	0.783	0.893	1.000			
	CP	0.163	0.263	0.685	-0.073	-0.145	0.395	-0.556	-0.465	-0.144	0.044	0.153	0.010	1.000		
	RAW	0.298	-0.354	0.372	0.187	0.483	0.274	0.284	0.091	0.294	0.482	-0.531	0.482	0.762	1.000	
	EGRD	0.783	0.873	0.782	0.873	0.768	0.983	0.596	0.783	0.869	0.678	0.793	0.694	0.984	0.873	1.000

数据来源：相关数据通过 SPSS12.0 计算而得。

表 3　广东要素比较数据

年 份	国内生产总值（亿元）	就业人员年末数（万人）	固定资产投资（亿元）	科技人员人数（万人）	R&D 投入（亿元）
1994 年	7054.53	3493.15	8881.81	10.36	20.05
1995 年	8151.58	3551.20	9876.76	10.55	27.61
1996 年	9070.20	3641.30	10722.88	13.61	42.89
1997 年	10085.38	3701.90	11412.59	14.08	65.20
1998 年	11174.87	3783.87	12368.83	13.77	93.18
1999 年	12306.19	3796.32	13541.07	14.61	140.57
2000 年	13717.45	3989.32	14743.61	22.21	226.61
2001 年	15156.27	4058.63	16079.12	24.16	326.85
2002 年	17031.57	4134.37	17552.46	26.74	434.27
2003 年	19559.88	4395.93	19647.57	27.76	548.97
2004 年	22452.60	4681.89	22631.08	30.11	681.81
2005 年	25624.37	5022.97	26350.73	35.45	829.14
2006 年	29418.28	5177.02	30339.88	36.88	1017.81
2007 年	33791.50	5341.50	34625.87	45.16	1270.64
2008 年	37317.29	5471.72	40978.07	53.19	1584.61
2009 年	40918.89	5688.62	47795.58	69.40	1999.90
2010 年	46013.06	5870.48	55899.41	78.77	2508.67
2011 年	50608.23	5960.74	64358.33	89.40	3177.85

表 4　江苏要素比较数据

年份	国内生产总值（亿元）	就业人员年末数（万人）	固定资产投资（亿元）	科技人员人数（万人）	R&D 投入（亿元）
1994 年	4057.39	4362.76	4337.946927	9.472738382	31.52131583
1995 年	5155.25	4385.17	5315.326594	10.67671927	41.06328628
1996 年	6004.21	4386.97	6483.279621	12.03372559	53.30165234
1997 年	6680.34	4388.79	7740.635856	13.56320683	69.02590242
1998 年	7199.95	4389.92	9158.889409	15.28708445	89.25245481
1999 年	7697.82	4390.71	10514.9473	17.23006616	115.2905127
2000 年	8553.69	4418.14	11909.36195	19.42	148.8269358
2001 年	9456.84	4436.45	13383.53022	29.52	218.5728954
2002 年	10606.85	4472.84	15066.54718	30.73	294.8769611
2003 年	12442.87	4499.97	17688.35834	33.18	401.105417
2004 年	15003.6	4537.07	21801.79438	33.55	554.9196044
2005 年	18598.69	4578.75	27167.6023	38.17	741.9816637
2006 年	21742.05	4628.95	32693.43431	38.11	976.7344142
2007 年	26018.48	4677.88	38942.21007	43.79	1260.424252
2008 年	30981.98	4700.96	48515.87344	53.59	1655.930614
2009 年	34457.3	4726.54	59268.82544	67.17	2124.661022
2010 年	41425.48	4754.68	70639.70739	73.69	2663.911869
2011 年	49110.27	4758.23	86358.41128	81.62	3336.285088

表5 浙江要素数据比较

年份	国内生产总值（亿元）	就业人员年末数（万人）	固定资产投资（亿元）	科技人员人数（人）	R&D 投入（亿元）
1994 年	2689.28	2640.51	3512.916466	109883	23.10272727
1995 年	3557.55	2621.47	4326.452836	121764	28.77731818
1996 年	4188.53	2625.06	5303.143202	130191	34.96072045
1997 年	4686.11	2619.66	6243.911476	141729	44.90661239
1998 年	5052.62	2612.54	7189.127199	149212	57.87062053
1999 年	5443.92	2625.17	7991.156922	150883	76.24002745
2000 年	6141.03	2726.09	9050.670635	152885	101.3940233
2001 年	6898.34	2795.65	10458.69753	164157	130.9249198
2002 年	8003.67	2858.56	12364.58855	189443	168.9361819
2003 年	9705.02	2918.74	15225.26382	208861	221.3557546
2004 年	11648.7	2991.95	18983.12928	209278	303.7023914
2005 年	13417.68	3100.76	22732.95053	257750	421.4370327
2006 年	15718.47	3172.38	26603.60239	310525	582.2514778
2007 年	18753.73	3405.01	30317.0236	350467	781.2337561
2008 年	21462.69	3486.53	35410.62829	415878	1009.808693
2009 年	22990.35	3591.98	40359.12955	415878	1257.177389
2010 年	27722.31	3636.02	45818.92651	415878	1562.83078
2011 年	32318.85	3674.11	51322.12753	415878	1941.336163

表 6　广东产业相关数据

年 份	国内生产总值（亿元）	第一产业（亿元）	第二产业（亿元）	第三产业（亿元）	制造业（亿元）	商业、饮食业（亿元）
1994 年	4619.02	692.25	2253.25	1673.52	1398.31	486.46
1995 年	5933.05	864.49	2900.22	2168.34	1623.23	647.77
1996 年	6834.97	935.24	3307.51	2592.22	1884.34	798.55
1997 年	7774.53	978.32	3704.39	3091.81	2187.45	944.61
1998 年	8530.88	994.55	4067.12	3469.21	2539.31	1073.36
1999 年	9250.68	1009.01	4359	3882.66	2947.77	1174.76
2000 年	10741.25	986.32	4999.51	4755.42	3421.94	1371.49
2001 年	12039.25	988.84	5506.06	5544.35	3756.22	1543.83
2002 年	13502.42	1015.08	6143.4	6343.94	4360.43	1761.27
2003 年	15844.64	1072.91	7592.78	7178.94	5718.14	2009.33
2004 年	18864.62	1219.84	9280.73	8364.05	6526.11	2321.59
2005 年	22557.37	1428.27	11356.6	9772.5	8156.04	2250.66
2006 年	26587.76	1532.17	13469.77	11585.82	10152.53	2606.79
2007 年	31777.01	1695.57	16004.61	14076.83	12253.01	2912.3
2008 年	36796.71	1973.05	18502.2	16321.46	15494.67	3476.44
2009 年	39482.56	2010.27	19419.7	18052.59	16359.35	3907.43
2010 年	46013.06	2286.98	23014.53	20711.55	18317.74	4647.76
2011 年	53210.28	2665.2	26447.38	24097.7	19378.11	5681.17

　　注：商业、饮食业：批发和零售业（含餐饮业）；制造业口径：剔除采矿业与电力、燃气及水的生产和供应业后的工业增加值，下同。

表 7　江苏产业相关数据

年 份	国内生产总值（亿元）	第一产业（亿元）	第二产业（亿元）	第三产业（亿元）	制造业（亿元）	商业、饮食业（亿元）
1994 年	4057.39	683.98	2186.77	1186.64	2212.57	389.41
1995 年	5155.25	866.24	2715.26	1573.75	2507.08	516.89
1996 年	6004.21	989.18	3074.12	1940.91	2840.79	621.01
1997 年	6680.34	1035.80	3411.86	2232.68	3218.92	683.86
1998 年	7199.95	1047.16	3640.10	2512.69	3647.38	724.85
1999 年	7697.82	1037.37	3920.15	2740.30	4132.88	782.38
2000 年	8553.69	1048.34	4435.89	3069.46	4682.99	857.57
2001 年	9456.84	1094.48	4907.46	3454.90	5306.33	955.07
2002 年	10606.85	1110.44	5604.49	3891.92	6012.64	1066.77
2003 年	12442.87	1162.45	6787.11	4493.31	6812.96	1204.61
2004 年	15003.60	1367.58	8437.99	5198.03	7719.82	1404.70
2005 年	18598.69	1461.51	10524.96	6612.22	8747.38	2103.71
2006 年	21742.05	1545.05	12282.89	7914.11	10338.62	2418.17
2007 年	26018.48	1816.31	14471.26	9730.91	12246.85	2905.47
2008 年	30981.98	2100.11	16993.34	11888.53	14318.30	3699.76
2009 年	34457.30	2261.86	18566.37	13629.07	15430.81	4258.17
2010 年	41425.48	2540.10	21753.93	17131.45	18101.33	5158.48
2011 年	49110.27	3064.78	25203.28	20842.21	20978.51	6260.52

表 8　浙江产业相关数据

年份	国内生产总值（亿元）	第一产业（亿元）	第二产业（亿元）	第三产业（亿元）	制 造 业（亿元）	商业、饮食业（亿元）
1994 年	2689.28	438.65	1398.12	852.52	825.33	335.60
1995 年	3557.55	549.96	1854.52	1153.07	1094.75	473.35
1996 年	4188.53	594.94	2232.17	1361.43	1317.68	567.84
1997 年	4686.11	618.90	2554.57	1512.64	1508.00	617.69
1998 年	5052.62	609.30	2766.95	1676.38	1633.37	665.80
1999 年	5443.92	606.31	2974.74	1862.87	1756.03	712.42
2000 年	6141.03	630.98	3273.93	2236.12	1932.65	827.78
2001 年	6898.34	659.78	3572.88	2665.68	2109.13	908.83
2002 年	8003.67	685.20	4090.48	3227.99	2558.37	1035.26
2003 年	9705.02	717.85	5096.38	3890.79	3154.47	1159.25
2004 年	11648.70	814.10	6250.38	4584.22	3921.01	1335.40
2005 年	13417.68	892.83	7164.75	5360.10	4913.02	1479.48
2006 年	15718.47	925.10	8511.51	6281.86	6156.02	1689.86
2007 年	18753.73	986.02	10154.25	7613.46	7713.49	1971.54
2008 年	21462.69	1095.96	11567.42	8799.31	9665.00	2220.41
2009 年	22990.35	1163.08	11908.49	9918.78	9949.98	2536.23
2010 年	27722.31	1360.56	14297.93	12063.82	11946.44	3169.81
2011 年	32318.85	1583.04	16555.58	14180.23	13832.79	3908.78

表 9 广东需求相关数据

年份	国内生产总值（亿元）	总投资（亿元）	居民消费（亿元）	政府购买（亿元）	出口（亿美元）	固定资本形成（亿元）
1994 年	4619.02	1930.86	2287.69	310.88	502.11	1375.09
1995 年	5933.05	2394.79	2912.58	450.80	565.92	1819.17
1996 年	6834.97	2782.89	3343.01	516.32	593.46	1919.41
1997 年	7774.53	2974.45	3539.62	705.56	745.64	2079.15
1998 年	8530.88	3331.11	3781.21	800.95	756.18	2473.82
1999 年	9250.68	3511.30	4072.05	1011.55	777.05	2870.40
2000 年	10741.25	3850.81	4474.11	1240.35	919.19	3093.82
2001 年	12039.25	4392.51	4733.53	1522.40	954.21	3447.52
2002 年	13502.42	4762.90	5449.58	1837.05	1184.58	4023.73
2003 年	15844.64	5911.97	6537.53	2105.91	1528.48	4986.53
2004 年	18864.62	7214.70	7953.60	2208.44	1915.69	5957.86
2005 年	22557.37	8239.73	8968.54	2482.42	2381.71	7418.23
2006 年	26587.76	9307.90	9895.13	2740.46	3019.48	8489.71
2007 年	31777.01	10701.48	11781.66	3061.19	3692.39	9964.01
2008 年	36796.71	12257.94	13599.73	3602.40	4041.88	11474.36
2009 年	39482.56	14951.42	15261.28	3918.11	3589.56	14025.08
2010 年	46013.06	17706.61	17702.35	4778.56	4531.91	16515.11
2011 年	53210.28	21003.62	20504.11	5570.65	5317.93	19432.79

表 10   江苏需求相关数据

年 份	国内生产总值（亿元）	总投资（亿元）	居民消费（亿元）	政府购买（亿元）	出口（亿美元）	固定资本形成（亿元）
1994 年	4057.39	2018.95	1350.89	370.56	66.86	1434.95
1995 年	5155.25	2479.30	1806.43	444.23	97.82	1756.88
1996 年	6004.21	2798.62	2218.68	503.16	116.01	2062.17
1997 年	6680.34	2925.28	2417.77	603.17	140.89	2295.97
1998 年	7199.95	3321.44	2513.52	648.36	156.51	2642.29
1999 年	7697.82	3554.26	2594.18	745.61	183.09	2842.65
2000 年	8553.69	4044.78	2815.51	895.21	257.70	3225.42
2001 年	9456.84	4393.21	3027.67	1114.25	288.78	3543.16
2002 年	10606.85	4808.67	3475.13	1326.78	384.80	3994.23
2003 年	12442.87	6182.38	3909.55	1574.49	591.40	5480.80
2004 年	15003.60	7957.76	4429.02	1798.19	874.97	6972.68
2005 年	18598.69	9462.30	5339.09	2319.60	1229.82	8888.80
2006 年	21742.05	10721.70	6236.42	2809.50	1604.19	10069.30
2007 年	26018.48	12504.50	7328.19	3605.50	2037.33	11727.90
2008 年	30981.98	15017.90	8425.61	4417.76	2380.36	14038.68
2009 年	34457.30	17571.90	9235.38	5140.02	1992.43	17137.99
2010 年	41425.48	21173.29	10942.82	6295.26	2705.50	20709.14
2011 年	49110.27	25049.05	13534.19	7115.09	3126.23	24522.24

表 11 浙江需求相关数据

年 份	国内生产总值（亿元）	总投资（亿元）	居民消费（亿元）	政府购买（亿元）	出口（亿美元）	固定资本形成（亿元）
1994 年	2689.28	1185.74	975.36	198.32	60.87	1006.39
1995 年	3557.55	1786.79	1235.98	259.26	76.98	1357.90
1996 年	4188.53	2034.61	1496.28	310.63	80.41	1617.53
1997 年	4686.11	2230.01	1619.00	385.31	101.11	1694.57
1998 年	5052.62	2482.45	1678.15	494.14	108.66	1848.00
1999 年	5443.92	2519.98	1727.94	627.45	128.71	1970.59
2000 年	6141.03	2673.60	1957.85	816.80	194.43	2267.20
2001 年	6898.34	2891.02	2602.81	976.33	229.77	2645.40
2002 年	8003.67	3467.46	2874.66	1187.80	294.11	3255.13
2003 年	9705.02	4663.83	3338.66	1284.60	415.95	4479.98
2004 年	11648.70	5748.87	3909.82	1506.91	581.46	5563.87
2005 年	13417.68	6448.72	4636.46	1711.14	768.04	6269.16
2006 年	15718.47	7297.05	5584.50	1915.26	1008.94	7065.65
2007 年	18753.73	8662.44	6509.53	2110.97	1282.73	7992.86
2008 年	21462.69	9326.26	7394.05	2434.90	1542.67	8798.01
2009 年	22990.35	10607.33	8320.39	2544.20	1330.10	10220.13
2010 年	27722.31	12950.46	9796.72	2968.91	1804.65	12101.32
2011 年	32318.85	14743.55	11643.89	3398.09	2163.49	13822.90

表 12 1998 年珠三角 9 市产业发展相关部分数据

地区	GDP(亿元)	职工平均工资（元）	工业增加值（亿元）	全社会固定资产投资（亿元）	产品销售收入（亿元）	固定资产净值年平均余额（亿元）	外商实际投资额（万美元）	进出口总额（千美元）
广州市	1841.61	14,692.29	707.0126	758.83	2,108.07	1,139.25	271,608.00	1786400
深圳市	1289.02	18,381.86	631.5047	454.6	1,751.45	827.73	166,357.00	4530000
珠海市	263.5	13,926.50	114.6713	96.13	382.87	174	110,657.00	591100
佛山市	782.56	11,159.73	387.82	149.15	1,160.05	626.01	113,621.00	711700
江门市	481.88	8,286.75	220.44	82.48	611.20	286.06	56,085.00	382200
肇庆市	361.99	7,474.70	11.4991	73.81	282.14	121.88	40,112.00	83500
惠州市	356.01	7,835.65	189.36	60.38	470.64	136.38	97,026.00	579100
东莞市	249.03	11,420.33	180	77	639.91	450.96	93,033.00	2323700
中山市	355.51	11,814.30	122.14	66.24	421.51	185.03	55,799.00	444800

表 13 1999 年珠三角 9 市产业发展相关部分数据

地区	GDP(亿元)	职工平均工资（元）	工业增加值（亿元）	全社会固定资产投资（亿元）	产品销售收入（亿元）	固定资产净值年平均余额（亿元）	外商实际投资额（万美元）	进出口总额（千美元）
广州市	2,056.74	16,671.00	798.0207	878.26	2202.66	1,139.94	298,687.00	1921600
深圳市	1,436.51	20,714.00	780.1018	544.68	2032.36	853.62	177,839.00	5040000
珠海市	286.61	15,282.00	128.3	116.92	441.07	180.74	75,157.00	628000
佛山市	833.79	11,796.00	410.3	173.18	1291.97	644.49	115,982.00	790900
江门市	514.69	8,679.00	233.9438	96.61	730.27	288.11	66,156.00	397200
肇庆市	392.39	8,219.00	13.1773	78.54	311.19	130.44	42,137.00	100689
惠州市	392.37	8,882.00	209.43	66.58	519.02	138.47	98,383.00	695100
东莞市	272.68	12,480.00	209.4695	88.32	795.12	474.48	145,732.00	2846291
中山市	412.84	12,606.00	134.3409	75.8	389.41	179.72	57,826.00	482600

表 14　2000 年珠三角 9 市产业发展相关数据

地区	GDP(亿元)	全社会就业人员总数	职工平均工资（元）	工业增加值（亿元）	全社会固定资产投资（亿元）	产品销售收入（亿元）	固定资产净值年平均余额（亿元）	外商实际投资额（万美元）	进出口总额（千美元）
广州市	2,375.91	117.4	19,675.00	878	568.09	2,534.25	1,465.82	298,923.00	2335100
深圳市	1,665.24	82.97	23,039.00	963	594.6	2,526.95	1,339.43	196,100.00	6394400
珠海市	330.26	68.5	15,628.00	157	54.08	572.39	313.49	81,518.00	916500
佛山市	957.20	36.41	12,789.00	520	198.96	1,584.04	874.73	96,322.00	1032700
江门市	567.51	18.65	9,524.00	216	109.06	799.79	427.81	76,614.00	483300
肇庆市	383.40	24.17	8,989.00	39	82.59	342.53	158.32	44,276.00	115000
惠州市	440.35	32.38	9,606.00	237	77.41	643.93	249.43	83,319.00	820900
东莞市	312.82	71.86	13,720.00	430	102.89	988.91	512.18	108,737.00	3202300
中山市	489.73		14,179.00	168	109.95	510.72	264.25	64,980.00	608900

表15　2001年珠三角9市产业发展相关数据

地区	GDP(亿元)	全社会就业人员总数	职工平均工资（元）	工业增加值（亿元）	全社会固定资产投资（亿元）	产品销售收入（亿元）	固定资产净值年平均余额（亿元）	外商实际投资额（万美元）	进出口总额（千美元）
广州市	2,685.76	113.68	22,771.96	955.47	978.21	2,811.31	1,242.57	300,119.00	2303400
深圳市	1,954.17	90.26	25,939.80	1105.34	646.69	2,971.61	906.01	259,080.00	6860000
珠海市	366.59	70.14	17,038.51	172.87	104.87	634.19	277.15	86,468.00	980200
佛山市	1,103.89	36.6	14,220.77	538.05	238.2	1,811.95	630.45	99,014.00	438800
江门市	615.16	17.72	10,262.57	285.18	122.88	880.06	300.98	82,747.00	714700
肇庆市	411.02	23.97	9,671.77	9.04	88.05	366.34	140.73	47,597.00	114421
惠州市	480.39	35.65	10,481.89	255.06	84.43	687.73	173.22	276,427.00	15800
东莞市	362.50	73.7	15,409.01	295.20	125.49	1,131.29	535.96	114,721.00	3445457
中山市	578.93		16,285.61	189.75	177.99	657.98	220.9	73,773.00	3445200

表 16 2002 年珠三角 9 市产业发展相关数据

地区	GDP(亿元)	全社会就业人员总数	职工平均工资（元）	工业增加值（亿元）	全社会固定资产投资（亿元）	产品销售收入（亿元）	固定资产净值年平均余额（亿元）	外商实际投资额（万美元）	进出口总额（千美元）
广州市	3,001.48	118.19	26,219.52	1050.9	1009.24	3,214.82	1,254.19	228,386.00	2792300
深圳市	2,256.83	109.28	28,217.94	1076.5	799.84	3,434.72	1,087.36	319,100.00	8723100
珠海市	406.27	74.73	18,503.45	189.7	120.53	754.84	302.02	69,800.00	1283400
佛山市	1,175.92	39.2	15,871.52	595.4	290.43	2,051.57	646.33	98,355.00	1296900
江门市	660.82	18.59	11,169.12	310.2	136.93	955.36	316.6	73,546.00	477600
肇庆市	450.22	29.23	11,184.23	151.6	97.57	417.56	151.19	54,551.00	133900
惠州市	525.20	48.5	11,317.14	281.6	104.73	847.41	184.15	108,208.00	1122600
东莞市	415.67	82.14	17,802.20	346.6	191.57	1,465.72	522.42	145,868.00	4424100
中山市	672.89		18,799.21	226.8	219	921.04	273.71	63,900.00	934100

表 17 2003 年珠三角 9 市产业发展相关数据

地区	GDP（亿元）	全社会就业人员总数	职工平均工资（元）	工业增加值(亿元)	全社会固定资产投资(亿元)	科学事业费支出（亿元）	教育事业费支出（亿元）	产品销售收入（亿元）	固定资产净值年平均余额（亿元）	外商实际投资额（万美元）	进出口总额（千美元）
广州市	3,496.88	127.7	28,804.83	1314.1	1175.17	2.08	37.71	4,081.07	1,342.44	258,076.00	3494100
深圳市	2,895.41	123.86	31,052.58	1540.7	949.1	1.53	38.95	5,180.11	1,278.08	362,300.00	11739900
珠海市	473.27	82.25	19,201.60	223.9	141.05	0.28	5.66	980.71	326.66	94,153.00	1678200
佛山市	1,381.60	41.31	17,641.59	728.1	423.69	2.17	19.25	2,566.25	689.3	122,508.00	1646900
江门市	730.08	18.38	12,405.10	335.2	161.11	0.21	8.54	1,071.39	343.51	84,935.00	587600
肇庆市	466.39	33.98	13,069.37	141.5	114.75	0.34	7.03	417.80	139.02	68,202.00	156300
惠州市	590.98	62.19	13,266.18	312.0	228.47	0.18	7.07	1,013.13	210.42	140,703.00	1313200
东莞市	501.40	110.09	22,598.69	477.2	319.39	0.13	16.34	2,259.80	675.33	175,400.00	5201200
中山市	947.97		20,377.65	294.0	262.06	0.13	6.76	1,276.43	311.02	94,660.00	1312800

表18　2004年珠三角9市产业发展相关数据

地区	GDP（亿元）	全社会就业人员总数	职工平均工资（元）	工业增加值（亿元）	全社会固定资产投资（亿元）	科学事业费支出（亿元）	教育事业费支出（亿元）	产品销售收入（亿元）	固定资产净值年平均余额（亿元）	外商实际投资额（万美元）	进出口总额（千美元）	进口总额（千美元）	出口总额（千美元）
广州市	4,115.81	134.71	31,592.94	1627.11	1348.93	2.48	45.21	5093.81	1414.64	240062.00	44788000.00	23314000.00	21474000.00
深圳市	3,422.80	142.38	31,928.11	1912.96	1092.55	1.38	42.00	6333.49	1426.01	361226.00	147276000.00	69433000.00	77843000.00
珠海市	546.28	100.26	20,086.34	261.35	179.8	0.43	6.84	1293.30	351.94	51007.00	21801000.00	12762000.00	9039000.00
佛山市	1,656.46	42.96	19,559.54	912.21	565.4	1.7	21.26	2955.38	777.1	172453.00	21690000.00	7856000.00	13834000.00
江门市	834.56	14.05	13,736.64	407.82	200.16	0.29	9.31	1279.31	382.24	51205.00	7846000.00	2769000.00	5077000.00
肇庆市	548.51	38.68	14,914.88	172.68	145.97	0.15	7.08	240.46	120.16	48213.00	1903000.00	663000.00	1240000.00
惠州市	685.14	69.22	13,855.53	347.53	297.61	0.17	8.56	1131.94	233.33	63228.00	16635000.00	7896000.00	8739000.00
东莞市	610.14	119.26	25,330.19	599.51	433.9	0.64	13.93	2733.19	673.7	213875.00	64512000.00	29321000.00	35191000.00
中山市	1,155.30		21,681.31	371.99	291.29	0.16	8.22	1622.30	340.97	50983.00	15636000.00	5630000.00	10006000.00

表 19 2005 年珠三角 9 市产业发展相关数据

地区	GDP（亿元）	全社会就业人员总数	职工平均工资（元）	工业增加值（亿元）	全社会固定资产投资（亿元）	科学事业费支出（亿元）	教育事业费支出（亿元）	产品销售收入（亿元）	固定资产净值年平均余额（亿元）	外商实际投资额（万美元）	进出口总额（千美元）	进口总额（千美元）	出口总额（千美元）
广州市	5,154.23	141.03	34,327.66	1844	1519.16	2.41	47.37	5,994.55	1,610.07	264,882.00	53,476,000.00	26,808,000.00	26,668,000.00
深圳市	4,950.91	235	32,476.00	2483.5	1181.05	1.63	48.60	9,291.22	1,740.96	296,900.00	182,791,000.00	81,269,000.00	101,522,000.00
珠海市	634.95	127	21,653.72	315.5	218.51	0.55	8.24	1,488.02	399.03	66,610.00	25,726,000.00	14,958,000.00	10,768,000.00
佛山市	2,383.18	48.38	22,116.88	1375	757.13	1.87	25.66	4,528.61	988.97	92,868.00	25,711,000.00	8,631,000.00	17,080,000.00
江门市	805.37	17.18	15,030.15	400.6	237.46	0.42	10.26	1,409.06	437.85	60,624.00	9,054,000.00	3,029,000.00	6,025,000.00
肇庆市	450.57	49.75	16,718.77	94.4	178.01	0.19	7.58	309.44	137.74	60,288.00	2,176,000.00	760,000.00	1,416,000.00
惠州市	803.43	94.89	16,017.39	422.9	352.37	0.18	9.97	1,423.78	292.43	104,187.00	19,021,000.00	8,366,000.00	10,655,000.00
东莞市	880.20	199	28,777.78	1181.6	597.24	0.4	17.11	3,912.15	1,133.45	122,490.00	74,368,000.00	33,439,000.00	40,929,000.00
中山市	2,181.62		22,305.91	510.8	320.92	0.2	9.84	2,082.97	422.06	65,110.00	18,751,000.00	6,497,000.00	12,254,000.00

表20　2006年珠三角9市产业发展相关数据

地区	GDP（亿元）	全社会就业人员总数	职工平均工资（元）	工业增加值（亿元）	全社会固定资产投资（亿元）	科学事业费支出（亿元）	教育事业费支出（亿元）	产品销售收入（亿元）	固定资产净值年平均余额（亿元）	外商实际投资额（万美元）	进出口总额（千美元）	进口总额（千美元）	出口总额（千美元）
广州市	6,073.83	149.09	36,769.58	2221.04	1696.38	2.63	52.39	7,249.33	2,067.24	292,339.00	63,761,610.00	31,381,000.00	32,377,000.00
深圳市	5,813.56	251	35,107.89	2886.62	1273.67	1.68	57.58	11,633.55	2,080.61	326,900.00	237,411,000.00	101,274,000.00	135,959,000.00
珠海市	747.70	147.85	23,773.36	387.99	257.16	0.5	9.58	1,834.52	421.47	82,414.00	32,817,000.00	17,974,000.00	14,843,000.00
佛山市	2,928.16	52.99	25,190.69	1768.96	909.83	2.01	30.83	6,125.61	1,152.02	113,700.00	30,978,000.00	9,843,000.00	21,135,000.00
江门市	941.88	19.37	16,658.71	489.06	279.25	0.49	12.25	1,679.90	482.03	67,799.00	10,786,000.00	3,380,000.00	7,406,000.00
肇庆市	516.09	52.1	18,415.30	128.71	216.94	0.25	9.28	436.10	167.26	67,180.00	2,786,000.00	1,023,000.00	1,763,000.00
惠州市	934.96	105.68	17,463.95	509.83	308.78	0.26	11.23	1,807.08	630.43	104,518.00	21,231,000.00	8,954,000.00	12,277,000.00
东莞市	1,036.32	223.7	31,134.02	1462.37	705.45	0.39	24.41	4,795.41	1,327.05	180,789.00	84,221,000.00	36,845,000.00	47,376,000.00
中山市	2,626.51		24,953.25	605.85	346.95	0.27	12.87	2,620.31	487.13	71,920.00	23,130,000.00	7,522,000.00	15,608,000.00

表21 2007年珠三角9市产业发展相关数据

地区	GDP（亿元）	全社会就业人员总数	职工平均工资（元）	工业增加值（亿元）	全社会固定资产投资（亿元）	科学事业费支出（亿元）	教育事业费支出（亿元）	产品销售收入（亿元）	固定资产净值年平均余额（亿元）	外商实际投资额（万美元）	进出口总额（千美元）	进口总额（千美元）	出口总额（千美元）
广州市	7,109.18	154.09	40,561.01	2592.48	1863.34	21.16	80.77	8,863.05	2,318.91	328,579.00	73,493,560.00	35,591,260.00	37,902,000.00
深圳市	6,801.57	275	38,797.36	3230.07	1345	49.9	85.84	13,090.59	2,136.80	366,220.00	287,533,450.00	119,064,000.00	168,542,000.00
珠海市	895.90	159.54	26,611.52	465.19	345.05	2.08	16.60	2,238.45	495	102,888.00	39,866,000.00	21,389,000.00	18,477,000.00
佛山市	3,605.11	58.23	28,331.38	2240.08	1089.69	7.37	43.97	8,190.15	1,374.16	157,285.00	37,848,320.00	11,658,810.00	26,189,510.00
江门市	1,107.07	22.23	19,376.29	588.48	324.47	1.88	17.03	2,133.19	572.16	78,334.00	12,299,740.00	3,600,740.00	8,699,000.00
肇庆市	592.22	56.38	20,834.83	176.99	294.79	1.33	13.62	639.04	192.72	77,496.00	3,421,000.00	1,248,000.00	2,173,000.00
惠州市	1,104.98	116.3	19,644.14	611.52	486.91	1.03	15.63	2,175.20	732.52	122,815.00	24,113,080.00	9,507,220.00	14,605,860.00
东莞市	1,238.05	210.78	35,279.79	1718.15	841.21	9.12	41.23	5,791.30	1,465.92	211,759.00	106,805,000.00	46,604,000.00	60,201,000.00
中山市	3,151.91		27,502.50	718.25	399.22	2.65	21.18	3,049.42	543.2	73,488.00	24,663,110.00	7,365,900.00	17,297,210.00

表22　2008年珠三角9市产业发展相关数据

地区	GDP（亿元）	全社会就业人员总数	职工平均工资（元）	工业增加值（亿元）	全社会固定资产投资（亿元）	科学事业费支出（亿元）	教育事业费支出（亿元）	产品销售收入（亿元）	固定资产净值年平均余额（亿元）	外商实际投资额（万美元）	进出口总额（千美元）	进口总额（千美元）	出口总额（千美元）
广州市	8215.82	153.37	45,701.99	2956.57	2105.67	26.22	95.95	11,411.41	3,313.13	362,277.00	81,952,000.00	39,003,450.00	42,964,130.00
深圳市	7806.54	292.75	43,731.49	3618.32	1467.6	54.68	103.09	14,688.17		403,018.00	299,954,990.00	120,354.0000	179,712.0000
珠海市	992.06	153.3	29,127.23	509.38	372.32	3	20.27	2,457.85	543.4	114,224.00	46,832,000.00	25,663,000.00	21,169,000.00
佛山市	4333.3	56.72	31,044.06	2743.06	1258.65	7.9	54.19	9,604.25	1,538.83	180,650.00	42,212,470.00	13,252,410.00	28,960,060.00
江门市	1280.59	25.53	21,674.39	708.82	387.06	2.21	20.87	2,246.19	564.28	91,680.00	13,142,000.00	3,489,000.00	9,653,000.00
肇庆市	715.85	58.31	23,387.28	233.76	350.29	1.66	17.02	912.08	225.23	85,833.00	3,672,000.00	1,255,000.00	2,417,000.00
惠州市	1290.36	127.5	22,728.81	715.01	588.74	1.63	19.76	2,274.02		135,249.00	29,744,750.00	11,755,940.00	17,988,810.00
东莞市	1408.52	245.02	39,506.98	1871.79	944.34	9.34	36.54	6,062.01		322,570.00	113,424,000.00	47,782,000.00	65,642,000.00
中山市	3702.53		31,700.04	811.89	445.08	3.99	25.44	3,334.84	552.54	83,329.00	25,908,790.00	7,206,780.00	18,702,010.00

表 23　2009 年珠三角 9 市产业发展相关数据

地区	GDP（亿元）	全社会就业人员总数	职工平均工资（元）	工业增加值（亿元）	全社会固定资产投资（亿元）	科学事业费支出（亿元）	教育事业费支出（亿元）	产品销售收入（亿元）	全社会固定资产投资（亿元）	进出口总额（千美元）	进口总额（千美元）	出口总额（千美元）
广州市	9138.21	161.6	49,518.11	3117.34	2659.85	32.36	110.32	11,214.09	2,659.85	76,736,790.00	39,332,022.72	37,404,768.94
深圳市	8201.32	322.16	46,715.25	3593.05	1709.15	79.16	136.63	14,981.25	1,709.15	270,155,080.00	108,175,470.74	161,979,310.73
珠海市	1038.66	166.37	31,760.66	506.76	410.51	3.98	23.24	2,328.11	410.51	37,440,199.52	19,657,191.81	17,783,007.71
佛山市	4820.9	62.96	34,106.00	2933.15	1470.56	8.41	58.95	11,262.92	1,470.56	38,339,469.92	13,761,568.57	24,577,901.36
江门市	1340.88	25.79	24,304.00	745.07	492.07	2.25	23.21	2,754.63	492.07	11,040,205.60	3,090,939.98	7,949,265.62
肇庆市	862	61.47	26,319.99	283.69	462.77	2.15	21.51	1,136.53	462.77	3,264,570.41	1,234,118.79	2,030,451.62
惠州市	1414.7	119.07	25,786.99	738.31	758.97	2.38	25.89	2,975.25	758.97	29,240,211.15	12,091,536.75	17,148,674.40
东莞市	1566.41	246.28	42,591.02	1741.53	1094.08	11.68	12.97	6,007.76	1094.08	94,137,145.62	38,970,000.72	55,167,144.90
中山市	3763.91		36,159.44	859.61	545.61	4.78	29.46	3,677.28	545.61	24,469,683.10	6,733,562.78	17,736,120.33

319

表 24　2010 年珠三角 9 市产业发展相关数据

地区	GDP（亿元）	全社会就业人员总数	职工平均工资（元）	工业增加值（亿元）	全社会固定资产投资（亿元）	科学事业费支出（亿元）	教育事业费支出（亿元）	产品销售收入（亿元）	固定资产净值年平均余额（亿元）	外商实际投资额（万美元）	进出口总额（千美元）	进口总额（千美元）	出口总额（千美元）
广州市	10748.28	166.22	54,494.11	3644.96	3263.57	31.94	112.63	13,624.65	3,263.57	397,862.00	103,767,560.00	55,383,359.77	48,378,624.12
深圳市	9581.51	352.56	50,455.03	4233.23	1944.7	99.84	124.55	18,813.73	1,944.70	429,724.00	346,749,300.00	142,583,298.81	204,179,918.20
珠海市	1208.6	181.32	34,407.82	619.39	501.55	5.7	25.97	3,058.87	501.55	122,351.00	43,482,818.41	22,621,211.92	20,861,606.49
佛山市	5651.52	68.39	37,081.73	3419.18	1719.63	11.34	69.11	13,733.60	1,719.63	196,749.00	51,658,473.91	18,620,615.67	33,037,858.24
江门市	1570.42	29.98	37,495.64	833.28	631.77	2.99	26.30	3,639.89	631.77	110,849.00	14,333,092.39	3,924,546.69	10,408,545.71
肇庆市	1085.87	66.84	30,113.58	411.87	534.07	2.3	26.75	1,689.05	534.07	93,388.00	4,390,801.58	1,793,834.77	2,596,966.81
惠州市	1729.95	127.35	29,597.64	960.82	894.02	3.57	32.39	3,892.63	894.02	143,761.00	34,234,686.39	14,002,985.23	20,231,701.16
东莞市	1850.65	280.72	46,579.51	2078.45	1114.98	7.98	65.31	7,708.17	1,114.98	273,171.00	121,565,720.78	51,962,779.39	69,602,941.39
中山市	4246.45		40,573.48	1022.01	660.37	6.72	38.27	4,710.39	660.37	72,964.00	31,112,561.90	8,608,463.83	22,504,098.08

表 25　2011 年珠三角 9 市产业发展相关数据

地区	GDP（亿元）	全社会就业人员总数	职工平均工资（元）	工业增加值（亿元）	全社会固定资产投资（亿元）	科学事业费支出（亿元）	教育事业费支出（亿元）	产品销售收入（亿元）	全社会固定资产投资（亿元）	进出口总额（千美元）	进口总额（千美元）	出口总额（千美元）
广州市	13551.21	67,514.99	4264.16	52.12	223.5	14,595.82	117,131,050.00	3,412.20	427,000.00	116,171,000.00	59,694,171.46	56,468,420.63
深圳市	12950.06	59,009.58	5355.85	79.12	246.21	20,990.98	466,785,490.00	2,136.39	459,921.00	414,099,700.00	168,575,516.23	245,399,158.39
珠海市	1503.76	48,484.78	720.25	8.83	43.86	3,467.34	45,680,396.64	637.39	133,764.00	51,629,711.70	27,653,001.42	23,976,710.28
佛山市	6613.02	46,205.20	3976.1	16.83	96.65	13,980.37	61,058,040.27	1,933.96	215,440.00	60,888,839.04	21,797,902.44	39,090,936.60
江门市	1880.39	37,985.33	913.78	5.41	44.02	2,464.21	18,771,996.02	741.94	78,914.00	17,689,836.76	5,437,376.59	12,252,460.17
肇庆市	1462.35	39,155.01	616.23	3.86	41.82	2,745.09	6,351,717.43	710.03	102,893.00	5,712,293.76	2,404,312.95	3,307,980.81
惠州市	2367.55	41,507.64	1296.4	5.1	62.6	5,503.05	49,494,075.25	1,025.21	156,803.00	38,812,762.00	15,691,081.00	23,121,681.00
东莞市	2441.04	59,408.99	2297.51	18.54	92.8	9,612.66	144,517,075.54	1,079.77	305,052.00	135,233,154.26	56,907,185.83	78,325,968.43
中山市	5010.17	55,869.54	1291.41	10.96	60.34	5,203.63	33,522,529.74	766.95	73,044.00	34,185,193.97	9,639,118.22	24,546,075.74

表26　2012年珠三角9市产业发展相关数据

地区	GDP（亿元）	职工平均工资（元）	工业增加值（亿元）	全社会固定资产投资（亿元）	科学事业费支出（亿元）	教育事业费支出（亿元）	产品销售收入（亿元）	外商实际投资额（万美元）	进出口总额（千美元）	进口总额（千美元）	出口总额（千美元）
广州市	13551.21	67,514.99	4264.16	52.12	223.5	14,595.82	117,131,050.00	474,312.00	117,131,050.00	58,252,162.34	58,914,539.63
深圳市	12950.06	59,009.58	5355.85	79.12	246.21	20,990.98	466,785,490.00	522,944.00	466,785,490.00	195,447,137.54	271,355,721.20
珠海市	1503.76	48,484.78	720.25	8.83	43.86	3,467.34	45,680,396.64	144,682.00	45,680,396.64	24,043,867.94	21,636,528.71
佛山市	6613.02	46,205.20	3976.1	16.83	96.65	13,980.37	61,058,040.27	234,984.00	61,058,040.27	20,908,255.50	40,149,784.77
江门市	1880.39	37,985.33	913.78	5.41	44.02	2,464.21	18,771,996.02	86,985.00	18,771,996.02	5,801,817.02	12,970,179.01
肇庆市	1462.35	39,155.01	616.23	3.86	41.82	2,745.09	6,351,717.43	115,159.00	6,351,717.43	2,570,727.77	3,780,989.65
惠州市	2367.55	41,507.64	1296.4	5.1	62.6	5,503.05	49,494,075.25	172,782.00	49,494,075.25	20,289,731.16	29,204,344.09
东莞市	2441.04	59,408.99	2297.51	18.54	92.8	9,612.66	144,517,075.54	336,938.00	144,517,075.54	59,464,277.77	85,052,797.76
中山市	5010.17	55,869.54	1291.41	10.96	60.34	5,203.63	33,522,529.74	84,177.00	33,522,529.74	8,878,327.60	24,644,202.14

后 记

本书撰写过程，得到了暨南大学经纬粤港澳经济研究中心、广东省创新战略研究会（中山大学）、广东省科技服务产业技术创新联盟、粤商集团、广东省产业发展研究院、广东广咨国际工程投资顾问股份有限公司、肇庆市经济和信息局、中共肇庆市委政策研究室、肇庆市人力资源和社会保障局、肇庆封开县、广宁县和高要区等政府相关机构工作人员的指导和帮助，在此一并表示感谢。

承蒙光明日报出版社的大力支持与帮助，特别是责任编辑的辛勤付出，本书得以顺利付梓，在此表示感谢！

另外，本书的撰写，参考或借鉴了国内外众多相关领域学者的研究成果，他们的思想或观点给予了启发或引导，虽然书中列出了相关参考文献，但唯恐挂一漏万，特此谨致谢忱和歉意！

本书的出版获得了如下基金项目的支持：

1.2019年度广东省教育厅课题《粤港澳大湾区产业集群协同创新战略研究》；

2.2019年度广东省软科学研究计划项目（面上项目）"基于颠覆性创新价值网的粤港澳大湾区产业协同竞争力研究"（课题编号：2019A101002112）；

3.肇庆市2019年度科技创新指导类项目《粤港澳大湾区格局下肇庆市制造向智造转型的现实路径选择》；